人に愛される人
信頼される人
尊敬される人に
なろう

2024年度児童募集

4月〜5月　　春の学校説明会（ホームページから）

5月20日(土) 近小ツーリズム「6年生がご案内」【年長中】

6月24日(土) 近小マジカルアドベンチャー
　　　　　　　　（入試問題練習）【年長中】

7月29日(土) 近小入試ナビ(説明会)／入試体験会【年長中】

12月21日(木)22日(金)25日(月) 近小クリスマススクール【年長中少】

1次入試（115名募集）
2023年9月19日(火)

2次入試（5名募集）
2024年2月3日(土)

学校紹介
空撮動画
(1分40秒)

詳しくは本校HPを
ご確認ください

個別見学のお申し込みはお電話、
またはホームページからメールで
お問い合わせください。

近畿大学附属小学校
KINDAI UNIVERSITY ELEMENTARY SCHOOL

〒631-0032 奈良県奈良市あやめ池北1-33-3　　Tel 0742-53-1200

100年の伝統が育む

つながる「信頼」
つながる「未来」

聖母の子ども一人ひとりが

家族のため　友のため

また社会において

真理の中に人々の心を結ぶ

平和の天使でありますように

創立者　メール・マリー・クロチルド・リュチニエ

SEIBO
100TH
ANNIVERSARY

2023年に聖母女学院は創立100周年を迎えます。

学校説明会

5月**20**日〔土〕
10:00 開始

WEB 入試説明会
7月上旬
Webにて公開

少人数学校見学会
6月**22**日[木]・**23**日[金]
10:00 開始

B・C 日程に向けた ミニ説明会
10月**13**日[金]
10:00 開始

体験会
事前申込制
参加無料

年長児対象体験会
4月**29**日〔土〕
9:30 開始

年長児対象プレテスト
7月**1**日〔土〕
9:00 開始

スタンプラリー ヌヴェール小学校体験会
12月**2**日〔土〕
9:30 開始

年中児対象体験会 2024年
2月**17**日〔土〕
9:30 開始

 香里ヌヴェール学院小学校
KORI NEVERS GAKUIN ELEMENTARY SCHOOL

〒572-8531 大阪府寝屋川市美井町 18-10
TEL 072-831-8451

本校ホームページ

仁川学院小学校

和と善

オープンスクール（要申込）

2023年 4月27日（木） 9:40〜11:35（受付9:20〜）

説明会（要申込）

学校説明会

2023年 5月27日（土）10:00〜（受付9:30〜）

入試説明会・学校探検

2023年 6月24日（土）10:00〜（受付9:15〜）

教育説明会・トライアル入試体験

2023年11月25日（土）10:00〜（受付9:15〜）

公開行事（申込不要）

運動会 ｜ 2023年10月14日（土）

クリスマス会 ｜ 2023年12月15日（金）

詳細はホームページでご確認ください。

心の根を育てる　仁川学院小学校

〒662-0812 兵庫県西宮市甲東園2丁目13番9号
https://www.nigawa.ac.jp　e-mail:element@nigawa.ac.jp
お問い合わせ先:0798-51-0621

四天王寺小学校

あこがれの制服を
着てみよう！

SCHOOL
UNIFORM
PICK UP!

追手門学院小学校

大阪信愛学院小学校

大阪

賢明学院小学校

関西大学初等部

大阪

四天王寺小学校

四條畷学園小学校

はつしば学園小学校

箕面自由学園小学校

SCHOOL UNIFORM PICK UP!

大阪

帝塚山学院小学校

城南学園小学校

アサンプション国際小学校

香里ヌヴェール学院小学校

立命館小学校

京都文教短期大学付属小学校

京都女子大学附属小学校

京都

光華小学校

SCHOOL UNIFORM PICK UP!

洛南高等学校附属小学校

京都

ノートルダム学院小学校

京都聖母学院小学校

奈良学園小学校

智辯学園奈良カレッジ小学部

奈良育英グローバル小学校

帝塚山小学校

近畿大学附属小学校

奈良

SCHOOL UNIFORM PICK UP!

小林聖心女子学院小学校

兵庫

仁川学院小学校

神戸海星女子学院小学校

関西学院初等部

愛徳学園小学校

甲子園学院小学校

百合学院小学校

甲南小学校

雲雀丘学園小学校

SCHOOL UNIFORM PICK UP!

智辯学園和歌山小学校

和歌山

三重

津田学園小学校

椙山女学園大学附属小学校

愛知

名進研小学校

南山大学附属小学校

加藤学園暁秀初等学校

常葉大学教育学部附属橘小学校

SCHOOL UNIFORM PICK UP!

広島三育学院小学校

広島

なぎさ公園小学校

敬愛小学校

福岡

2024年度入試用　西日本

私立
国立　小学校
合格マニュアル

入試情報の決定版！　志望校合格へ完全対応！
Shinga-kai の合格メッセージを集めたマニュアル BOOK

Shinga-kai

は じ め に

　わが子の就学時期をお迎えのご父母の皆さま方
は、どのような進路を選択すべきか迷われることも
あるかと思います。特に最近は、よりよい環境を求
めて、高校や大学まで一貫教育が受けられる小学校
を受験されるご家庭が増えています。小学校受験を
される皆さまの中には情報過多の時代ゆえに不安や
いろいろなうわさに対するとまどいを抱かれて、私
どもにお問い合わせいただくご父母も多くいらっし
ゃいます。

　伸芽会は創立以来 67 年の歴史の中で、お子さん
の大切な幼児期の成長を支え、楽しい体験を積み重
ねる授業で力をつけて、いわゆる名門小学校にたく
さんの合格者を輩出しております。合格されたご父
母よりお知らせいただいた確かな情報と正しい準備
のための知識をお届けしたいと本書をまとめまし
た。お子さんにとって心豊かに勉学に励める児童期
を過ごせるような環境選びに、少しでもお役に立て
れば幸いです。

　末筆になりますが、情報をお寄せくださったお子
さんとご父母の皆さま、また学校関係の方々の多大
なご協力に心より感謝申し上げます。

目次

本書の見方

✳ インフォメーション・アイコン

●始業時間
学校が始まる時間を時間帯で表示。

●ICT教育
ICT機器を導入した授業の有無を濃淡色で表示。

●制服
制服の有無を濃淡色で表示。

●英語授業
1年次に実施する1週間の英語授業のコマ数を表示。

●学期制
2学期制、3学期制の2タイプで表示。

●通学時間制限
通学範囲や通学時間を制限している場合を濃色で表示。

●土曜登校
土曜登校（隔週含む）の有無を濃淡色で表示。

●アフタースクール
アフタースクールを実施している場合を濃色で表示。

●クラス替え
クラス替えを実施する学年を表示（実施しない場合は淡色で表示）。

●併設校
幼稚園、中学、高校、大学の併設の有無を濃淡色で表示。

●昼食
お弁当のみ、給食のみ、両方ありの3タイプで表示。

●宗教（宗派）
特定の宗教、宗派の教義に基づく教育の有無を濃淡色で表示。

（クラス替えアイコン）

（併設校アイコン）

●アレルギー対応
給食などにおいて、アレルギーに対応している場合を濃色で表示。

※本書に掲載されている入試情報は、2024年度用（2023年夏〜2024年冬実施予定）ですが、一部、2022年夏〜2023年冬に実施されたものを記載しています。新型コロナウイルスの影響などにより、行事や考査関連の日程が変更になる可能性がありますので、最新の情報は直接学校窓口にお問い合わせいただくか、各学校のホームページなどでご確認ください。

＊＊＊

入試準備のための自己診断Sheet 30

この『私立・国立小学校合格マニュアル』を読み始める前に、入試についてお父さん、お母さんがどれくらいの情報を知っているかチェックしてみましょう。受験を考えている小学校について以下の質問に答えてください。

☐ 受験する学校は男女共学ですか、別学ですか？

☐ 宗教系の学校ですか？

☐ 大学まで進める学校ですか？

> 学校選びをするうえで、共学か別学か、上級学校はどこまであるか、宗教色はあるかを知るのはとても大切なことです。附属小学校の場合は、高校や大学まで続く一貫教育のスタートとなるので、よく考えて選びましょう。

☐ 学校の教育の特色を知っていますか？

> 学校選びのポイントとして、各学校の教育内容を知っておくことも大切です。独自にカリキュラムを編成している学校もあります。入学してからどのようなプラス面があるのかも調べておきましょう。

☐ 募集定員は何人ですか？

☐ 倍率はどのくらいですか？

☐ 通学時間はどのくらいですか？

☐ 交通機関は何を利用しますか？

☐ 学校は通学時間、通学区域を制限していますか？

☐ 制服はありますか？

☐ 初年度にかかる費用はいくらですか？

> 実際にお子さんが通学する方法、倍率、初年度に必要な費用などの下調べをしておけば、受験直前にとまどうこともありません。ラッシュ時に子どもの足でどのくらい時間がかかるのかを知っておくことも、受験当日に役に立ちます。通学時間や通学区域の制限がある学校もあるので、事前に確かめておきましょう。また、制服があればどのようなものなのかもチェックしておきましょう。

＊＊＊

☐ 学校説明会はいつごろ開かれますか？

学校の沿革や実情などについての話は、学校選びをするうえで非常に役立ちます。説明会に出席した感想をアンケートに記入することもあります。受験を考えている学校の説明会や見学できる行事には、ぜひ出席して雰囲気を知っておくとよいでしょう。

☐ 願書の配付、出願の時期はいつごろですか？

☐ 提出する書類にはどのようなものがありますか？

☐ 願書には写真が必要ですか？

☐ 出願は窓口提出、郵送、Ｗｅｂのどれですか？

願書を軽く考えていると、書類の不備があったり、志望理由などがうまく書けなかったりするものです。願書の受付時間に指定がある場合や、郵送の期日が決まっている場合もあるので、間違えないようにしましょう。願書を早めに取り寄せて準備をすることが大切です。

☐ 面接はありますか？

☐ 面接は考査日前ですか、考査当日ですか？

☐ 面接は親子面接ですか、保護者面接ですか？

☐ 面接ではどのようなことを聞かれますか？

☐ 面接資料を提出する学校ですか？

多くの学校で、親子面接や保護者面接が実施されます。子どものテストではわからない、親の教育観や子育ての姿勢を知ることが目的です。面接で聞かれることの多い項目について、事前にご両親で話し合って意見をまとめておきましょう。また、キリスト教系の学校ではシスターが面接官で、子どもがその姿に驚くこともありますから、前もって慣らしておくなどの配慮が必要です。

＊＊＊

□ どうしてその学校を志望するのですか？

□ 学校の教育内容を知っていますか？

□ 家庭の教育方針を説明できますか？

面接ではご両親が学校についてどれくらい知っているか、お子さんをどのように育てたいのかがよく聞かれます。左の３つの項目はよくある質問です。学校への認識不足や、ご家庭内での教育方針の相違は、面接官の印象を悪くしますから、事前にご両親で話し合ってまとめておきましょう。

□ 考査は何日間ですか？

□ 考査はどのような形式で実施されますか？

□ 受験番号、考査日程はどのように決まりますか？

□ ペーパーテストはありますか？

□ 運動テストや制作テストはありますか？

□ どのような問題が多く出されますか？

子どもの考査にどのような問題が実際に出されるのか、ご両親にとっては一番気になるところでしょう。事前に、入試ガイドブックやインターネット、知人から情報を得るなど、いろいろな方法で調べておきましょう。考査の形式、出題傾向などを正しく把握し、効果的な準備を進めることが肝心です。また、お子さんが万全の体調で臨むためには、考査の日程も軽視できない要素です。

✳ **入学準備ファイル** ✳

─ Chapter 1 ─
✳ 受験準備の基礎知識 ✳

Chapter 1-1

小学校受験とは？

就学年齢に達した多くの子どもたちが公立小学校へ入学する中、経済的負担を考えたうえで、よりよい環境での教育を求めるご両親は、私立・国立小学校受験を選択するようです。各ご家庭によって目標は違っても、親子一体となった努力が必要です。

なぜ今、小学校受験をするのか

就学年齢に達した子どもは小学校に進みますが、大半は市区町村が運営する公立小学校に入学します。公立小学校では学区制になっているので、進学するときはこれに従わなければなりません（地区内で自由選択が可能な地域も一部あります）。これに対して、居住区域などの制限はあるものの、原則入学先を自由に選べるのが私立と国立の小学校です。ただ、入学試験がありますから簡単に入学することはできません。これらの小学校に合格するには高い能力が要求されますが、伝統と実績に裏づけされた独自の教育方針に基づく一貫教育は大きな魅力でしょう。私立・国立小学校へ入学させたい理由としては、①学校の教育方針、理念に賛同してその学校で人格形成を図りたい、②受験勉強を避けて、一貫教育制度がある小学校に入学させたい、③よい教育環境で勉強させ、有名中学や有名高校、有名大学に合格するチャンスを得たい、④学区内にある公立小学校に不安がある、などがあります。②のように高校や大学までの一貫教育の学校であれば、受験勉強に費やす時間をほかのことに有効利用できると考えてのことでしょう。

国立は小学校からの受験が有利

国立の小学校は、大阪教育大学、筑波大学など国立大学に附設された研究機関として運営され、いずれも人気は高く、競争倍率を見ても高いところでは64倍を超えます。人気の高い理由は、所在地、学校施設などの環境が優れていること、先生・児童の意識が高く、学校生活が充実していることです。外部の小学校から国立大学附属中学校を受験する場合、校内でトップクラスの成績を取るような子どもたちしか合格できないとさえいわれます。そのため、中学校よりも小学校の段階で受験したほうが有利ともされています。ちなみに附属中学校から附属高校へ進学できるのは、全体の約60％といわれ、その後の有名大学への合格率も抜群に高くなっています。しかし、国立のほとんどの小学校では、選考において抽選も実施されます。また、居住地域、通学時間に制限があり、制限区域内に居住していない人が進学したい場合には、転居する必要も出てくるでしょう。

学費負担や通学時間、環境も考慮

私立小学校には独自の建学の精神や教育方針があるため、学校とご家庭の教育方針が一致していることが何よりも大切です。国立小学校はすべて共学で宗教色もありませんが、私立小学校には男女別学の学校や宗教教育を柱にしている学校もあります。また、私立小学校は学費も高く、ご両親の経済的負担も大きくなります。さらに私立小学校の場合、学区制はありませんが、通学時間を制限している学校もあります。受験をするにあたって大切なことは、子どもにとってふさわしい学校かどうか、その学校へ進むことでご両親が望む人間に成長できるかどうか、その教育環境をよく調べたうえで進学を決めるべきだということです。受験をしなければならないような雰囲気の中で、「有名校」「名門校」と周りが騒ぎ立てる勢いに流されて受験してしまうことだけは、避けるべきです。

✳ 受験準備の基礎知識 ✳

Chapter 1-2

私立と国立小学校のタイプ

小学校のタイプには、大きく分けて幼・小一貫教育や小・中・高一貫教育などを行う
附属の学校、宗教・語学教育などに特色のある学校、教育研究校として独自の教育を
行う国立大学附設の学校などがあります。

✳ 一貫教育を行う学校

須磨浦学園は幼稚園と小学校だけの一貫教育を行っており、その学校案内を見ると、卒業生の進学状況が紹介されています。この学校には、幼・小一貫教育から始めて中学校受験を目指すご家庭が多く、最終的なねらいは中・高一貫教育を経た後の有名大学への進学でしょう。また、首都圏で男子校の御三家と呼ばれる麻布、開成、武蔵、女子校の御三家と呼ばれる桜蔭、女子学院、雙葉のそれぞれが行う中学入試が難しいのは、中・高一貫教育の成果が大学進学実績に反映されているからです。

✳ 幼稚園から女子だけの学校

首都圏の白百合学園小学校と田園調布雙葉小学校は、幼稚園から一貫して女子だけを教育する学校です。特に白百合学園は、幼稚園が3年保育からあり、大学卒業までの合計19年間、女子だけで学ぶことになります。ご自身の学歴に別学の経験がないご両親は、その学校の女子教育の理念や特徴を十分理解し、納得したうえで受験してください。

✳ 幼稚園が併設されていない学校

一般に、一貫教育制度を実施している私立小学校には幼稚園も併設されていると思われがちですが、立命館小学校、ノートルダム学院小学校、小林聖心女子学院小学校、慶應義塾幼稚舎や立教小学校など、有名小学校と呼ばれる学校にも幼稚園のないところがあります。

✳ 宗教・外国語教育のある学校

宗教教育を行う小学校は、共学ではキリスト教系で関西学院初等部、ノートルダム学院小学校など、仏教系で京都女子大学附属小学校、四天王寺小学校などがあります。別学ではキリスト教系で、男子は首都圏の立教小学校、暁星小学校、女子は小林聖心女子学院小学校、神戸海星女子学院小学校などがあります。また、ほとんどの私立小学校で、英語を主とした外国語教育が1年生から実施されており、外国人講師による会話指導や英語のみの授業、さまざまな国際交流、ホームステイ、短期留学、英検受験など、学校独自の実践教育が行われています。

✳ 通学時間を制限している学校

制限のある学校の中で、関西大学初等部と京都聖母学院小学校は通学時間を60分程度とし、小林聖心女子学院小学校では90分以内と指定しています。首都圏でも、雙葉小学校や聖心女子学院初等科など、通学時間を制限している学校があります。

✳ 国立大学に附設する学校

国立の小学校はすべて国立大学に附設され、学生の教育実習など大学の教育研究機関としての役割を持っています。学校の立地条件や教育環境に優れ、人気もありますが、入学試験のほかに抽選、通学区域の制限もあり、学校によっては入学後に保護者が参加しなければならない年間行事などが多いところもあります。

✳ 受験準備の基礎知識 ✳

Chapter 1-3

共学・別学と進路パターン

私立学校の多くは一貫教育を行っていますが、それぞれ男女共学・別学の違いがあります。また、小学校・中学校へ進学するときに別学になる学校や、上級学校へ進学するためには試験を受けなければならない学校もあります。

✳ 私立小学校の一貫教育

　一般に私立小学校は創立者の精神を受け継ぎ、独自の教育理念のもとに人間形成を図ることを目的としています。幼稚園、小学校、中学校、高校まで、あるいは短期大学、大学、大学院といった併設校を持ち、一貫教育を進めている学校が大多数です。原則として一定基準以上の成績を収めていれば、一貫教育制度を行う学校では系列の上級学校まで進学できることになっています。併設する大学に希望学部がない場合は、ほかの大学を受験しなければならないため、併設校にはどのような学校、学部があるかを調べておくことも大切です。では、有名私立小学校から系列上級学校にはすんなり進めるのでしょうか。同志社小学校、関西大学初等部、関西学院初等部、慶應義塾幼稚舎、学習院初等科などは、いずれも成績が学校の定めた基準以上で素行に問題がなければ大学まで進めます。同じ大学でも学部によって難易度が異なるので、難しい学部を希望する場合は小・中・高で上位の成績を収めておくことが必要です。

✳ 小学校から大学まで別学の学校

　小林聖心女子学院小学校、神戸海星女子学院小学校、白百合学園小学校、聖心女子学院初等科、東洋英和女学院小学部、日本女子大学附属豊明小学校などは、質の高い女子教育を受けられる期待から志望者が多い学校です。その中でも、日本女子大学附属豊明のように同大学へ進学する人数が多い学校、または白百合学園のように同大学へ進む人数が少ない学校もあります。

✳ 小学校から高校まで別学の学校

　百合学院小学校、雙葉小学校、田園調布雙葉小学校などは高校までの女子校であり、男子校の暁星小学校も高校までの学校のため、高校卒業時にはほぼ全員が大学を受験します。高校まで男子校である立教小学校では、一定の成績を収めていればもちろん大学まで進むことができます。雙葉系列が大学を設置しないのは、幼児期にキリスト教信仰の芽を育てることを目的とし、「幼稚園や小学校は親が選んでいても、大学は自分自身で選択しなさい」という自立を促す教育方針を取っているためです。

✳ 小学校は共学で中・高は別学の学校

　桐朋小学校は幼稚園から小学校までが共学で、同系列の桐朋学園小学校も同じく共学ですが、どちらも男子は桐朋中・高、女子は桐朋女子中・高へ分かれて進学するそれぞれの推薦入学制度があり、ほとんどの児童がこの制度に合わせて進学します。ノートルダム学院小学校、京都女子大学附属小学校、昭和女子大学附属昭和小学校などは、中・高は女子校であるため、男子は中学進学時に受験をし、それぞれの学校が独自に行う充実した進路指導のもとで確実に実績を上げています。ちなみに神戸海星女子学院小学校、百合学院小学校、雙葉小学校、日本女子大学附属豊明小学校など、女子校に附属する幼稚園やこども園では男子も募集していますし、暁星幼稚園には女子が若干名通ってはいますが、小学校に上がってからはそれぞれ女子のみ、男子のみの別学という形に変わります。

✳ 受験準備の基礎知識 ✳

Chapter 1-4

入学テストと考査の種類

私立・国立小学校の多くでは、考査としてペーパーテスト、個別テスト、集団テスト、運動テスト、面接が行われます。学校によって考査項目に違いはあるものの、どれも避けられないテストですので十分に学習しておいてください。

✳ ペーパーテスト

小学校入試のペーパーテストでは、話の記憶、数量、常識、言語、推理・思考、観察力、記憶、構成などが多く出題されます。ペーパーテストといっても、ほとんどの学校では文字や数字を使用しません。録音した音声や口頭での指示を聞き取り、絵を見て解答する形式です。どのような形で出題されても、指示をしっかり聞き取ることが要求されます。つける印や筆記用具の色などの指示にも対応しないといけません。また、出題内容も多岐にわたるため、多くの問題に取り組んでおく必要があります。未体験の領域だと平面上の絵だけではイメージしにくいので、具体物を使ってしっかり体験しておくことが必要です。幼児にとっては短い時間で解答しなければならないため、日常生活の中で時間を意識させていくことも大切です。

✳ 個別テスト

思考や工夫力を見るのが個別テストです。簡単な口頭試問のほか、構成や巧緻性、生活習慣の課題が多く出されています。課題に対する理解度はもちろん、質問に対する反応や会話の滑らかさ、言語表現力など、本人の性格や性質を総合的に見られます。パズルや積み木など、「操作」する力を要求される課題も多いので、巧緻性や発想力を高めておくことも大切です。

✳ 集団テスト

集団での行動観察を実施する学校が多いのが小学校入試の大きな特色の一つです。グループで絵を描いたり制作をしたりという課題のほか、ゲームやごっこ遊びを実施する学校もあります。これらを通じて、集団の中での協調性やコミュニケーションの取り方を見られています。初対面の子ども同士で課題をこなすのは大変な面もありますが、積極的に自分の意見を相手に伝えられるとよいでしょう。

✳ 運動テスト

小学校入試では、年齢相応の体力・運動能力を見る運動テストも実施されます。基礎体力を見る課題のほか、平均台や跳び箱などの体操器具を使う運動、ボール投げ、玉入れなどのゲームのような課題もあります。機敏性、リズム感なども高めておきたいものです。また、課題の指示に対する注意力、持久力や忍耐力、頑張って取り組もうとする意欲なども見られているので、苦手項目は克服しておきましょう。

✳ 面接テスト

保護者のみの面接、親子での面接など学校によって形式は違いますが、ほとんどの学校で面接テストが実施されます。志望理由やご家庭の教育方針、お子さんの長所・短所、お子さんの将来像などがよく質問されます。それに付随して、願書や面接資料にも志望理由や子育ての方針などを書く欄がありますので、日ごろからご両親でしっかりと話し合い、お子さんの教育について考えを合わせておくことが大切です。お子さん自身の対策としては、しっかりあいさつをすることから始めましょう。

＊ 受験準備の基礎知識 ＊

Chapter 1-5

小学校はこんな子を求めている

有名私立・国立小学校では、就学年齢に見合った能力をバランスよく備えている子どもを求めています。完璧な能力を備えた子はいないとしても、できるだけ小学校が望む子ども像に近づこうとする努力が大切です。

＊ 小学校が求める子とは

　多くの私立・国立小学校が求めているのは、知識ばかりを詰め込まれた子どもではなく、見る力、聞く力、話す力、考える力、行う力をバランスよく備えている発想力豊かな子どもです。特に難関校に合格している子は、受験時期にはすでに児童期への成長を遂げていて、バランスよく力が備わっているようです。子どもがグループになって相談するとき、自分の意見を通すのに夢中なのが幼児期で、そこから成長しリーダーシップを取り始め、発言しないお友達への気配りもできるようになるのが児童期です。学校は知的な発達度だけでなく社会的発達度、身体的発達度などを見ると同時に、きちんとしたしつけを受けて育てられた子どもを求めています。受験ではご両親が担う役割も大きく、面接のほか願書や面接資料などの提出書類も重要であり、テストと併せて総合的に判断されることになります。

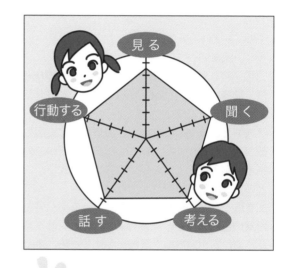

＊ 合格に必要な５つの力

　小学校受験で合格するためには、必要とされる５つの力があります。１つ目は「見る力」です。観察力や模写、類似・差異の発見などで必要です。２つ目の「聞く力」は話の聞き取り、指示の理解に欠かせない力です。３つ目の「考える力」は多岐にわたりますが、中でも推理する力が大切です。４つ目の「話す力」は意思の伝達、表現力に重要です。５つ目の「行動する力」は、先の４つの力を基に自分から何かを成し遂げようとする力です。入試の場面では、物事に積極的に取り組む意欲や、状況に応じた的確な行動などが挙げられます。幼児には生まれつき年齢相応に形成されていく感覚と概念があり、さまざまな能力の獲得に最適な時期があると考えられています。幼児の自然な発達の道筋を逃すことなく、合格に必要な５つの力を中心として、時期に合わせ、子どもの力を伸ばす教育を行うことが大切です。

✷ 受験準備の基礎知識 ✷

Chapter 1-6

歓迎されない親のタイプって…

子どもへの接し方は、優し過ぎても厳し過ぎてもいけません。そして、人としてバランスのとれた教育を心掛け、親自身もともに成長していきましょう。下に5つの親のタイプを挙げましたので、ご自身にあてはまるところはないか、普段の言動をふり返ってみてください。

Pattern 01 過保護型

あまりにも世話を焼き過ぎると、引っ込み思案で、依頼心が強く、忍耐力がない子になってしまいます。自分から行おうとする意欲がないと、生活習慣もしっかり身につかず、集団生活への適応力に疑問符をつけられてしまいます。

Pattern 02 知育偏重型

子どもの発育段階を無視して現在の能力以上の高い要求をすると、頭が混乱して自信のない子になってしまいます。極端に失敗を恐れ、自分から積極的に何かに取り組もうとする意欲が表れてきません。

Pattern 03 過干渉型

始終子どもに目を光らせて監視するような、命令・禁止・抑制の多い環境では、自立心や意欲に欠ける子になります。親や他人から指示をされないと、何もしようとしない、何もできない、何をするにも親の顔色をうかがう子になりがちです。

Pattern 04 自己中心型

子どもの目の前でも何かにつけて間違いを他人のせいにし、自分では責任を取ろうとしない親がいます。そのような親の姿を見ていると、社会性・協調性に欠けるようになり、無責任な行動を取って集団から孤立する子になってしまいます。

Pattern 05 溺愛型

親にかわいがられてわがままが通ることが多いため、ほかの人に対してもわがままが出て、子ども同士ではトラブルが起きやすくなります。親の前ではよい子でも、ほかの子となじめなかったり、弱い子をいじめたりする子になってしまいます。

✳ 受験準備の基礎知識 ✳

Chapter 1-7

入学までのモデルスケジュール

小学校受験のためには、ご家庭で細かい年間スケジュールを立てて準備しておく必要があります。月ごとに目標を決め、一つずつクリアしていくことに努めましょう。

月	目標	内容
4〜5月	プリント学習 苦手分野点検	本格的にプリント問題を家庭学習に取り入れることや年始に立てた目標の確認、お手伝いなどを通して責任感を身につけることを話し合う時期です。また、夏からのラストスパートを前に、弱点・苦手分野を総点検しましょう。この時期は集中力・持久力がつくころなので、課題に取り組む時間を少しずつ延ばしていきます。ただし、時間を決めるなどして八分目を心掛け、やらせ過ぎは禁物です。
6月	志望校を固め 父親とも連携	各小学校の説明会には積極的に参加し、疑問や不安は学校の先生や幼児教室の先生に相談するなど、ラストスパートをかけ始める夏に向けて「あこがれ」から現実的な「目標」となる志望校を絞り込みましょう。また、本格的に志望校を選ぶ時期だからこそ、ご両親の間でご家庭の教育方針にずれがないかどうかを話し合うべきです。お互いのことを理解し合い、協力態勢を整えておくことが大切です。
7〜8月	苦手分野克服 野外で遊ぼう	7月は推理・思考力が伸びる幼児期後半の時期なので、プリントと実体験で弱点・苦手分野を克服しましょう。8月は幼児教室のサマー合宿などでご両親以外の大人と信頼関係を築いたり、親子でも海や山で遊んだりすることで、自主性や積極性を育みます。これは個別テストや面接に有効でしょう。そして、願書を仕上げる時期でもあります。下書きで点検し、何度も推敲を重ねてください。
9月	速さを意識し 面接対策も！	試験で重視される巧緻性を向上させるために、作業に丁寧さを加え、速さも意識しましょう。どちらが速く洗濯物をたためるか親子で競争してみるなど、お手伝いの中で楽しみながら練習できると効果的です。学校によっては、9月初旬から面接が始まります。自分では気づかない癖のチェックや熱意の伝え方などをご家庭で確認、または幼児教室のアドバイスを受けて面接対策を進めましょう。
10〜11月	健康管理優先 指示に工夫を	試験期は季節の変わり目にあたり、複数の小学校を受験するのであれば、すべての試験日程を乗り切るための体力も必要になります。この時期は子どもに無理をさせず、生活のリズムを整え体調管理を徹底しましょう。学習面では、問題に慣れ過ぎると指示を最後まで聞かず、思い込みで進めることがあります。きちんと指示を聞いて取り組めるよう、家庭学習での指示の出し方を工夫しましょう。
12〜3月	就学は目の前 学習習慣維持	私立・国立すべての試験終了後から小学校入学まで約4ヵ月。安心した気の緩みから、せっかく身につけた生活習慣や家庭学習がおろそかになってしまうこともあります。学習時間を受験前より短くしたり、内容を小学校向けに変えたりして、これまでの学習習慣を維持していきましょう。小学校入学後も気後れしないよう、幼児教室の就学前準備講習などで十分に準備して送り出しましょう。

✳ 合格準備ファイル ✳

Chapter 2
勝てる親子の準備講座

Chapter 2

勝てる親子の準備講座

Chapter 2-1

合格する６つのポイント

試験に合格するには、日ごろの積み重ねが大切なのはもちろんですが、正しい情報を入手してそれを分析し、順序よく練習していくことが肝心です。まことしやかなうわさ話に振り回されず、親子が一つの方向に向かっていく心構えが大切です。

❋ 正しい情報の獲得

　小学校側が、具体的にどのような内容の試験を実施し、どのようなねらいを定めているのかを理解することが基本です。まずは志望する小学校のホームページを見ることから始め、ペーパーテスト、行動観察の重要性の比重を確認します。ペーパーを重視する学校は、中学校受験を意識し、行動観察を重視する学校は、系列・附属に多く、人格のバランスを意識しています。うわさ話も多いため、根拠のない不確かな情報には注意してください。

❋ 夏に向けて実力アップ

　今できること、できないことは何かをチェックすることから始めます。①課題テストでの筆記試験や遊具・教具の扱い、長い話を集中して聞けるか、②個別テストでは大人の前で話や作業がきちんとできるか、③行動観察では集団の中でトラブルなく上手に遊べるか、④運動能力や持久力、⑤日常生活での習慣やお手伝い、⑥お絵描きや簡単な手作業など、それぞれの能力を知り、足りないところは根気強く、ほめながら教えていきましょう。

❋ 願書・面接対策

　願書は早めに取り寄せ、コピーを取って下書きします。提出用は鉛筆で薄く線を引き、丁寧に読みやすく、指定の筆記具で真っすぐに書きます。説明会には必ず出席し、子どもがいつも通り行儀よく人前で話せるか、両親は互いの教育方針が一致し、子どもの生活や考えを理解しているかなどを確認します。幼児教室が作る子ども用、両親用チェックシートを使うのも有効です。昨年度のテストで何度もシミュレーションしてはいけません。

テストのシミュレーション

初めて受ける試験で、幼児が指示を一度で聞き取るのは困難なことです。聞き取るタイミングがずれると、すべてがわからなくなり命取りとなります。普段から文字を使わないテスト練習をして、聞き取ることに慣れておくことが大切です。また、聞こえていても緊張のために固まってしまい、返事ができなくなることもあります。初めての場所や相手、聞き慣れない言い回しは慣れるほかにないので、子どもを緊張させないよう努めましょう。

モチベーションの持続

テスト会場では、子どもはチェックされている視線を気にして、居心地の悪い気分になります。親子面接以外は他人に囲まれるので、さらに緊張します。そのまま緊張が続くと、何もできなかったり、泣いたりする結果になります。普段からほめる教育を心掛け、自信をつけて積極性を持たせましょう。しかって教えると一時的には伸びても、慣れてくるとやらなくなります。ほめ続ければ、自学自習の姿勢が身についていきます。

当日のコンディション

寸前になって慌てないように、学校から近い駅や公園のトイレの位置は確認しておきましょう。また、当日は、早過ぎる到着に注意しましょう。よかれと思って早く行き、待ちくたびれて騒ぎだす子もいます。集合時刻ギリギリの到着もよくありませんが、早過ぎるのも困りものです。落ち着いた気持ちで待てるような時間に行き、読書や折り紙などをしながら待ちます。爪や鼻水、耳あかをチェックし、子どもにはハンカチとティッシュペーパーを入れたポケットも必ず確認させましょう。

夏休みの有効な使い方

受験前の夏休みは、無駄に過ごすことがあってはいけません。子どもが遊びたくて仕方がない季節にこそ、長期計画を立てていろいろな体験をさせ、自信を持たせる努力をしましょう。親子そろって自然に親しみ、実体験を重ねていくことで、子どもの心に残る家族との思い出がつくられ、日常生活で必要となる習慣も身についてくるのです。夏休み中に弱点補強を完了させれば、秋からの行事に多く参加することができるので、学習スケジュールはきちんと立てておくことが肝心です。早起きで始まるタイムスケジュールに沿って生活リズムを整え、夏休み中にはしっかり自立させることを目指してください。

Chapter 2-2　勝てる親子の準備講座

願書の書き方入門

入学願書を書く前に考えておくことは、志望理由や家庭の教育方針、子どもの性格やどのように育ってほしいか、などです。記入内容がまとまったら実際に書き始めますが、その際に気をつけることがあります。下記の5点を頭に入れておきましょう。

🖉 願書は早めに入手

小学校受験は、まず願書を提出することから始まります。その記入は、小学校を志望する子どもの保護者にとって最初の関門です。中には「願書の記入は簡単」「提出日の前日にでも書けば…」と考えている方もいるようですが、甘く見ると失敗しかねません。同時に提出する書類や写真の手配、記入には、細心の注意が必要です。願書は小学校側が家庭の方針や子どもの状態を知る手掛かりとなり、面接の参考資料にもなります。「たかが願書」と考えず、早めに取り寄せ、万全の準備をしてください。

🖉 記入欄、記入例を確かめる

願書は文字通り「お願いの書」ですから、間違いのないよう丁寧に書く必要があります。そのためには、募集要項と記入の方法をよく確認することです。小学校によっては、欄外あるいは別紙に注意書きをつけて、記入方法についてわかりやすく説明している学校や、記入例を書類として渡す学校もありますので、それを参考にしましょう。願書には志願者の写真のほか、家族の写真や住民票の写しなどの添付を求める学校もあるので、不備がないよう、入念に準備を進めてください。

🖉 コピーを取り下書きする

間違えずによい印象を与えるように願書を書くには、記入方法や記入例を確認したうえ、願書を2通求めておくか、コピーを何枚か取っておきましょう。志願者の氏名、生年月日、現住所、電話番号、保護者の氏名、保育歴、家族の氏名と年齢などの欄はほとんどの学校の願書にあり、これらの記入は特に難しくありません。しかし、「志望理由」「志願者の性格」などの記入時に悩んで、書き損じてしまうことがあるため、願書の予備を持っておくと安心です。

🖉 文字や表現に注意

願書にどのように記入するのがよいか、大事なポイントを挙げてみます。

・募集要項、記入方法を再確認し、その指示に従いましょう。
・筆記用具が指定されている場合は、それに従います。指定のない場合は、原則として黒インク、または黒のボールペンで書きます。
・文字は楷書で一点、一画を丁寧に書き、表現にもよく心配りをしましょう。
・誤字、脱字、当て字に注意しましょう。
・文体は「…だ。…である」より、「…です。…ます」と書くほうが望ましいでしょう。

🖉 保存して読み返す

願書はもとより、受験に関連して小学校に提出する書類は、書き終わったら必ず読み返しましょう。父母が別々に読み、間違いのないことを確認してから小学校に提出するようにします。提出書類は、すべてコピーを取っておくことが大切です。面接の際、記入された内容に基づいて小学校側が質問するケースが多いからです。書いた内容と答えに食い違いがあると、疑問に思われることがあります。両親のどちらが質問を受けてもきちんと答えられるように何度も読み返し、内容を確認しておきましょう。

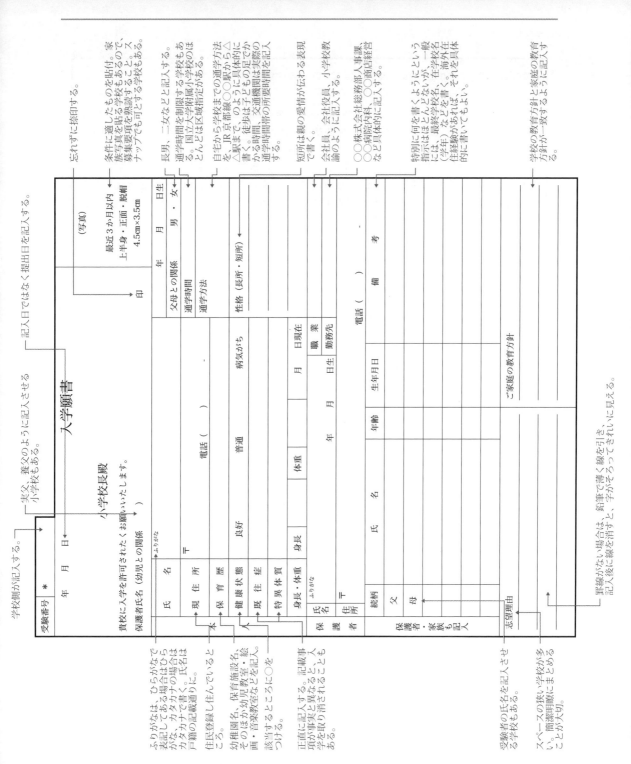

Chapter 2-3　勝てる親子の準備講座

願書の書き方 – 参考例

忘れずに捺印する。

条件に適したものを貼付。家族写真を貼る学校もあるので、募集要項を熟読すること。ナップでもよいとする学校もある。

長男、二女などと記入する。

通学時間を制限する学校もある。国立大学附属小学校のほとんどは区域指定がある。

自宅から学校までの通学方法を、JR京都線○○駅から△△駅まで、のように具体的に書く。徒歩は子どもの足でかかる時間、交通機関は実際の通学時間帯の所要時間を記入する。

短所は親の愛情が伝わる表現で書く。

会社員、会社役員、小学校教諭のように記入する。

○○株式会社総務部人事課、○○商店経営など具体的に記入する。

特別に何を書くようにという指示ほどないが、一般には、最終学校名、在学校名（学年）などを書く。海外在住経験があれば、それを具体的に書いてもよい。

学校の教育方針と家庭の教育方針が一致するように記入する。

記入日ではなく提出日を記入する。

学校側が記入する。

実父、養父のように書く。小学校もある。

入学願書

小学校長殿

貴校に入学を許可されたく、お願いいたします。

保護者氏名（幼児との関係　　）

受験番号	＊

| 年　　月　　日 |

（写真）

最近3か月以内
上半身・正面・脱帽
4.5cm×3.5cm

印

| | 年　　月　　日生 | 男・女 |

本人	ふりがな 氏　名		父母との関係		
	〒 現　住　所　電話（　　） 　－	通学時間		
	保　育　歴	通学方法		
	健康状態　良好	病気がち		
	既　往　症	性格（長所・短所）		
	特異体質			
	身長・体重　身長　　　体重			

保護者・家族も記入	ふりがな 氏　名				生年月日	職業	勤務先
	〒 住　所　電話（　　）　－				年　　月　　日現在		
	続柄	氏　名	年齢		生年月日		
	父						
	母						

| 志望理由 | ご家庭の教育方針 |

ふりがなは、ひらがなで表記してある場合はひらがなで、カタカナの場合はカタカナで書く。氏名は戸籍の記載通りに。

住民登録し住んでいること。

幼稚園名、保育施設名、そのほか幼児教室・絵画・音楽教室などを記入。該当するところに○をつける。

正直に記入する。記載事項が事実と異なることもある。二重線で消し取り消されることもある。

受験者の氏名を記入させる学校もある。

スペースの狭い学校が多い。簡潔明瞭にまとめることが大切。

鉛筆線がない場合は、鉛筆で薄く線を引き、記入後に線を消すときれいに見える。

Chapter 2-4　勝てる親子の準備講座

願書の入力例 – 関西大学初等部

※Ｗｅｂ出願時に入力します。

初等部を志願された理由を具体的に入力してください。（300文字以内）

　わが子には自ら考え、何をすべきか判断し、行動できる自立した人間に育ってほしいと願っております。貴校の公開行事や説明会などに参加させていただき、「高い人間力」を育むことを目標とした教育方針、子どもの持つ可能性を最大限に引き出す教育を実現する姿勢に感銘を受け、ぜひわが子を託したいと思いました。また、小学校から大学まで同じキャンパスで幅広い年齢の生徒たちと過ごせることも、成長に大きく役立つものと考えます。ぜひ、貴校の12年にわたる一貫教育の中で学ばせていただき、わが子の夢を応援しながら私どもも一緒に成長させていただきたいと思い、志願いたします。

お子様の長所だと思われることを具体的に入力してください。（300文字以内）

　わが子は穏やかな性格で、いつも笑顔が絶えません。2つ年上の兄のお友達とも仲よく遊べる協調性もございます。幼稚園では、同じ学年のお友達のみならず、年下のお友達のお世話をするようになるなど、責任感も少しずつ見られるようになってきたと、先生方からうかがっております。また、最近は、洗濯物をたたむなどお手伝いもよくしてくれるようになりました。そして、とてもねばり強い子どもです。補助輪なしの自転車や逆上がりなど一度でできなかったことには何度でも取り組み、途中で投げ出すようなことはありません。小学校進学後もそのねばり強さを発揮し、さまざまなことに取り組んでほしいと願っております。

願書の入力例 − 同志社小学校

※Ｗｅｂ出願時に入力します。

１．本校志望の理由
本校を志望なさった理由や動機について、具体的に入力してください。（450文字以内）

　　わが子にはさまざまな経験を通して、自ら発見しながら学んでいく姿勢を身につけさせたいと思い、家族で山や海に出かけ、虫捕りや魚釣りなどを一緒に楽しんでいます。家庭では読み聞かせをしたり公園で遊んだりするなど、家族で過ごす時間を大切にしながら子育てをしてまいりました。視野を広く持ち、進むべき道を自ら選んでしっかり歩いていけるような行動力のある人間になってほしいと願っております。貴校には知人のお子さんが在学しており、充実した学校生活の様子を常々うかがっておりました。貴校の教育の中でも、キリスト教精神に基づく「良心教育」、世界について学び真の国際人となることを目指す「国際主義」、想像力や考えるプロセスを重視する「道草教育」に特に共感しております。また、公開行事の際、先生方が子どもたちを温かく見守りながら自立を促し、自主性や協調性を育む教育をされているお姿に感動いたしました。貴校の「人を思いやるこころ」に満ちた温かい環境の中で、他者のために行動できる子どもに成長させたいと願い、志願いたします。

２．志願者について
志願者の長所、短所、特徴や、現在頑張っていることについて入力してください。（300文字以内）

　　わが子には、今までいろいろなことに挑戦させてきましたので、何事にも積極的に取り組む子どもに育っております。また、興味を持ったことに対しては、最後まであきらめずに頑張る努力家でもあります。最近は動植物に関心があり、カブトムシを幼虫から飼育し、庭のトマトに毎日水やりをするなど大事に育てています。妹が生まれてからは、兄としての自覚も芽生えました。自ら進んで配膳を手伝ったり、妹が散らかしたものを片づけてくれたりと、年長者としての振る舞いが日に日に増えております。幼稚園でも年長組になってからは年少組のお子さんのお世話をするなど、よりお兄さんらしくなり、頼もしくなってきたと、先生から評価をいただいております。

Chapter 2-6　勝てる親子の準備講座

願書の入力例－関西学院初等部

※Ｗｅｂ出願時に入力します。

本校志望の理由など
（１）志願者の様子について入力してください。（300文字以内）

　息子は本が大好きで、自分が読んだ本の内容をいつも家族に聞かせて楽しませてくれます。最近は毎日、妹に紙芝居や絵本の読み聞かせをしてくれるようになりました。生き物好きでもあり昨年からカブトムシの繁殖にチャレンジしています。好奇心旺盛で多角的な視点を持っており、以前「チーターは寒くないの？」と聞いてきたことがありました。なぜそう思うのか尋ねたところ、「とても速く走るから、風がビュンビュン当たって寒そう」と答えました。このような発想から話が多方向に発展し、親子で一緒に調べながら学ぶことがよくあります。息子にはさまざまなことに興味を持って挑戦し、夢を実現していける人間になってほしいと願っております。

（２）初等部を志願した理由を入力してください。（300文字以内）

　幼少期は心の教育が重要と考え、家庭では親からの愛情で心を満たし安心感を抱かせるよう努めています。人や物事とのかかわりを通じて思いやりを育み、多くを感じ、考えることで真心や感謝の心を身につけてほしいと思っております。そのため、貴校の優れたカリキュラムの中でも特に心の教育に感銘を受けました。スクールモットーである「Mastery for Service」の精神を学び、生きることに向き合う経験は、人生の貴重な糧となることでしょう。また学校説明会や体験授業に参加し、貴校であれば息子の可能性を最大限に広げることができると感じました。大学までの一貫教育で親子ともに成長させていただきたく、入学を切望します。

Chapter 2-7　勝てる親子の準備講座

面接資料の入力例 – 立命館小学校

※Ｗｅｂ出願時に入力します。

〈面接カード〉

１．立命館小学校を志望する理由を入力してください。(300文字以内)

　長い伝統を持ちながらも、常に時代をリードする教育を生み出している立命館学園の進取の精神に日ごろより感銘を受けておりました。以来、オープンスクールや体験教室、説明会などに参加させていただき、貴校について理解を深めてまいりました。その中で、確かな学力を身につけ、国際性と感性を育むことを重視した本物志向の教育が実践されていることに大変感激しました。わが子をこの素晴らしい環境のもとで学ばせたいという思いから、情熱あふれる先生方のご指導や、お友達との出会いを通して、息子が将来、社会に貢献できる広い教養と知性を身につけ、豊かな人生を切り開いていけることを願って、貴校への入学を志願いたします。

２．ご家庭や志願者について
（１）ご家庭の教育方針について入力してください。(300文字以内)

　子育てにあたっては、他人の心を思いやる優しさを育むことと、本物にふれる体験を大切にすることを心掛けています。特に重きを置いておりますのは、親子の会話とコミュニケーションです。息子と会話をするときは、たとえ忙しくても手を止め目を合わせて対応します。それにより自分が受け入れられ、信頼されていることを実感し、ほかの人も受け入れられるようになると思うからです。本物にふれる体験については、自然や音楽芸術などの素晴らしさに感動する機会を多く持ちたいと考え、野外活動やコンサートなどを家族で楽しんでいます。帰宅後は体験したことをふり返りながら、息子が関心を持ったことを一緒に調べたり、絵を描いたりしています。

（２）志願者の長所や短所、特技、また現在頑張って取り組んでいることを入力してください。(300文字以内)

　息子の長所は明るく積極的で好奇心旺盛なところです。ごっこ遊びや工作などが大好きで、いつも発想豊かに遊びを広げるため、幼稚園でもお友達から一目置かれる人気者だと先生より聞いております。短所は自分のアイデアを実行しようとする気持ちが先立つあまり、時にやや強引に周囲を巻き込んでしまうことでしたが、現在は人はそれぞれ好みやペースが異なることを理解し、幼稚園でお友達や年少の子をいたわる姿も見られるようです。また、年長になってからサッカースクールに通うようになり、サッカーの楽しみを覚え始めました。休日には自宅の庭で父親とともにパスやリフティングの練習を長時間行うなど、大変夢中になっております。

Chapter 2-8　勝てる親子の準備講座

保護者作文の入力例−洛南高等学校附属小学校

※Ｗｅｂ出願時に入力します。

「なぜ洛南高等学校附属小学校に入学させたいか」をテーマに入力してください。（250文字程度）

　　私どもは息子へ常に、多くの体験を通じ興味・関心の幅を広げ、自分で考え、判断して物事に取り組むよう言葉をかけてまいりました。また、感謝と思いやりの気持ちを持ち、それを行動で表現するよう導いてまいりました。今後は、高い学力と社会に貢献できる人間力を併せ持ってほしいと願っております。そのため、弘法大師の教えから綿々と続く伝統のもと、真の実力を養成していただける貴校こそ理想の教育環境と確信いたしております。小・中・高12年間で一貫して気力を養い、さまざまな経験を積ませていただきたく、入学を志願いたします。

✳ 考査当日も保護者作文を実施

　洛南高等学校附属小学校では、Ｗｅｂ出願時に入力する保護者作文のほかに、考査当日にも保護者への作文課題があります。作文課題は子どもの考査中に、15分間の休憩を挟んで２回実施されます。テーマは当日発表され、２回とも３つのテーマの中から１つを選択し、それぞれ約１時間で600字の作文を書くという形式です。毎年非常に難しいテーマが出題され、学説や名言、格言などを題材にしてそれについての考えを問うといった、保護者自身の教養や学びへの意識の高さが見られる課題です。子どもの教育に熱心な保護者かどうかが問われるのはいずれの小学校も同じですが、このような作文を書かせるところはほかに類を見ません。日ごろからさまざまな分野に関心を持ち、知識を深めておきましょう。

Chapter 2-9　勝てる親子の準備講座

知ってて安心・当日の心構え

考査が近づいて両親が神経質になってくると、子どもは気持ちが不安定になります。
親の不安感は子どもに伝わりますから、子どもの前では普段と変わらない態度でいる
ことが大切です。落ち着きがあって明るく優しい、頼れる親が理想です。

✳ 緊張をほぐし自信を持とう！

　面接時に限らず、考査当日の朝は受験ファッションに身を包んだ親子が大勢集合するために、子どもはいつもと違う雰囲気を感じ取って不安な気持ちになります。親としては、考査が終わるまでその不安を和らげる努力が必要です。幼児教室での模擬試験や模擬面接で今までやってきたことを思い出して、親子で自信を持ちましょう。また、下ろしたての服を当日に初めて着るのではなく、何度か袖を通しておくのもよいと思います。子どもはただでさえ敏感に親の緊張を感じ取るものですから、できるだけ笑顔を見せていつも通り家を出られるようにします。朝、家を出る時間については途中で交通機関のトラブルなどがあっても差し支えないよう余裕を持つようにしてください。どのようなルートをたどっても会場に着けるように、複数のアクセス方法を前もって調べておき、当日になって迷わないよう、試しに一度行ってみるのもよいことです。

✳ テスト当日の心構え

1．募集要項を丁寧に読み返し、持参する書類を再点検しましょう。
2．いつもと変わらない朝を迎えましょう。
3．服装は動きやすく着慣れたものを。
4．遅刻は認められません。
5．小学校に着いたら、所定の手続きを一つひとつ慎重に。
6．テスト前には、必ず用便を済ませておきましょう。
7．「楽しんで受けてらっしゃい」と普段の笑顔でテスト会場へ送り出しましょう。
8．万一の病気に備える配慮も必要です。

✳ テスト当日の持ち物

　学校ごとに持ち物をそろえるだけでなく、どのような状況でも対応できる「受験セット」を事前に準備しておけば、安心感があります。

☑ 「当日の持ち物リスト」チェックシート

□ 受験票	これがないと受験できません。
□ 学校からの指示があるもの	募集要項をくり返し見ておきましょう。
□ ハンカチ・ティッシュペーパー	基本的なエチケットです。
□ 着替え（靴下・下着など）	雨天やおもらしなど、いざというときに。
□ ビニール袋	ぬれたものを入れるなど何かと重宝します。
□ 雨具（傘・レインコートなど）	傘を入れるビニール袋もあると便利。
□ 飲み物	温かいものは緊張をほぐしてくれます。
□ チョコレートなどのお菓子	甘いものを食べると落ち着きます。
□ ばんそうこう	履き慣れない靴で靴ずれすることも。
□ 折り紙・あやとり	待ち時間が長いときのために。
□ 願書など提出物のコピー	何度も読み直して確認を。
□ 上履き	スリッパが用意されていないときのために。
□ 安全ピン・ソーイングセット	ボタンが取れることもあります。
□ メモ帳・筆記用具	掲示や校内放送などは必ずメモを。

Chapter 2-10 勝てる親子の準備講座

知ってて安心・面接のマナー

ごく当たり前の質問でも、緊張する面接時には答えるべき大事なことを忘れがちです。焦って頭が真っ白になってからでは、落ち着きを取り戻すのは難しいものです。普段から両親で話し合い、回答に一貫性を持たせましょう。

✳ 面接で注意すること

よく聞かれる質問については、その場で答えに詰まらない程度に準備はしても、あまり冗舌にならないようにしないと好感は持たれません。口数が少なくてもゆっくりと真剣に自分の言葉で話していれば、面接官の印象に残ります。多少緊張感を持ったうえで、自信を持って誠実に受け答えをしましょう。逆に、普段から話し好きな人は要注意です。質問には簡潔に答え、長々と話さないようにすることです。また、自分の質問ばかりに気を取られて、子どもや配偶者への質問を聞き逃さないようにしましょう。急に自分に振られて、冷や汗をかくことになりかねません。願書に記入した内容と質問の答えが矛盾しないように、コピーに目を通して一つひとつ確認しておくことも大切です。

✳ 面接の様子で家庭がわかる

親子面接では、父親がドアを軽く3回程度ノックし、応答があったら父親がドアを開けます。「失礼いたします」と言って会釈し、3人とも部屋に入ったら最後に母親がドアを閉めます。部屋の中を面接官の前まで進んで、3人がそれぞれのいすの下座側に立って礼をし、「どうぞ」と言われてから腰を下ろします。面接が終わったら、立ち上がって3人が丁寧に礼をし、父親、子ども、母親の順に外へ出て、母親がドアを閉めます。回答内容だけでなく3人の態度からも家庭環境がわかりますので、学校内では気をつけて行動しましょう。一部の学校ではドアのないところもあります。どちらにしても当日の学校からの指示に注意しましょう。

✳ 言葉遣いは正しく丁寧に

面接での言葉遣いは、とても重要なポイントです。正しく丁寧に話すことは当然ですが、必要以上に丁寧過ぎて不自然な言い方にならないよう注意しましょう。両親は「失礼いたします」「わたくし」「○○でございます」のような言葉の使い方をします。子どもが両親を呼ぶときには「お父さん」「お母さん」の呼び方が一般的です。「こんにちは」「ありがとう」と自然にあいさつができる子は、明るく正しい家庭の雰囲気を伝えることができると覚えておいてください。言葉遣いは、直前になって教えてもよい印象は与えられません。日ごろから丁寧な言葉遣いで話すようにしましょう。言葉遣いは面接時だけに限らず将来も役立つので、この機会に正しておいてください。

Chapter 2-11 勝てる親子の準備講座

知ってて安心・控え室のマナー

面接が始まる前の控え室から、すでに試験は始まっています。皆さんが待っている姿も試験の一部として見られているのです。たとえ自由に動き回る人がいたとしても、けっして惑わされることなく、静かに落ち着いた態度で待ちましょう。

✳ 控え室も大事な面接の一場面

控え室で待つことも面接の一部です。子どもが静かに待てるように、日ごろからけじめをつける大切さを教えておきましょう。小学校に遊び道具などがあらかじめ用意されていない場合も多いので、待っている間に飽きないよう、子どもの好きな本や折り紙などを用意していく心遣いも必要になります。また、控え室での子どもの態度にも気をつけなければなりません。おとなしく本を読んだり、折り紙をしたりして待てればよいのですが、はしゃぎ始めたほかの子につられて、一緒になって動き回るという例も多くあるようです。そのとき「静かにしなさい」と厳しく注意するより、子どもが心身ともに落ち着ける状態にし、親のほうを向く方法を見つけておくことがポイントです。さらに、よその子に文句を言われたり、手を出されたりしても動じず、毅然とした態度でいられるように練習を重ねておきましょう。控え室で待っている間、その部屋に先生が説明などで来られた場合は、親子ともにいすから立って迎え、その先生に「どうぞ、おかけください」と言われてから、腰を下ろして先生の話を聞くというマナーを覚えておいてください。

Chapter 2-12 勝てる親子の準備講座

知ってて安心・服装のマナー

面接には気合を入れて臨もうと思っても、派手な服装は禁物です。服装はできるだけ控えめにし、両親と子どもがアンバランスにならないようにします。落ち着いた服装は相手に好印象を与え、また、自分自身も引き締まった気持ちになれるのです。

面接に適した服装は

父親は、紺やグレー系統などの落ち着きのある色で、ごく一般的なデザインのスーツが基本です。母親は、スーツかワンピースでシックな色合いのものを選び、まじめなお母さんらしい雰囲気を出しましょう。子どもは、子どもらしい印象を与える服装にすることが大切です。運動テストでの動きやすさも考えて選んでください。両親が率先して背筋を伸ばし、堂々とした姿勢で試験に臨むことを心掛けましょう。

面接に適さない服装は

父親は、色合いの違うジャケットとパンツや、ノータイなどのラフな服装は避けたほうがよいでしょう。母親は、黒のスーツやワンピースを選ぶのは好ましくありません。アクセサリーも派手にならないようにします。子どもには、派手な色やデザインの服は不適切です。また、新品の子ども服を買いそろえ、「今日はお行儀よくしましょうね」などとプレッシャーを与えて、緊張させることのないようにしましょう。

父親は紺やグレー系の落ち着いた色のスーツが基本。ネクタイは抑えた色目を。

母親はスーツかワンピースが一般的。装飾品も含めて華美にならないように。

考査の種類に合わせて動きやすい服を用意しましょう。

男の子は品よくシンプルなスーツが基本です。

シンプルで清楚な印象のものがよいでしょう。女の子はワンピースかアンサンブルが基本です。

普段、スーツを着慣れていない方は要注意。スーツに白い靴下は合いません。

スカート丈はひざが出ない程度のものがよいでしょう。靴はフォーマルなタイプが基本。

Chapter 2-13　勝てる親子の準備講座

親子面接20の心得

01
志望理由、家庭の教育方針、子どもの長所・短所など、質問されることの多い事項を両親でよく話し合っておきましょう。

02
丁寧語がよいからと「…です。…ます」と言うように強要しないでください。子どもらしさをなくし、不自然な印象を与えます。

03
持参する書類（受験票、願書など）を確認しましょう。記入事項に漏れがないか、チェックも忘れないようにしましょう。

04
待ち時間を考えて、子どもが飽きないように絵本、折り紙などを用意しましょう。玩具の持ち込みは避けたほうが無難です。

05
小学校側から特別な指示がない場合、指定された時刻より30分くらいの余裕を持って行きます。駆け込みは絶対にやめましょう。

06
交通手段は公共の交通機関を使い、自家用車の利用は避けましょう。駐車場の問題もあり車での来校を断る小学校がほとんどです。

07
遅刻は厳禁です。ほとんどの小学校では、いかなる理由でも受験資格を失います。面接の時刻に合わせて所要時間を調べましょう。

08
上履き持参かどうかを確かめ、持参する場合は靴をしまう袋を用意します。雨の日は、ビニール袋を持っていくと便利です。

09
子どもは初めての場所では緊張から口を閉ざすこともあるため、受験する小学校に事前に連れていき、見せておくとよいでしょう。

10
当日、子どもに着せる洋服は、前もって何度か袖を通しておく配慮も必要。子どもは、初めて着る服に緊張することが多いものです。

11
入退室のときに、子どもが面接官の先生にあいさつをしなかったからといって、頭を押さえるなど、礼儀を強要しないでください。

12
保護者は子どもがきちんと座れたかを確かめてから、面接の先生方に軽く会釈して座る心配りを忘れないでください。

13
質問に気を取られ、子どもへの配慮を忘れてはなりません。子どもが不安な様子をしていたら、笑顔を送る余裕を持ちましょう。

14
子どもが答えに詰まっても、保護者はイライラしないことです。保護者の緊張が顔に出ると、子どもは敏感に反応します。

15
子どもが質問に答えられないからといって、保護者が横から答えを教えるのはよくありません。面接官の次の質問を待ちましょう。

16
子どもが間違った答えを言ったときは、訂正せずに優しく応じてあげましょう。小学校側は保護者の反応にも注目しています。

17
無口な父親が、必ずしも印象が悪いわけではありません。一方、母親が口を出し過ぎると、悪い印象を与えることにもなりかねません。

18
父親が子どもの予防接種の時期などを言い間違えても、母親は不快感を表わさないでください。非難より事前の確認が大事です。

19
小学校によっては、質問に答える時間が短い場合もあります。子どものことや教育方針を簡潔明瞭に言えるようにしておきましょう。

20
小学校側は、経済的な基盤が確立し、堅実で明るい家庭の子どもを求めています。これをよく踏まえて面接に臨みましょう。

お受験Q&A

Q 学校関係者が周りにいないと不利でしょうか？

A このようなうわさが絶えないのが小学校受験の特徴でしょうか。特にお母さん方の間では、いつの時代でもこのタイプのうわさが流れているようです。実際の試験の合否基準には、学校関係者や紹介者の存在は全く関係がないというのが本当のところです。関係者を頼って皆さんが入学できるのであれば、そもそも試験を行う必要がなくなります。公式に児童募集をして実施される入試ですから、当たり前の話ですね。

Q 兄や姉が入学していると弟や妹が合格しやすいのですか？

A 兄や姉が入学していると、同じご両親の子どもである弟や妹が合格する率が高いと言えます。なぜなら、兄や姉のときに行ったご両親の面接の印象は変わりませんし、家庭の教育方針が同じであるのも強みだと言えるからです。ただし、兄や姉が受験したときの合格基準はどうだったかと考えると、それなりの努力は必要ですし、ただきょうだいだから、というだけの理由で合格できるわけではありません。

Q 親が志望校の出身でないと、子どもの合格は難しいのでしょうか？

A そういうことは全くありません。保護者が志望校のご出身の場合、その学校の教育理念や方針になじみがあるという利点はあっても、人生経験を重ねる中で、考え方や価値観が変わることもありますから、特に有利な条件とはなりません。ご自身の出身校のことは気にせず、堂々と受験に向かっていくべきだと思います。むしろ、わが子を入学させたい一心で、志望校と比較してご自身の出身校を悪く言うようなことがあると、悪い印象を与えかねません。

お受験Q&A

Q 小学校受験でどの学校を受ければよいか、
学校選びのポイントを教えてください。

目安としては「国立・私立」「共学・別学」「宗教色の有無」「附属や系列校がある一貫校・附属や系列校を持たない進学校」などの分け方があります。それぞれ特色があるので、ホームページや情報誌、知り合いからの話などで学校生活を知ることです。しかし、最も大切なのは、自分の目と耳で得たこと、肌で感じた印象です。実際に学校説明会や入試説明会、オープンスクールなどに参加して確認しましょう。

Q 小学校入試では、子どものどんな力が
試されるのでしょうか？

人の話を聞く力や物を見比べる力などの理解力、絵画・制作・身体表現などの表現力、手先の巧緻性、運動能力などに加え、個別テストや面接では発表力など、行動観察では協調性なども見られます。これらのテストの中で、お子さんが年齢相応に成長しているかどうかを総合的に判断されますから、普段から自立心を高め、身の回りにあるあらゆる物事を意識しながら行動できるようにしておきましょう。

Q 面接の模範回答はあるのでしょうか？

このような質問をするお母さん方が、面接の時期には増えてきます。もし模範回答があって、皆さんが同じ答えで応じたら、面接する先生方はさぞ驚かれることと思います。言葉遣いや服装、装飾品、化粧など、表面的なことを気にする方は多くいますが、学校としては普段のご家庭の在り方を知りたいのです。模範回答などはありませんから、お子さんへの接し方や教育方針をもう一度確認してください。

お受験Q&A

Q 両親の姓が違う場合、キリスト教系の学校に入学できないのでしょうか？

A 日本の場合、宗教上の理由だけで入学できないことはなく、ご両親の姓が違うだけの理由で入学を認めないこともありません。合否の判定はやはり考え方や人柄であり、合格した親子にお会いすると、このご家庭なら歓迎してくれるだろうと思える要素を持っていることがはっきりとわかります。それぞれご家庭の事情もあると思いますので、志望する小学校へ早いうちに相談されるとよいでしょう。

Q 家庭学習の時間を十分に取れない共働きの家庭は受験に不利なのでしょうか？

A お子さんの体調が悪いときに迎えに来られるかなどを重要視するところもありますが、「学校行事や方針に協力いたします」とご両親の意志をしっかり伝えれば不利にはなりません。共働きで志望校に合格したご家庭に共通するポイントとして、①中途半端に取り組まない強い覚悟を持っていること、②時間を有効に使うタイムマネジメント力があること、③送迎や家庭学習、家事などを手伝う協力者がいることが挙げられます。

Q 海外生活が長く、日本語でのコミュニケーションに不安があります。

A 日常生活では心配なくても、入試の本番となったときに全く言葉が出てこなくなってしまうようでは困ります。先生の質問に答えられないとすると、多くの子どもたちと一緒に過ごす集団生活に対する適応能力に疑問を持たれることにもなりかねません。対策としては、入試までにご両親と一緒になって、さまざまな体験や挑戦、刺激を増やしていくことで、言語能力をできるだけ高めておきましょう。

お受験Q&A

Q 早生まれの子は不利になりますか？

幼児の成長は、月齢の差によって大きく変わってきますので、ご両親も不安になることでしょう。一部の私立小学校では、早生まれを考慮して、統計的な処理をするところもあります。国立の小学校の一部では、誕生月を４ヵ月ごとに分けて抽選し、成長の差が合否の判定に出ないようにしています。中には月齢に関係なく選考する小学校もありますので、詳しいことは、説明会に参加して確認しておくことが大切です。

Q 初対面の人の前では緊張して話せなくなるので、受験の面接を考えると不安です。

初めて会う人に緊張感を持つお子さんは多いと思います。人見知りは、愛情たっぷりに育ち、親子の絆が強いことの裏返しとも言えますが、もう一度親子のかかわりを見直してみましょう。たとえば、子どもが声をかけられているときはお母さんが先回りして答えないようにするなど、必要以上にお子さんに手出し口出しをしないことが大切です。また、知人を訪ねたり招いたり、買い物などで積極的に人と交流する機会をつくり、お子さんに自信を持たせましょう。

Q 人の話をさえぎる、興味のない話は聞かないなど、息子は聞くことが下手で…。

聞くよりも聞いてもらいたい欲求が強いお子さんに対して、まずはご両親が話をしっかり聞いてあげることが必要です。大切なのは聞く姿勢をご両親が示し、自分の話を聞いてくれて認められていると、子どもが感じることです。欲求が満たされると、次は自分が話を聞く番だという姿勢が自然と身についてくるのです。たとえ要領を得ないような話でも、聞き流すことなく向かい合ってください。

お受験Q&A

Q 受験のストレスで子どもがイライラしています。どうすればよいでしょうか？

まず、ストレスの具体的な原因は何か考えましょう。子どもがストレスを感じているとき、お母さんも不安を抱えていることがよくあります。受験まで残り数ヵ月の時期は遊ぶ時間が少なかったり、さらに学習時間を増やしたりするケースが多く見られます。無理な要求で子どもが疲れないよう、お母さん自身が受験に対する不安を解消し、余裕を持つことが大切です。お母さんが変われば、子どもも変わるのです。

Q 受験しても不合格になったら、子どもが深く傷つくのではないかと心配です。

まず「いろいろな学校があり、行ける人と行けない人がいる」ことを伝え、「あなたにとって一番よい学校を選ぶからだいじょうぶ」と安心感を与えることです。子どもが傷つくのは不合格より、親の期待に応えられなかったと思うときですが、入試では状況や条件により全力を出せるとは限りません。ご両親はどんな結果でもお子さんの力となり、最良の方向を示し、常に前向きな気持ちを忘れないでください。

Q 一貫教育の学校で上級学校に進学せず、途中で外部に出ることは可能でしょうか？

中学校への進学にあたり、通っている一貫校以外の学校を選ぶことは、基本的に問題はありません。しかし、系列上級学校への内部進学の権利を保有しながら他校を受験することは、ほとんどの一貫教育の学校では認められていません。内部進学の権利を放棄したうえで他校を受験するということであれば可能と思われますが、この点については小学校ごとに考え方が違ってきますので、事前に調べておきましょう。

大阪府 私立小学校入試情報ガイド

アサンプション国際小学校
追手門学院小学校
大阪信愛学院小学校
関西大学初等部
賢明学院小学校
香里ヌヴェール学院小学校
四條畷学園小学校
四天王寺小学校
城星学園小学校
城南学園小学校
帝塚山学院小学校
はつしば学園小学校
箕面自由学園小学校

※ 掲載の入試情報は、2024年度用（2023年夏～2024年冬実施予定）ですが、一部、2023年度用（2022年夏～2023年冬実施済み）のものがあります。新しい情報を掲載していますが、新型コロナウイルスの影響などにより、行事や考査関連の日程が変更になる可能性があります。最新の情報は直接学校窓口にお問い合わせいただくか、各学校のホームページなどでご確認ください。

アサンプション国際小学校

http://www.assumption.ed.jp/primary/

[所在地] 〒562-8543　大阪府箕面市如意谷1-13-23
TEL 072-723-6150　FAX 072-722-9757

[アクセス]
●阪急箕面線【箕面】、阪急千里線【北千里】、北大阪急行電鉄・大阪モノレール【千里中央】、大阪モノレール【彩都西】よりスクールバスあり

小学校情報

[校　長]　丹澤 直己
[児童数]　男女計395名

沿　革　昭和27年、フランスにある聖母被昇天修道会本部より5名のシスターが来日し、翌年、箕面市に修道院を開設。同年、学校法人被昇天学園を創立、幼稚園を開園。昭和29年、被昇天学園小学校開校。昭和35年、被昇天学園中学校開校。昭和38年には被昇天学園高等学校が開校し、幼・小・中・高の一貫教育となる。昭和62年、法人名を聖母被昇天学院に改称したことに伴い、聖母被昇天学院小学校となる。平成29年度より男女共学化および現校名に改称。

教育方針　すべての教育活動の基盤をカトリックの精神に置き、「誠実・隣人愛・喜び」をモットーに「世界の平和に貢献する人材の育成～心身共にすこやかで愛に生きる子～」を目標に掲げる。互いに長所を認め、尊重する「神と人を愛する子」、基礎学力を基に自分で判断し、それを発表して分かち合う「進んで学ぶ子」、基本的生活習慣を身につけて強い心と体をつくり、責任を持って自主的に行動する「強く生きる子」の3つを目指す子ども像としている。

特　色　カトリックの理念に基づいた教育を礎として、これからの社会で必要な力を身につける21世紀型教育を実施。以下の3つの柱を中心に独自のカリキュラムを展開する。①他教科を英語で学ぶイマージョン教育や充実した英語の授業により、自然な形で英語運用能力を身につける。②PBL（課題解決型授業）により、主体的に学ぶ力を高め、対話を通して考えを深めることで、学力だけでなく個々の成長を促す。③情報の授業を中心に、ICT機器の活用能力を高めるとともに、論理的思考力や情報モラルを身につける。

◆**クラブ活動**　バトン、バスケットボール、陸上、茶道、ハンドベルなど10クラブがある
◆**英語教育**　English Courseは算数、生活、理科、総合などを英語で行う。Academic Courseは1～4年生は週2時間、5・6年生は週3時間ネイティブと日本人の教員による授業のほか1～3年生は図工を英語で学ぶ。週3回、15分の英語モジュールタイムもある
◆**ICT教育**　タブレット端末を導入。調べ学習を行うほか、プログラミングの授業ではビジュアルプログラミング、ロボットプログラミングを段階的に実施
◆**宿泊学習**　2年生は校内で宿泊体験。3・4年生は岡山県前島、5年生は鳥取県奥大山で自然教室。6年生は修学旅行で長崎へ

年間行事予定

月	行　事　名（抜粋）
4	入学式、新入生歓迎会
5	聖母月祈りの集い、1・2・6年校外学習
6	運動会、水泳教室、3・4年自然教室
7	全校奉仕、夏休みプログラム
8	全校奉仕、夏休みプログラム
9	レシテーションコンテスト、5年自然教室
10	6年修学旅行、2年宿泊体験、1年七五三のお祝い
11	学習発表会、アサンプション・チャリティ・デー
12	クリスマス礼拝、全校奉仕
1	書き初め大会
2	クラブ発表会
3	送別会、創立者感謝と祈りの集い、卒業式

始業／制服／3学期制／土曜登校／毎年クラス替／お弁当／アレルギー対応／ICT教育／24英語コマ数／通学時間制限／アフタースクール／こども園／中学・高校／大学／カトリック

入試データ

下記の資料は**2024年度用（2023年秋〜2024年冬実施予定）**です

募集要項

募集人員	男女計約80名（A〜C日程合わせて）
学校(入試)説明会	学校説明会：5月13日 入試説明会：7月29日（入試体験会あり）
願書配付期間	Ｗｅｂ公開のみ
出願期間	A：8月18〜25日　B：10月2〜6日　C：1月24〜26日 ※HPの指示に従ってＷｅｂ出願
提出書類	・受験票　・健康診断書 ・本人写真 ※すべて考査日に持参
受験票交付	考査料決済後、自宅やコンビニエンスストアなどで各自印刷
受験番号付番	願書受付順　｜　月齢考慮　｜　あり
考査日	A：考査…9月9・10日のうち1日　面接…考査日前に実施 B：考査…10月14日　面接…考査日前または考査当日に実施 C：考査・面接…2月3日
選抜方法	ペーパーテスト、グループ活動、口頭試問、体育、親子面接、英語コミュニケーション（English Courseのみ）
考査料	15,000円（クレジットカード、コンビニまたはペイジー決済）
合格発表	A：9月11日　B：10月14日　C：2月3日 簡易書留速達で通知
倍率（前年度）	非公表
入学手続	指定日
編入学制度	2〜5年生で欠員が生じた場合のみ試験を実施／帰国生はp.209〜参照
復学制度	あり
公開行事	いっしょにあそぼう♪（体験入学）：6月17日
備考	入学者説明会：2月23日 個別相談会は随時（要申込）

学費

……… 入学手続時納付金 ………
入学金　　　　　　　210,000円

……… 年間納付金 ………
授業料・年額
　　（English Course）672,000円
　　（Academic Course）570,000円
教育充実費・年額　　　60,000円
施設設備維持費・年額　60,000円
スクールバス代・年額　92,400円
父母の会会費・年額　　15,600円
規定品代（制服含む）約150,000円
※上記金額は諸事情等で変更の場合あり

制服

セキュリティ

警備員常駐／防犯カメラ設置／登下校確認システム（任意）／防犯ブザー携帯／携帯電話所持可（届出制）／授業中門施錠／インターホン設置／保護者名札着用／避難・防災訓練実施／災害用品備蓄／ＡＥＤ設置

昼食

お弁当（週5回）…希望者はパンの販売、委託弁当（校内調理、週2・3・5回コース）あり

進学情報

[中学校への進学状況]【アサンプション国際】約50％が内部進学。四天王寺、高槻、立命館、同志社女子など
[高等学校への進学状況]
【アサンプション国際】ほぼ全員が内部進学
[大学への進学状況]
同志社、立命館、関西学院、関西、上智など

[系列校]
アサンプション国際中学校高等学校、こども園 アサンプション国際幼稚園（認定こども園）

大阪
私立
共学
あ
アサンプション国際小学校

※上記募集要項は小学校公表データです。詳細は小学校ＨＰまたはお電話でご確認ください

追手門学院小学校
おうてもん
https://www.otemon-e.ed.jp/

[アクセス]
- ●地下鉄谷町線・京阪本線【天満橋】より徒歩７分
- ●JR東西線【大阪城北詰】より徒歩10分
- ●大阪シティバス【京阪東口】より徒歩３分

[所在地]　〒540-0008　大阪府大阪市中央区大手前1-3-20
　　　　　TEL 06-6942-2231　FAX 06-6946-6022

小学校情報

[校　長]　井上　恵二
[児童数]　男女計880名

沿　革　明治21年、子爵高島鞆之助中将により、大阪偕行社附属小学校として創設。明治25年、明治天皇より聖旨奉戴。昭和16年、大阪偕行社学院と改称。昭和22年４月に大手前小学校、同年11月、追手門学院小学部と改称、男女共学となる。昭和26年、学校法人追手門学院として組織変更。昭和46年、追手門学院小学校と改称。令和５年、創立135周年を迎える。

教育方針　教育理念は『社会有為の人材育成』。創造性を基盤とした高い学力を養い、不屈の体力と意志力を培い、豊かな愛情と気品を備え、愛国の熱情をたたえつつ、国際的に活動する指導的人材を育成することを方針とする。他者を敬い自己を愛する心を養う「敬愛」、強い体、ねばり強い心を育む「剛毅」、基礎学力を重視するとともに高い学力と豊かな情操の育成を目指す「上智」の３つを教育目標に掲げ、グローバル時代を先導する未来のリーダーにふさわしい大きな志を育んでいく。

特　色　設立当時から注力する英語学習は週３時間実施。そのうち１時間はクラスを２つに分け、少人数での学習を行う。TOEFL Primaryを導入し、３年生以上が受験する。５年生からは国語、社会、算数、理科で教科担任制を導入して専門性の高い授業を行うほか、国語、算数では２人指導制を併用し細やかに指導する。また、ＩＣＴ環境を整備した地上３階・地下２階構造の特別教室棟「メディアラボ」を設置。ＩＣＴ教育や英語教育、プログラミング教育、アクティブラーニングを展開している。

◆**クラブ活動**　剣道、バドミントンなど運動系９、将棋、ロボットプログラミング、日本太鼓など文化系９のクラブがある
◆**英語教育**　全学年、週３時間。モジュール授業も取り入れ、「聞く・話す・読む・書く」の４技能を効果的に指導。ハワイ、オーストラリアでホームステイも実施
◆**ＩＣＴ教育**　１年生からパソコンの操作を学ぶ。３年生以上は１人１台のタブレットＰＣを所有し、授業や調べ学習などで活用
◆**校外学習**　異学年交流とリーダーシップ育成の場として毎学期、全学年で大阪城活動を行う。４年生は東鉢伏高原で林間学舎、５年生は田尻漁港で漁業体験。６年生は臨海学舎を実施

年間行事予定

月	行　事　名(抜粋)
4	入学式、５年宿泊オリエンテーション、遠足
5	４年林間学舎、創立記念日
6	体育大会、大阪城活動
7	６年臨海学舎、国際交流（オーストラリア）、水泳教室
8	水泳教室
9	暑中稽古、剣道大会、水泳記録会
10	日曜参観、３年宿泊行事、大阪城活動、音楽・劇鑑賞会
11	文化祭
12	座禅会
1	寒稽古、耐寒駈足、マラソン大会、桜童展
2	６年修学旅行、５年平和学習、学用品供養祭、大阪城活動
3	卒業式、弁論大会、国際交流（ハワイ）

入試データ

下記の資料は**2024年度用（2023年秋実施予定）**です

募集要項

募集人員	男女計約130名
学校（入試）説明会	5月13日（個別相談会あり） 6月17日（公開授業あり） 7月15日（個別相談会あり）
願書配付期間	Ｗｅｂ公開のみ
出願期間	8月23～29日 ※HPの指示に従ってＷｅｂ出願
提出書類	・受験票 ※考査日に持参
受験票交付	考査料決済後、自宅やコンビニエンスストアなどで各自印刷
受験番号付番	出願順　　月齢考慮　あり
考査日	考査：9月17日 面接：9月2・3・9日のうち1日
選抜方法^{注1}	ペーパーテスト、個別テスト、集団テスト、運動テスト、保護者面接
考査料	20,000円（クレジットカード、コンビニまたはペイジー決済）
合格発表	9月19日　速達で通知
倍率（前年度）	約1.3倍
入学手続	9月20～22日
編入学制度	欠員が生じた場合のみ試験を実施／帰国生はp.209～参照
復学制度	原則なし（状況により応相談）
公開行事	体育大会：6月4日 文化祭：11月18・19日
備考	――――

学費

……… 入学手続時納付金 ………
入学金	250,000円
入学時施設協力金	50,000円
制定品購入費など	約220,000円

……… 年間納付金 ………
授業料・年額	819,000円
施設設備資金・年額	60,000円
寄付金1口	500,000円

（1口以上、任意）
※給食費、教育振興会会費など別途納付
※上記金額は諸事情等で変更の場合あり

制服

セキュリティ

警備員常駐／防犯カメラ設置／登下校確認システム／防犯ブザー携帯／携帯電話所持可／授業中門施錠／保護者ＩＤカード／避難・防災訓練実施／緊急通報・安否確認システム／緊急地震速報装置／災害用品備蓄／ＡＥＤ設置／方面別集団下校／緊急時メール一斉配信

昼食

給食（週5回）

進学情報

[中学校への進学状況]
【追手門学院、追手門学院大手前】、灘、甲陽学院、洛南高附属、大阪星光など
[高等学校への進学状況]
【追手門学院、追手門学院大手前】内部進学者にも入試を実施
[大学への進学状況]【追手門学院】、神戸、九州、筑波、北海道、同志社、立命館、関西学院、関西、慶應、医歯薬系など

[系列校]
追手門学院大学・大学院、追手門学院中・高等学校、追手門学院大手前中・高等学校、追手門学院幼稚園（認定こども園）

大阪　私立　共学　お　追手門学院小学校

※上記募集要項は小学校公表データです（注1：選抜方法については伸芽会教育研究所調査によるデータです）。詳細は小学校ＨＰまたはお電話でご確認ください

大阪信愛学院小学校

http://el.osaka-shinai.ed.jp/　E-mail element00@osaka-shinai.ac.jp

［アクセス］
● 地下鉄今里筋線【新森古市】より徒歩５分
● 地下鉄谷町線【関目高殿】より徒歩18分
● 京阪本線【関目】より徒歩15分

［所在地］　〒536-8585　大阪府大阪市城東区古市2-7-30
　　　　　　TEL 06-6939-4391　FAX 06-6939-7141

小学校情報

［校　長］　岩熊 美奈子
［児童数］　281名（男子47名、女子234名）

沿　革　フランスより来日した修道女が創始した孤児養育事業が前身となり、明治17年、信愛女学校開校。明治41年、大阪信愛高等女学校、昭和19年、幼稚園、昭和22年、中学校、昭和23年、高等学校設立を経て、昭和26年、学校法人大阪信愛女学院に組織変更認可。昭和27年、大阪信愛女学院小学校開校。昭和34年、短期大学開学。平成26年、保育園開園。平成30年度より、小学校が男女共学となり、現校名に改称。令和４年、大学開学。令和６年、学院創設140周年を迎える。

教育方針　『キリストに信頼し、愛の実践に生きる』を建学の精神とし、カトリック精神を基盤にこれからの時代を生き抜く人間力を形成。「３つのけん」―健やかな心と体（健）、考える力（賢）、豊かな人格（謙）を身につける教育を行う。学院の伝統と21世紀型教育を融和させた「信愛Inspire（インスパイヤー）教育」をオリジナルコンセプトに掲げ、「３つのけん」をベースに、知・徳・体のバランスのとれた、「人としての基礎・基本を大切にし、社会の中で輝く子ども」「未来に向かって挑戦する子ども」の育成を目指す。

特　色　すべての教科に探究型アクティブラーニングを取り入れ、「主体的に学ぶ」を目標に、対話やプレゼンテーションを重視した21世紀型教育を展開。モジュール学習、学期末のアタックテスト、朝読書、漢検・英検受験など、さまざまな学習指導を行う。全教室にＩＣＴ機器を常設し、無線ＬＡＮを完備。１年生からプログラミング教育を始め、授業でもタブレット端末を活用する。

◆**クラブ活動**　４年生以上、隔週。「わくわくタイム」としてバスケットボール、硬式テニス、茶道、ロボットなど12のクラブ
◆**英語教育**　１～３年生は週２時間、４～６年生は週３時間。ネイティブの講師による授業を行う。６年生は英語だけで過ごす「イングリッシュ・キャンプ」も実施
◆**特別活動**　一年を通して１～６年生の縦割り班で活動し、奉仕の心と社会性を育む「たてわり仲良し活動」に注力。高学年は低学年の面倒を見るなど学校生活をサポート。低学年は高学年をお手本とする
◆**校外学習**　３年生は大阪で、４年生は滋賀で体験学習、５年生は広島で平和学習、６年生は関東方面へ修学旅行など

年間行事予定	
月	行　事　名（抜粋）
4	入学式、創立記念日、春の遠足、児童会選挙
5	6年修学旅行、5年広島体験学習、聖母祭
6	日曜参観、プール開き
7	6年イングリッシュ・キャンプ、3・4年体験学習
8	水泳学習、泳力チェック、プール納め
9	
10	運動会、秋の遠足、児童会選挙
11	学習発表会、追悼式
12	クリスマスミサ
1	社会見学、6年英語検定
2	漢字検定、マラソン大会、私立小学校連合音楽会
3	6年生を送る会、卒業ミサ、卒業式

始業　制服　3学期制　土曜登校　毎年クラス替　給食　アレルギー対応　ICT教育　英語コマ数2　通学時間制限　アフタースクール　幼稚園保育園　中学・高校　大学　カトリック

入試データ
下記の資料は**2024年度用（2023年秋〜2024年冬実施予定）**です

募集要項

募集人員	A日程：男女計約70名　B日程、C日程：各男女若干名
学校（入試）説明会	6月24日 7月29日（オープンスクールあり）
願書配付期間	Web公開のみ
出願期間	Web出願：A…9月4〜13日　B…9月25日〜10月11日 　　　　　C…1月11〜24日 書類提出：A…9月13日　B…10月11日　C…1月24日 　　　　　郵送（必着） ※HPの指示に従ってWeb出願後に書類提出
提出書類	・入学願書　・健康調査票　・志望理由書　・受験票 ※受験票は考査日に持参
受験票交付	考査料決済後、自宅やコンビニエンスストアなどで各自印刷
受験番号付番	願書受付順　　月齢考慮　　あり
考査日	考査・面接：A…9月17日　B…10月14日　C…1月27日
選抜方法注1	ペーパーテスト、個別テスト、集団テスト、親子面接
考査料	18,000円（クレジットカード、コンビニまたはペイジー決済）
合格発表	A：9月18日　B：10月15日　C：1月28日　Web発表
倍率（前年度）	非公表
入学手続	指定日
編入学制度	C日程で新2〜4年生を男女若干名募集／帰国生はp.209〜参照
復学制度	応相談
公開行事	ミニ学校見学会：5月22〜25日／6月26〜29日 オープンスクール：5月27日　運動会：10月1日 学習発表会：11月12日　クリスマスミサ：12月15日
備考	土曜登校は4〜6年生の希望者のみ（第1・3・5土曜日） スクールバスあり

セキュリティ

警備員常駐／防犯カメラ設置／登下校確認システム／防犯ブザー携帯／携帯電話所持可（届出制）／保護者入構証／赤外線センサー設置／避難・防災訓練実施／看護師常駐／緊急通報・安否確認システム／緊急地震速報装置／災害用品備蓄／AED設置

学費

…… 入学手続時納付金 ……

入学金	200,000円
教育会入会金	15,000円
制服、学用品など	約150,000円

……… 年間納付金 ………

授業料・年額	534,000円
教育充実費・年額	12,000円
ICT設備費・年額	12,000円
学級費・年額	46,000円
給食費・年額	59,200円
iPad積立金・年額（1〜3年生）	24,000円
教育会会費・年額	16,800円

※スクールバス代（利用者のみ）は別途納付
※きょうだいが本学院の学校に在学している場合、授業料の一部を軽減
※2年次以降の学級費は3,000円（月額）
※上記金額は諸事情等で変更の場合あり

制服

昼食

給食（週5回、低学年は週4回）…食堂、売店利用可

進学情報

[中学校への進学状況] 女子：【大阪信愛学院】50〜60％が内部進学。四天王寺、大阪桐蔭、同志社香里、同志社女子、大谷など
[高等学校への進学状況]
【大阪信愛学院】ほぼ全員が内部進学
[大学への進学状況]【大阪信愛学院】、同志社、立命館、関西学院、大阪歯科、京都薬科、大阪医科薬科、神戸薬科など

[系列校]
大阪信愛学院大学・高等学校・中学校・幼稚園・保育園

※上記募集要項は小学校公表データです（注1：選抜方法については伸芽会教育研究所調査によるデータです）。詳細は小学校HPまたはお電話でご確認ください

関西大学初等部

http://www.kansai-u.ac.jp/elementary/

[所在地]　〒569-1098　大阪府高槻市白梅町7-1
TEL 072-684-4312　FAX 072-684-4317

●関西大学初等部
中・高・大・大学院

[アクセス]
●JR京都線【高槻】より徒歩7分
●阪急京都線【高槻市】より徒歩10分

小学校情報

[校　長]　長戸 基
[児童数]　370名（男子147名、女子223名）

沿　革　明治19年に設立された関西初の法律学校である関西法律学校が前身。大正11年、千里山に学舎を新設、旧制関西大学が認可され、昭和23年に4学部を持つ新制大学に改組される。現在は13学部15研究科を擁する総合大学となり、平成22年4月から初等部・中等部・高等部の一貫教育を開始した。大学の社会安全学部・大学院社会安全研究科とともに高槻ミューズキャンパスに立地。

教育方針　中・高等部とともに関西大学の教育理念である『学の実化（じつげ）』を基盤とし、同一キャンパスで一貫教育を実践。12年間を通し「確かな学力」「健やかな体」「国際理解力」「情感豊かな心」を養い、「高い人間力」を備えた人材を育成することを目標としている。初等部では『考動―学びを深め 志高く―』を校訓に、「考える子」「感性豊かな子」「挑戦する子」を目指す児童像に定め、一貫教育の土台形成に努める。

特　色　教育活動は思考力育成が柱。「考え方を考える」独自の教育法「ミューズ学習」を導入し、どの教科でも役立つ6つの思考スキルを習得・活用できるよう、体系的なカリキュラムを編成している。また、STEAM教育の視点を取り入れた授業を行い、問いを見つける視点を広げ、教科横断的な学びへとつなげている。この学びの過程で、子どもたちは批判的思考力や、論理的思考力を発揮していく。さらに、さまざまな国との交流を通して学ぶ国際理解教育、3つの図書館を活用し、学びの基礎となる学校図書館教育などにも取り組んでいる。

◆**英語教育**　12年間の「英語考動力」カリキュラムのもと1年生より開始。1・2年生は毎日15分間のモジュール学習で英語に親しみ、3・4年生は週3時間、5・6年生は週4時間の授業を行う
◆**ICT教育**　校内に無線LANを完備。全学年、1人1台タブレット端末を所有し、授業や家庭学習に利用している
◆**授業の特色**　生活・総合学習の時間を中心に国際理解教育を実施。2〜6年生は対象国について調べ、韓国や台湾などの小学校との交流も行う。図書館は調べ学習に役立つ本がそろう「はてな館」と読み物が多い「わくわく館」、デジタル図書が楽しめる「デジタル館」があり、目的に応じて使い分けができる

年間行事予定	
月	行　事　名（抜粋）
4	入学式、始業式
5	1〜5年春の校外学習、3年宿泊体験学習
6	初等部創立記念日
7	5年宿泊体験学習
8	夏休み
9	2年宿泊体験学習
10	後期始業式、運動会
11	大学創立記念日、FUN RUN
12	文化祭、冬休み
1	初中対抗百人一首大会、4年スキー体験学習
2	研究発表会、6年修学旅行
3	卒業式、修了式、春休み

始業／制服／2学期制／土曜登校／毎年クラス替／給食／アレルギー対応／ICT教育／英語コマ数2／通学時間制限／アフタースクール／幼稚園／中学・高校／大学

大阪｜私立｜共学｜か｜関西大学初等部

入試データ

下記の資料は**2024年度用（2023年夏～2024年冬実施予定）**です

募集要項

募集人員	A日程：男女計60名（内部進学者含む）　B日程：男女若干名
学校(入試)説明会	学校説明会：5月21日　9時30分～11時（個別相談あり） 入試説明会：7月9日　9時30分～11時（個別相談あり）
願書配付期間	Ｗｅｂ公開のみ
出願期間	A：7月28日～8月19日 B：12月1日～1月12日 ※HPの指示に従ってWeb出願
提出書類	・受験票 ※考査日に持参
受験票交付	考査料決済後、自宅やコンビニエンスストアで各自印刷
受験番号付番	──　　　月齢考慮　あり
考査日	A：考査…9月15日　面接…8月26日～9月8日のうち1日 B：考査…1月27日　面接…1月20～26日のうち1日
選抜方法注1	ペーパーテスト、行動観察、親子面接
考査料	20,000円（クレジットカード、コンビニまたはペイジー決済）
合格発表	A：9月19日発送　B：1月29日発送　郵送で通知
倍率（前年度）	非公表
入学手続	A：9月20～27日　B：1月30日～2月2日
編入学制度	欠員が生じた場合のみ試験を実施
復学制度	──
公開行事	オープンスクール：6月10日
備考	通学時間制限：所要時間60分程度 土曜登校は3年生以上（第2・4土曜日）

セキュリティ

警備員常駐／防犯カメラ設置／登下校確認システム／防犯ブザー携帯／携帯電話所持可／保護者ＩＤカード／避難・防災訓練実施／緊急通報・安否確認システム／緊急地震速報装置／学校110番／災害用品備蓄／ＡＥＤ設置

学費

……… 入学手続時納付金 ………

入学金	300,000円

……… 年間納付金 ………

授業料・年額	800,000円
施設費・年額	200,000円

※教材費、給食費、制服代、教育後援会会費、積立金など諸費を別途納付
※上記金額は諸事情等で変更の場合あり

制 服

昼 食

給食（週5回）

進学情報

[中学校への進学状況]
【関西大】条件を満たせば進学可能
[高等学校への進学状況]
【関西大】条件を満たせば進学可能
[大学への進学状況]
【関西】条件を満たせば進学可能

[系列校]
関西大学・大学院、関西大学高等部・中等部・幼稚園、関西大学第一高等学校・中学校、関西大学北陽高等学校・中学校

※上記募集要項は小学校公表データです（注1：選抜方法については伸芽会教育研究所調査によるデータです）。詳細は小学校ＨＰまたはお電話でご確認ください

賢明学院小学校

https://kenmei.jp

[アクセス]
- ●JR阪和線【上野芝】より徒歩13分
- ●南海高野線【堺東】より南海バス【霞ヶ丘】下車
 徒歩3分

[所在地] 〒590-0812 大阪府堺市堺区霞ヶ丘町4-3-27
TEL 072-241-2657 FAX 072-241-5059

小学校情報

[校 長] 板東 正
[児童数] 男女計282名

沿 革 昭和26年、賢明学院の前身であるアベノ・カトリック幼稚園設立。昭和30年、宗教法人より学校法人賢明学院に組織変更。昭和34年、賢明学院小学校設立認可、翌年開校。昭和41年、賢明学院中学校設立、昭和44年、賢明学院高等学校設立。平成22年、賢明学院中学高等学校が共学化。大阪初の幼・小・中・高一貫のカトリック共学校となる。令和2年、賢明学院中学高等学校が関西学院大学系属校となり、関西学院大学特進サイエンスコースを設置。

教育方針 「聖書の中でイエス・キリストが人々に示した理想的な人間像を一人ひとりの中に実現すること」を学院の教育目標とし、①自分の弱さを認める謙虚さを持つ、②絶えず自分の人格の陶冶を心掛ける、③不利な事柄もあえて引き受ける寛容さを持つ、の3点を兼ね備えた人間の育成を目指す。また、よりよい世界の実現のために、社会のあらゆる分野でその核となって積極的に他者のために奉仕し、平和と発展に貢献できるような児童を育む。

特 色 『祈る・学ぶ・奉仕する』の校訓のもと、カトリック精神に基づいた「他人を思いやることのできる優しさと豊かな心」と、チャレンジし続けることのできる人間力の育成に力を注ぐ。児童一人ひとりの学びを大切にした授業を展開することにより、学びへの意欲と学力の向上に努める。グローバル社会で活躍する力を培うため、国際教育やICT教育を推進。「自主・自立・自律」を実践し、確かな学力をつけるとともに、子どもたちの夢の実現に向け、中・高と連携した教育体制を構築している。

◆**英語教育** 1〜4年生はネイティブ教員が中心となり、少人数制でオールイングリッシュの授業を実施。5・6年生は日本人のバイリンガル英語専科教員により、中学で学ぶ内容の先取り授業を展開する。英検3〜5級の準会場に認定されており、希望者は校内で受験可能。また、1・2年生は希望者、3〜6年生は全員がTOEFL Primaryを受験する

◆**ICT教育** タブレットPCは「Microsoft Surface Go」を採用し、Windowsのキーボード操作に慣れる。TeamsやOneNoteなどのアプリを使用した双方向授業やオンライン学習も積極的に行う

◆**校外学習** 1〜5年生は宿泊研修、6年生は長崎方面へ修学旅行

年間行事予定	
月	行 事 名(抜粋)
4	入学式、遠足
5	聖母月の集い、授業参観
6	体育大会、4年田植え体験
7	夏期オーストラリア語学研修（希望者）
8	
9	校内読書感想文コンクール、6年長崎修学旅行
10	1〜5年宿泊研修、4年稲刈り体験
11	創立記念ミサ、全校音楽会、授業参観
12	Natalis（クリスマスの集い）
1	図工作品展、授業参観
2	
3	卒業感謝ミサ、卒業式、修了式

始業／制服／3学期制／土曜登校／毎年クラス替／両方あり／アレルギー対応／ICT教育／英語コマ数2／通学時間制限／アフタースクール／幼稚園／中学・高校／大学／カトリック

入試データ

下記の資料は**2024年度用（2023年秋～2024年冬実施予定）**です

募集要項

募集人員	男女計60名（A～C日程合わせて。内部進学者含む）
学校(入試)説明会	学校説明会：6月3日／10月14日（オープンスクールあり） 入試説明会：9月2日／10月21日／1月27日（入試体験あり）
願書配付期間	Ｗｅｂ公開のみ
出願期間	Ｗｅｂ出願：A…9月1～18日　B…10月16～27日　C…1月18～29日 書類提出：考査日の3日前までに郵送（必着） 　　　　　または持参（平日9～17時。土：休み） ※ＨＰの指示に従ってＷｅｂ出願後に書類提出
提出書類	・志願書　・受験票　・受験票（控） ※受験票、受験票（控）は考査日に持参
受験票交付	考査料決済後、自宅やコンビニエンスストアなどで各自印刷
受験番号付番	願書受付順　　月齢考慮　　あり
考査日	A：考査…9月27日　面接…9月27・28日のうち1日 B：考査・面接…11月4日　C：考査・面接…2月3日
選抜方法注1	A：行動観察、親子面接 B・C：ペーパーテスト、行動観察、親子面接
考査料	20,000円（クレジットカード、コンビニまたはペイジー決済）
合格発表	A：9月29日　B：11月7日　C：2月6日　郵送で通知
倍率（前年度）	約1.2倍
入学手続	指定日
編入学制度	欠員が生じた学年のみ試験を実施／帰国生はp.209～参照
復学制度	あり（転編入試験を実施）
公開行事	キッズフェスタ：5月21日 授業見学会：5月24日／6月28日／9月20日／10月25日／1月31日 親子で入試体験会：7月29日
備考	A・B日程を併願する場合は、B日程の検定料免除

学費

……… 入学手続時納付金 ………

入学金　　　　　　　200,000円

………… 年間納付金 …………

授業料・年額	588,000円
施設設備拡充費・年額	60,000円
教育充実費・年額	42,000円

※積立金、教材費など別途納付
※上記金額は諸事情等で変更の場合あり

制服

セキュリティ

警備員常駐／防犯カメラ設置／交通指導員配置／登下校確認システム／防犯ブザー携帯／携帯電話所持可／授業中門施錠／保護者入構証／避難・防災訓練実施／緊急通報・安否確認システム／災害用品備蓄／ＡＥＤ設置／方面別下校グループ編成

昼食

給食かお弁当（持参）の選択制（週5回）

進学情報

［中学校への進学状況］【賢明学院】、灘、東大寺学園、西大和学園、大阪星光、清風南海、四天王寺、開明、同志社香里、関西大第一、明星など
［高等学校への進学状況］【賢明学院】ほぼ全員が内部進学
［大学への進学状況］
神戸、和歌山、大阪公立、同志社、立命館、関西学院、関西、早稲田、上智、明治、龍谷、京都産業、甲南、近畿、関西外国語、京都外国語など

［系列校］
賢明学院中学高等学校、賢明学院幼稚園

大阪　私立　共学　け　賢明学院小学校

※上記募集要項は小学校公表データです（注1：選抜方法については伸芽会教育研究所調査によるデータです）。詳細は小学校ＨＰまたはお電話でご確認ください

香里ヌヴェール学院小学校

こうり

http://www.seibo.ed.jp/nevers-es/　E-mail boshu-oes@seibo.ed.jp

●香里ヌヴェール学院
小学校

[アクセス]
●京阪本線【香里園】より徒歩10分

[所在地]　〒572-8531　大阪府寝屋川市美井町18-10
　　　　　TEL 072-831-8451　FAX 072-834-7944

小学校情報

[校　長]　東山 さゆり
[児童数]　男女計489名

沿　革　大正12年、修道女メール・マリー・クロチルド・リュチニエたちにより聖母女学院創立。大正14年、認可を受け聖母女学院高等女学校設立。昭和7年、同校移転とともに聖母女学院小学校開校。昭和35年、聖母女学院幼稚園開園、昭和37年、聖母女学院短期大学開学。昭和63年、小学校が男女共学に。平成3年、大阪聖母学院小学校に改称。平成29年、現校名に改称。

教育方針　創立者の願いである「人々の心を結ぶ平和の天使でありますように」を実現すべく、カトリックの価値観を基盤として「人を愛し、自らを高める強い意志と豊かな心を持つ子どもを育成する」ことを目指し、高い学力の保障と宗教教育を核とした心の教育の充実に努めている。創立以来、『従順』と『純潔』を校訓とし、隣人とともに喜びも苦しみも分かち合い、隣人のために喜んで自分の力を使える子どもを育てるとともに、優しく誰をも愛することができる円満な人格を形成することを目標としている。

特　色　総合的な学力向上を目指す「SSC（スーパースタディズコース）」と、外国人教員と日本人教員の2名担任制で授業を行うなどグローバルな思考力を養う「SEC（スーパーイングリッシュコース）」を設置。AIの進化を受け止め、これからの社会に対応できる人材を育てる。PBL（課題解決学習）授業に力を入れており、一人ひとりの興味・関心を出発点とし、ディスカッションを導入することで、主体的・協働的に学び、自分自身を高めていくことを目的とする。

◆**課外活動**　合唱団（3年生以上）、吹奏楽（4年生以上）がある
◆**英語教育**　全学年、週4時間。SECは複数教科を英語で行うイマージョン教育も導入
◆**ICT教育**　タブレット端末を授業で活用。全学年でプログラミング教育を実施する
◆**授業の特色**　算数ではチームティーチング制、理科、音楽、図工などは専科制を採用。宗教教育にも注力している
◆**宿泊学習**　1年生は校内、2年生は宇治で校外合宿。3年生は琵琶湖畔で、4年生は和歌山で体験重視の合宿。5年生はヨット・登山・海外研修からの選択合宿とスキー合宿、SECの4・5年生は英語合宿を校外で実施。6年生は九州修学旅行と沖縄卒業旅行

年間行事予定

月	行　事　名（抜粋）
4	入学式、1年生歓迎会、遠足
5	6年修学旅行、3年合宿
6	創立記念日、球技大会、4年合宿
7	1年合宿、5年選択合宿
8	──
9	──
10	運動会、2年合宿、遠足
11	新1年生体験入学、音楽発表会
12	クリスマスセアンス
1	5年スキー合宿
2	6年卒業旅行
3	作品展示会、卒業感謝ミサ、卒業式

始業　制服　3学期制　土曜登校　毎年クラス替　両方あり　アレルギー対応　ICT教育　英語コマ数　通学時間制限　アフタースクール　幼稚園保育園　中学・高校　大学　カトリック

大阪　私立　共学　こ　香里ヌヴェール学院小学校

入試データ

下記の資料は**2024年度用（2023年秋～2024年冬実施予定）**です

募集要項

募集人員	A日程：男女計約80名　B日程：男女計約10名　C日程：男女若干名
学校(入試)説明会	学校説明会：5月20日 Web説明会：7月上旬 B・C日程ミニ説明会：10月13日
願書配付期間	Web公開のみ
出願期間	A：8月21日～9月1日 B：10月14～20日 C：1月25～30日 ※HPの指示に従ってWeb出願
提出書類	・受験票　※考査日に持参
受験票交付	考査料決済後、自宅やコンビニエンスストアなどで各自印刷
受験番号付番	願書受付順　　月齢考慮　なし
考査日	A：考査…9月22日　面接…9月9・15・16日のうち1日 B：考査…10月28日　面接…10月27日 C：考査…2月3日　面接…2月2日
選抜方法注1	ペーパーテスト、集団テスト、親子面接
考査料	15,694円（クレジットカード、コンビニまたはペイジー決済）
合格発表	A：9月23日　B：10月29日　C：2月4日　簡易書留速達で通知
倍率（前年度）	非公表
入学手続	A：9月29日　B：11月2日　C：2月9日
編入学制度	1～4年生で欠員が生じた場合に試験を実施／帰国生はp.209～参照
復学制度	応相談
公開行事	体験会：4月29日　少人数見学会：6月22・23日 プレテスト：7月1日 スタンプラリー小学校体験会：12月2日
備考	通学時間制限：所要時間60分程度を目安とする

学費

……… 入学手続時納付金 ………

入学金　　　　　　　　170,000円

……… 年間納付金 ………

授業料・年額（SSC）　426,000円
　　　　　　　（SEC）　516,000円
教育充実費・年額　　　144,000円
施設設備費（初年度）　 60,000円
保護者会入会金（初年度） 5,000円
保護者会会費・年額　　 18,000円
同窓会会費・年額　　　　5,000円
制服・かばん・そのほかの制定品、
指定品代など　　　約180,000円
※授業料、教育充実費、保護者会会費は
　3期に分けて納入
※校外学習費、補助教材費を別途納付
※上記金額は諸事情等で変更の場合あり

制服

セキュリティ

警備員常駐／防犯カメラ設置／登下校確認システム／防犯ブザー携帯（任意）／携帯電話所持可／授業中門施錠／インターホン設置／保護者入構証／避難・防災訓練実施／緊急通報・安否確認システム／緊急地震速報装置／災害用品備蓄／AED設置／防災頭巾

昼食

給食かお弁当（持参）の選択制（週4回）、お弁当（週1回）…パン、牛乳の販売あり

進学情報

［中学校への進学状況］
男子：【香里ヌヴェール学院】、洛南高附属、洛星、高槻、明星など
女子：【香里ヌヴェール学院、京都聖母学院】、洛南高附属、四天王寺、京都女子、帝塚山、同志社香里、同志社女子など
[高等学校への進学状況]【香里ヌヴェール学院、京都聖母学院】へ内部進学
[大学への進学状況] 京都、大阪、京都府立、同志社、立命館など

［系列校］
香里ヌヴェール学院中学校・高等学校、京都聖母学院中学校・高等学校、京都聖母学院小学校・幼稚園・保育園、聖母インターナショナルプリスクール

※上記募集要項は小学校公表データです（注1：選抜方法については伸芽会教育研究所調査によるデータです）。詳細は小学校HPまたはお電話でご確認ください

しじょうなわて
四條畷学園小学校

https://www.ps.shijonawate-gakuen.ac.jp/　E-mail info@ps.shijonawate-gakuen.ac.jp

[所在地] 〒574-0001　大阪府大東市学園町6-45
TEL 072-876-1321(代)/8585(直)
FAX 072-876-4515(代)/8822(直)

[アクセス]
●JR学研都市線【四条畷】より徒歩1分
●京阪本線【大和田】より京阪バス【四条畷駅】下車

小学校情報

[校 長] 北田 和之
[児童数] 男女計568名

沿 革　大正15年、四條畷学園の母体となる四條畷高等女学校を創立。昭和16年、四條畷学園幼稚園開設、昭和22年、新制中学校設置。昭和23年、新制高等学校とともに四條畷学園小学校設置。昭和39年、女子短期大学を設置。平成17年、四條畷学園大学を開学。平成30年、四條畷学園保育園を開園し、保育園から大学までを擁する総合学園となる。令和3年、学園創立95周年を迎えた。

教育方針　『報恩感謝』を建学の精神として掲げ、『人をつくる』を教育理念とする。教育方針である「個性の尊重」「明朗と自主」「実行から学べ」「礼儀と品性」に沿って、豊かな個性を持ち、他人を思いやり、感謝できる人格を育む人間教育を実践。自主性・社会性の育成に主眼を置いた教育課程を編成し、「知を探求する力・健やかな体・健全な精神」のバランスのとれた「人間力」を鍛える。

特 色　基礎学力の徹底を目指すとともに、記号操作的な学習に終始しないよう、子どもの自主性を尊重するカリキュラムを編成。科学、音楽、美術、英語、書道、体育、コンピュータの授業では専科制を導入している。数理センスや言語的思考力の向上のために、計算や漢字の読み書きの反復練習を重視。そろばんの授業を取り入れ、計算能力を鍛えるとともに、脳の活性化を図る。理科を「科学」と呼び、科学の歩みを実験や討論で追体験させることで、科学的に物事を考える力を養う。算数や国語の学習では習熟スピードの個人差を考慮し、高学年から習熟度別学習を組み入れる。また、統一テストを実施し、子どもの学ぶ意欲を高めている。

◆**英語教育**　ネイティブの専科教員と英語専科教員とのチームティーチングを行う。独自のプログラムを活用し、英語の使用に抵抗のない子どもの育成を目指す
◆**ICT教育**　パソコンやプロジェクターを多用したわかりやすい授業を展開
◆**授業の特色**　4年生以上に「活動」の時間を設置。劇やダンスなどの「身体表現」、工作や米作りなどの「造形」、球技などの「スポーツ」、コンピュータ授業や習熟度に応じた個別学習などの「学び」の4分野がある
◆**校外学習**　3・4年生は自然学校、6年生は臨海学校、スキー教室など。8月には希望者を対象に、オーストラリア・ブリスベンでの生活体験旅行も実施

年間行事予定

月	行 事 名(抜粋)
4	入学式、新入生歓迎遠足
5	1〜3年春の遠足、6年修学旅行、5年カントリーステイ
6	3・4年自然学校、4・5年ハート・グローバル
7	統一確認テスト、6年臨海学校
8	オーストラリア生活体験旅行(希望者)
9	体育会、5年ハーベストステイ
10	成績面談、秋の遠足、芸術鑑賞会
11	模型飛行機会、音楽会参観、秋まつり
12	統一確認テスト、かけあし訓練、ニコニコ遠足
1	美術展
2	球技大会、6年スキー教室
3	卒業お祝い会、卒業式

入試データ

下記の資料は**2024年度用（2023年秋実施予定）**です

募集要項

募集人員	男女計約90名（内部進学者約45名含む）
学校（入試）説明会	5月27日　9時30分～10時40分 8月26日　9時30分～10時40分（体験授業あり）
願書配付期間	Ｗｅｂ公開のみ
出願期間	8月27日～9月12日 ※ＨＰの指示に従ってＷｅｂ出願
提出書類	・願書 ・受験票 ・児童調書 ※すべて考査日に持参
受験票交付	考査料決済後、自宅やコンビニエンスストアなどで各自印刷
受験番号付番	願書受付順　　月齢考慮　　なし
考査日	考査・面接：9月21日
選抜方法 注1	ペーパーテスト、個別テスト、集団テスト、運動テスト、本人面接、親子面接
考査料	15,000円（クレジットカード、コンビニまたはペイジー決済）
合格発表	9月22日　Ｗｅｂ発表
倍率（前年度）	約1.2倍
入学手続	9月28日締切
編入学制度	欠員が生じた場合のみ試験を実施
復学制度	なし
公開行事	――――
備考	新入生保護者集会：2月2日

学費

……… 入学手続時納付金 ………
入学金　　　　　　　　220,000円

……… 年間納付金 ………
授業料・年額　　　　　529,000円
※諸会費（ＰＴＡ会費など。1年生は約66,000円）を別途納付
※上記金額は諸事情等で変更の場合あり

制服

セキュリティ

警備員常駐／防犯カメラ設置／交通指導員配置／登下校確認システム／防犯ブザー携帯（1年生のみ）／携帯電話所持可／授業中門施錠／インターホン設置／保護者ＩＤカード／避難・防災訓練実施／緊急通報・安否確認システム／緊急地震速報装置／災害用品備蓄／ＡＥＤ設置

昼食

お弁当（週5回）…希望者には給食を実施。3年生から食堂利用可

進学情報

[中学校への進学状況]【四條畷学園】約60％が内部進学。東大寺学園、洛南高附属、大阪星光、四天王寺、清風、同志社、大阪桐蔭、大阪女学院など
[高等学校への進学状況]
【四條畷学園】、大阪教育大附属（平野校舎）、洛南、西大和学園、四天王寺など
[大学への進学状況]
【四條畷学園、四條畷学園短期】、神戸、奈良県立、同志社、関西学院、関西など

[系列校]
四條畷学園大学・短期大学・高等学校・中学校、四條畷学園大学附属幼稚園（認定こども園）、四條畷学園保育園

※上記募集要項は小学校公表データです（注1：選抜方法については伸芽会教育研究所調査によるデータです）。詳細は小学校ＨＰまたはお電話でご確認ください

大阪　私立　共学　し　四條畷学園小学校

四天王寺小学校

https://www.shitennoji.ac.jp

[所在地] 〒583-0026　大阪府藤井寺市春日丘3-1-78
TEL 072-937-4811　FAX 072-937-4813

［アクセス］
●近鉄南大阪線【藤井寺】より徒歩3分
●近鉄大阪線【近鉄八尾】、JR関西本線【八尾】より近鉄バス【藤井寺駅】下車徒歩3分

小学校情報

[校 長]　花山 吉徳
[児童数]　261名（男子98名、女子163名）

沿 革　大正11年、天王寺高等女学校発足。昭和22年、四天王寺中学校設立、翌年、天王寺高等女学校を四天王寺高等学校と改称。昭和42年、四天王寺女子大学設立、昭和56年、四天王寺国際仏教大学と改称。平成15年、大学院設置。平成20年、四天王寺国際仏教大学を四天王寺大学と改称。平成21年、四天王寺学園小学校を設立。平成29年、現校名に改称、同年度生より6ヵ年完結型教育。

教育方針　本学園の建学の祖である聖徳太子の仏教精神を礎に、『和を以て貴しとなす』など四天王寺学園の5つの学園訓を継承し、発達段階に合わせた特色ある教育を行い、知的好奇心が旺盛な子どもを育成する。具体的には、基礎・基本的知識と技能、思考力、判断力、表現力、学ぶ意欲など総合的な学力の「知育」、豊かな情操と道徳心を兼ね備える「徳育」、健康面での「体育」に力を注ぐ。さらに、古来日本人が大切にしてきたかけがえのないものを継承することに重点を置いた教育に取り組む。

特 色　公立小学校より全学年200時間以上多い授業時間を確保。独自の学びのサイクルで、思考力や表現力など「未来に生きる力」を培う探究型学習を実施。5年生からは塾講師とのチームティーチング授業により、中学入試にも対応できる力の育成・進路指導を行う。毎朝の礼拝と学習前の瞑想、「宗教の時間」や月1回の講話「ともいきタイム」を通じ、心の教育にも尽力。体育の時間も十分に確保し、天然芝のグラウンドで全児童が体を動かす「パワーアップタイム」を設けるなど、体力づくりにも力を入れている。

◆**英語教育**　1年生から週約5時間の英語関連授業を実施。ネイティブと日本人教員のチームティーチングで、実践的なコミュニケーション能力を培う。音楽、体育、プログラミングの教科ではCLIL方式をとり、授業の一部を英語で行う

◆**授業の特色**　子どもたちが発する「なぜだろう」「もっと知りたい」という疑問や課題を大切に、学びを構成する探究学習を行う。仲間とともに学び合い、伝え合う「たいしメソッド」により、思考力や表現力、協同性などの未来に生きる力を伸ばす

◆**宿泊学習**　1年生は校内泊、2年生は白浜、3年生は福井、4年生はハワイ、5年生は滋賀、6年生は東京へ

年間行事予定

月	行 事 名（抜粋）
4	入学式、仏誕会、授戒会
5	校外学習、授業公開
6	プール開き、運動会、宿泊学習
7	ガレリアコンサート、サマースクール
8	――――
9	夏休み作品展、授業公開
10	音楽発表会、校外学習、授業公開
11	たいし子どもまつり
12	成道会
1	かるた（百人一首）大会
2	涅槃会、授業公開週間、視聴覚行事
3	卒業生を送る会、卒業式

始業／制服／3学期制／土曜登校／毎年クラス替／給食／アレルギー対応／ICT教育／英語コマ数5／通学時間制服／アフタースクール／幼稚園／中学・高校／大学／仏教

入試データ

下記の資料は**2024年度用（2023年秋～2024年冬実施予定）**です

募集要項

募集人員	男女計90名（A～C日程合わせて）
学校（入試）説明会	入試説明会：7月29日／9月30日　9時30分～（要申込） 学校説明会：12月9日　9時30分～（要申込）
願書配付期間	Ｗｅｂ公開のみ
出願期間	A：8月28日～9月6日 B：10月23日～11月9日　C：1月15日～25日 ※ＨＰの指示に従ってＷｅｂ出願
提出書類	・受験票　※考査日に持参
受験票交付	考査料決済後、自宅やコンビニエンスストアで各自印刷
受験番号付番	願書受付順　　　月齢考慮　　あり
考査日	A：考査…9月9日　面接…9月8日 B：考査・面接…11月11日　C：考査・面接…1月27日
選抜方法	一般入試：ペーパーテスト、集団面接、親子面接 対話型入試：個人面接、集団面接、親子面接
考査料	20,000円（クレジットカード、コンビニまたはペイジー決済）
合格発表	A：9月11日発送　B：11月13日発送　速達で通知 C：1月27日　電話で通知（郵送もあり）
倍率（前年度）	約1.03倍
入学手続	A：9月14・15日　B：11月16・17日　C：2月1・2日
編入学制度	新2～4年生で試験を実施／帰国生はp.209～参照
復学制度	編入試験の結果により決定
公開行事	わくわく探検：4月15日 オープンスクール：6月17日 体験学習会：7月8日
備考	全日程、一般入試と対話型入試の選択制 自家用車送迎用駐車場あり

学費

…… 入学手続時納付金 ……
入学金　　　　　　　　　250,000円

……… 年間納付金 ………
授業料・年額　　　　　　636,000円
教育充実費・年額　　　　120,000円
給食費・年額　　　　　約110,000円
制服、体操服一式（上履き、帽子代含む）
　　　　　　　　　　　　約70,000円
ランドセル、補助かばん　約65,000円
教材費、学年宿泊費・年額　約90,000円
後援会費、諸会費・年額　約40,000円
教育振興協力金1口　　　100,000円
（1口以上、任意）
※上記金額は諸事情等で変更の場合あり

制服

セキュリティ

警備員常駐／防犯カメラ設置／交通指導員配置／登下校確認システム／携帯電話所持可／授業中門施錠／保護者入構証・名札／赤外線センサー設置／避難・防災訓練実施／緊急通報・安否確認システム／緊急地震速報装置／災害用品備蓄／ＡＥＤ設置／全教員ＰＨＳ携帯

昼食

給食（週6回）…土曜日は軽食

進学情報

［中学校への進学状況］
【四天王寺、四天王寺東】、西大和学園、大阪星光、清風南海、帝塚山など
［高等学校への進学状況］
【四天王寺、四天王寺東】、府立北野、府立天王寺、府立大手前など
［大学への進学状況］
東京、京都、大阪、神戸、北海道、同志社、関西学院、慶應、早稲田など

［系列校］
四天王寺大学・大学院・短期大学部、四天王寺高等学校・中学校、四天王寺東高等学校・中学校

大阪

私立　共学　し　四天王寺小学校

※上記募集要項は小学校公表データです。詳細は小学校ＨＰまたはお電話でご確認ください

53

城星学園小学校

http://www.josei.ed.jp　E-mail primary@josei.ed.jp

[アクセス]
- ●JR大阪環状線【森ノ宮】【玉造】より徒歩10分
- ●地下鉄中央線【森ノ宮】より徒歩10分
- ●地下鉄長堀鶴見緑地線【玉造】より徒歩6分

［所在地］　〒540-0004　大阪府大阪市中央区玉造2-23-26
　　　　　　TEL 06-6941-5977　FAX 06-6944-2662

小学校情報

［校　長］　奥 栄三郎
［児童数］　623名（男子330名、女子293名）

沿　革　昭和25年、「扶助者聖母会」玉造修道院が開設。カトリック玉造教会付属ガラシア幼稚園を委嘱され、翌年、城星学園幼稚園と名称変更する。昭和28年、学校法人城星学園として幼稚園・小学校の設置認可。昭和34年、城星学園中学校設置認可。昭和37年、城星学園高等学校設置認可を受け、幼・小・中・高の総合学園になる。令和4年、創立70周年を迎えた。

教育方針　教育方針は、創立者ヨハネ・ボスコの言葉「愛なくしては信頼なく、信頼なくしては教育なし」に基づいたもの。教師は常に児童とともにあり、児童が内に秘めている道理・信仰・愛に働きかけて、6年間を通して「光の子」を目指す一人ひとりを援助する。光の子とは、「ひ：人を大切にする子」「か：神様、人の前で正直な子」「り：隣人の必要に気づく子」「の：乗り越える勇気を持つ子」「こ：根気づよく最後まで取り組む子」を指す。校訓には『友愛、純潔、勤勉、従順』を掲げる。

特　色　初等教育では「読み・書き・計算」が基礎と考え、国語や筆算、視写などに力を入れている。国語では漢詩、古文、現代文の素読を日常的に行う。日本語の縦書きの特性は視写で学び、漢字の読み先習や漢字検定にも取り組む。算数の計算法は筆算体系にこだわり、平面図や立体図も正確に描く。モジュールや算数の授業前には計算練習を行い、計算力の向上を図る。理科の実験や観察もしっかり記録し、音楽では写譜を行うなどすべての教科で「かく」作業を大切にしている。

◆**特別クラブ**　3年生以上希望者向け「ウィンドアンサンブル」「聖歌隊」は行事で活躍
◆**英語教育**　全学年、週2時間。ネイティブ教員と日本人教員による指導を行う。また、小・中学生対象のTOEFL Primaryを導入し、外部検定にも挑戦。4年生以上の希望者を対象にオーストラリアでホームステイを実施
◆**課外活動**　低学年はアイマスク体験、中学年は手話教室、高学年は車いす体験などの障がい者理解学習、チャリティーや環境活動などのボランティア活動を行うことで、他者を思いやる心を持つ子どもを育てる
◆**校外学習**　2〜5年生でネイチャースクールを実施し、5年生は琵琶湖方面へ。6年生は平和と祈りの旅を実施

年間行事予定		
月	行　事　名（抜粋）	
4	入学式、参観日、始業式	
5	聖母祭、5年ネイチャースクール	
6	──	
7	6年平和と祈りの旅、集中学習、練成会	
8	夏休み	
9	始業式、夏休み作品展	
10	運動会、6年漢字検定	
11	城星フェスタ、TOEFL Primary	
12	創立記念ミサ、計算カテスト、クリスマスページェント	
1	ドン・ボスコ祝日会	
2	1〜5年漢字検定	
3	学習発表展示会、感謝ミサ、卒業式	
6・10・2月：読書月間		

始業｜制服｜2学期制｜土曜登校｜毎年クラス替｜両方あり｜アレルギー対応｜ICT教育｜英語コマ数2｜通学時間制限｜アフタースクール｜幼稚園｜中学・高校｜大学｜カトリック

入試データ

下記の資料は**2023年度用（2022年秋実施済み）**です

募集要項 ※ !2024 は次年度のデータです

募集人員	男女計約100名（内部進学者含む）	
学校（入試）説明会	!2024 5月20日（体験学習あり。要申込）	
願書配付期間	!2024 3月25日〜	
出願期間	Web登録：8月29日〜9月3日 出願：9月6〜10日 午前 窓口受付	
提出書類	・入学志願書、受験票 ・受信場所明記の封筒（切手を貼付） ・振込金受付控え	
受験票交付	願書受付時に手渡し	
受験番号付番	願書受付順	月齢考慮 なし
考査日	考査：9月29日 面接：9月12〜16日のうち1日	
選抜方法注1	ペーパーテスト、集団（社会性）テスト、運動テスト、親子面接	
考査料	20,000円	
合格発表	10月1日　速達で通知	
倍率	約1.6倍	
入学手続	10月5日	
編入学制度	要相談／帰国生はp.209〜参照	
復学制度	なし	
公開行事	!2024 オープンスクール：7月4日	
備考	2次募集あり（詳細はHPを確認）	

学　費

········ 入学手続時納付金 ········
入学金　　　　　　　　220,000円

········ 年間納付金 ········
施設・設備費　　　　　 50,000円
制服、用品など　　　約200,000円
学費・年額　　　　　 600,000円
教育充実費・年額　　　 30,000円
教材費・年額　　　　　 40,000円
諸費（積立金）・年額　約45,000円
後援会入会金　　　　　 10,000円
後援会会費・年額　　　　7,200円
子ども総合保険料（6年分）30,000円
※上記金額は諸事情等で変更の場合あり

制　服

セキュリティ

警備員常駐／防犯カメラ／交通指導員配置／登下校確認システム／防犯ブザー携帯／携帯電話所持可／授業中門施錠／インターホン／保護者入構証／避難・防災訓練実施／看護師常駐／緊急通報・安否確認システム／緊急地震速報装置／学校110番／災害用品備蓄／AED

昼　食

給食かお弁当（持参）の選択制（週2回）、お弁当（週3回）…パン、おにぎりの販売あり

進学情報

[中学校への進学状況]
男子：灘、東大寺学園、西大和学園、大阪星光、明星など
女子：神戸女学院、洛南高附属、西大和学園など
[高等学校への進学状況]
——

[大学への進学状況]——

[系列校]
ヴェリタス城星学園中学校・高等学校、城星学園幼稚園

※上記募集要項は小学校公表データです（注1：選抜方法については伸芽会教育研究所調査によるデータです）。詳細は小学校HPまたはお電話でご確認ください

城南学園小学校

JONAN https://www.jonan.ac.jp/es

[アクセス]
●近鉄南大阪線【矢田】より徒歩10分
●JR阪和線・地下鉄御堂筋線【長居】より大阪シティバス【湯里六丁目】下車

[所在地] 〒546-0013 大阪府大阪市東住吉区湯里6-4-26
TEL 06-6702-5007(直)／9784(事務局)
FAX 06-6702-5330

小学校情報

[校　長] 山北 浩之
[児童数] 男女計227名

沿　革　昭和10年、城南女子商業専修学校創立。学制改革により、昭和21年、城南高等学校に転換設置、同時に中学校設立認可。昭和24年、城南附属幼稚園、翌年、城南附属小学校設立。昭和40年、大阪城南女子短期大学設立。昭和59年、城南短大附属小学校に改称。平成18年、大阪総合保育大学開学。平成24年、城南学園小学校に改称。令和2年、小学校創立70周年を迎えた。

教育方針　「人格の基礎を作る大切な幼児期・少年期を世の悪風に染めることなく、日本のよき伝統を素直に受け継ぎ、自分に対しては『強く、正しく』、他人に対しては『清く、やさしく』伸びて、知・徳・体の調和のとれた円満な人間に成長するよう育成しなければならない」という創立者の願いの実現を目指す。「人間としての基礎・基本の徹底」「学力の基礎・基本の徹底」「学ぶよろこび・活動するよろこびの徹底」の3つを柱とし、教えるべきところはしっかりと教え、しつけるべきところは全員ができるまで指導する。

特　色　思考力（Think）、人間力（Communicate）、挑戦力（Challenge）が身につく学びを通して、「実践力のある魅力のある子」を育てる。国語、算数は文部科学省の基準より時間数を増加。1年生も週4日は6限まで授業を行う。低学年よりドリルや応用問題集を取り入れ、学ぶ態度が身につくよう指導。また、複数の指導課程を設け、選択機会を与えてやる気を喚起するほか、個々に合わせた「スモールステップ学習」を実施。時計だけを見て行動する「ノーチャイムデー」など独自の取り組みもある。

◆**クラブ活動**　科学、書道、美術、手芸、バスケットボール、ドッジボールなど10クラブ
◆**英語教育**　1年生から、「聞ける、話せる」を目標に外国人教師による授業を行う。同時に外国文化や生活様式を学ぶことで、国際的視野も広げる。5・6年生では、近隣の観光地で外国人とコミュニケーションをとる実践指導も取り入れている
◆**ICT教育**　タブレット端末や電子黒板を導入し、1年生から情報活用能力を高める
◆**特別活動**　全児童を学年縦割りで18班に分け、毎日20分間「たてわり活動」を実施。清掃や屋内スポーツなどに取り組む。高学年がリーダーシップをとり低学年を指導することで、協力する心や思いやりの心を養う

年間行事予定	
月	行　事　名(抜粋)
4	入学式
5	創立記念日、スポーツテスト、6年修学旅行
6	水泳教室
7	2～6年湖畔・林間学舎、夏期講習
8	夏休み
9	夏休み作品展、稲刈り、運動会
10	いも掘り、2～6年校外学習、1年林間学舎
11	総合学習発表会
12	体験学習（もちつき）、冬期講習
1	書き初め展、西日本私小連読書会
2	ミニバスケットボール大会、英語体験学習
3	マラソン大会、親善球技大会、卒業式

入試データ

下記の資料は**2024年度用（2023年秋実施予定）**です

募集要項

募集人員	男女計約70名（内部進学者含む）
学校（入試）説明会	5月20日 10時〜（授業参観、学校見学あり） 6月17日／7月15日 10時〜（体験入学あり） 8月20日 10時〜（入試対策会あり）
願書配付期間	Ｗｅｂ公開のみ
出願期間	8月25日〜9月11日 ※ＨＰの指示に従ってＷｅｂ出願
提出書類	・入学願書 ・受験票 ※すべて考査日に持参
受験票交付	考査料決済後、自宅やコンビニエンスストアなどで各自印刷
受験番号付番	願書受付順　｜　月齢考慮　｜　なし
考査日	考査：9月16日 面接：9月12〜14日のうち1日
選抜方法注1	ペーパーテスト、個別テスト、行動観察、本人面接、親子面接
考査料	20,000円（クレジットカード、コンビニまたはペイジー決済）
合格発表	9月17日 速達で通知
倍率（前年度）	非公表
入学手続	指定日
編入学制度	随時実施／帰国生はp.209〜参照
復学制度	なし
公開行事	——
備考	2次募集あり（詳細はＨＰを確認） 校内見学・受験に関する相談は随時（要申込） 土曜登校は月2回

学費

…… 入学手続時納付金 ……
入学金 220,000円

……… 年間納付金 ………
授業料・年額 430,000円
教育充実費・年額 185,000円
教材等諸経費・年額 80,000円
保護者会会費・年額 15,000円
給食費・年額 75,000円
※制服、ランドセルなど入学用品代を別途納付
※上記金額は諸事情等で変更の場合あり

制服

セキュリティ

警備員常駐／防犯カメラ設置／登下校確認システム／防犯ブザー携帯／携帯電話所持可／授業中門施錠／保護者入構証／避難・防災訓練実施／緊急通報・安否確認システム／ＡＥＤ設置

昼食

給食（週4回）、お弁当（週1回）

進学情報

[中学校への進学状況]
男子：東大寺学園、西大和学園、大阪星光など
女子：【城南学園】、洛南高附属、四天王寺など
[高等学校への進学状況]【城南学園】原則として内部進学
[大学への進学状況]
【大阪総合保育、大阪城南女子短期】、大阪、神戸、同志社、立命館など

[系列校]
大阪総合保育大学・大学院、大阪城南女子短期大学、城南学園高等学校・中学校・幼稚園・保育園

大阪 私立 共学 し 城南学園小学校

※上記募集要項は小学校公表データです（注1：選抜方法については伸芽会教育研究所調査によるデータです）。詳細は小学校ＨＰまたはお電話でご確認ください

帝塚山学院小学校
_{てづかやま}

http://www.tezukayama.ac.jp/grade_school　E-mail info-e@tezukayama.ac.jp

[アクセス]
- ●南海高野線【帝塚山】よりすぐ
- ●阪堺電気軌道上町線【帝塚山三丁目】より徒歩2分

[所在地]　〒558-0053　大阪府大阪市住吉区帝塚山中3-10-51
　　　　　TEL 06-6672-1151　FAX 06-6672-3290

小学校情報

[校 長]　神原 利浩
[児童数]　677名（男子214名、女子463名）

沿 革　大正5年、庄野貞一設立の財団法人私立帝塚山学院が文部省（当時）より認可を受ける。翌年、帝塚山学院小学部創立。大正7年、幼稚園開園。大正15年、女学部（高等女学校）開校。昭和22年、中学校設置。昭和23年、高等学校設置。昭和26年、学校法人帝塚山学院登記により現名称となる。昭和41年、大学開学。平成15年、大学院開設。令和3年、学院創立105周年を迎えた。

教育方針　初代学院長・庄野貞一が提唱した、意志の力、情の力、知の力、躯幹（くかん）の力を身につける『力の教育』を建学の精神に掲げ、100年の伝統の中、高い志を持って時代を生き抜く確かな「人間力」を備えた人材の育成に尽力する。また、庄野貞一が唱えた、子どもたちが自ら学ぶことを重視した『自学主義』を教育理念に置き、「たくましい心と体」「尽きない探究心と向上心」「豊かな知識」「思いやるやさしさと個人の魅力」を育む学校づくりを目指してさまざまな革新を行っている。

特 色　時代を生き抜く豊かな人間力を養うため、基礎・基本の学力の育成、読書教育の充実、毎日の日記指導での語彙力・文章力の育成、臨海学舎を代表とする学校行事での意志力・体力育成に注力するほか、芸術教育には伝統があり高く評価されている。グローバル時代を見据えた英語圏との国際交流、オーストラリアでの異文化理解体験、答えのない問題に対して深く考え、話し合い、探究していく「協働学習」、先進のICT環境での情報活用力育成で子どもたちの未来への学びを深めている。

◆**クラブ活動**　金曜日の6時間目に4年生以上が活動。野球、合氣道、テニス、バドミントン、吹奏楽、科学、茶道、漫画など
◆**英語教育**　1～4年生は週2時間、5・6年生は週3時間。少人数制で、外国人教員と日本人教員による授業を行う。オーストラリアなどとの国際交流を実施するほか、土曜日には、英語のイマージョンプログラムを行うTSS（帝塚山学院土曜スクール）を開講
◆**ICT教育**　1年生から隔週実施。インターネット、電子黒板、タブレット端末などを使った授業を展開
◆**授業の特色**　5・6年生は教科担任制。独自の学習カリキュラムと教材で、協働学習、少人数の演習授業を実施。5年生は能を体験

年間行事予定

月	行 事 名（抜粋）
4	入学式、対面式
5	6年修学旅行、1～5年遠足、日曜参観
6	芸術鑑賞、泳力テスト
7	七夕祭、4～6年臨海学舎、5年キャンプ
8	国際交流
9	英語レシテーションコンテスト
10	体育大会、日曜参観、遠足
11	音楽会
12	もちつき
1	書き初め展、百人一首大会、耐寒遠足
2	美術展、6年スキー練習会
3	英語語学研修、6年生を送る会、卒業式

始業／制服／3学期制／土曜登校／毎年クラス替／給食／アレルギー対応／ICT教育／英語コマ数2／通学時間制限／アフタースクール／幼稚園／中学・高校／大学

入試データ

下記の資料は**2023年度用（2022年秋実施済み）**です

募集要項 ※下記は前年度のデータです

募集人員	男女計約100名（内部進学者含む）
学校（入試）説明会	入試説明会：6月19日（体験授業あり） 入試直前説明会：8月21日（園児イベントあり）
願書配付期間	4月11日〜　平日9〜16時 （土：〜12時。8月11〜16日：休み）※郵送可
出願期間	8月22日〜9月13日（郵送）／9月14・15日（持参） ※郵送（簡易書留・消印有効）／持参（9〜16時）
提出書類	・入学願書　・受験票　・健康調査票 ・銀行振込受付証明書 ・入試結果通知用封筒（切手を貼付） ・保護者面接希望調査票（郵送出願の場合のみ） ・受験票送付用封筒（郵送出願の場合のみ。切手を貼付）
受験票交付	簡易書留で郵送または願書受付時に手渡し
受験番号付番	願書受付順　　月齢考慮　なし
考査日	考査：9月23日 面接：考査日前に実施
選抜方法 注1	ペーパーテスト、個別テスト、集団テスト、給食テスト、保護者面接
考査料	20,000円
合格発表	9月24日発送　速達で通知
倍率	非公表
入学手続	9月27日
編入学制度	新2〜5年生で欠員が生じた場合のみ試験を実施／帰国生はp.209〜参照
復学制度	長期間出席できないと認められた場合に限る。復学可能期間1年
公開行事	学校見学会：5月20日／6月7・16日
備考	個別教育相談は随時（要申込）

学費

……… 入学手続時納付金 ………
入学金	250,000円
同窓会会費（終身会費）	30,000円

……… 年間納付金 ………
授業料・年額	588,000円
教育充実費・年額	90,000円
給食費・年額	86,640円
特別協力金 （寄付金、任意）	150,000円
学校債1口 （2口以上、任意）	100,000円
教育後援会・年額	12,000円以上
ＰＴＡ会費・年額	12,000円

※制定品・学用品代など別途納付
※学校債は卒業時に返還
※上記金額は諸事情等で変更の場合あり

制服

セキュリティ

警備員常駐／防犯カメラ設置／交通指導員配置／登下校確認システム／防犯ブザー携帯／携帯電話所持可／授業中門施錠／インターホン設置／保護者入構証／赤外線センサー設置／避難・防災訓練実施／緊急通報・安否確認システム／災害用品備蓄／ＡＥＤ設置

昼食

給食（週5回）…月2回、お弁当の日あり

進学情報

[中学校への進学状況]【帝塚山学院、帝塚山学院泉ヶ丘】、開成、東大寺学園、西大和学園、大阪星光、清風南海、四天王寺、清風、高槻、同志社香里など
[高等学校への進学状況]
【帝塚山学院、帝塚山学院泉ヶ丘】原則として内部進学
[大学への進学状況]
【帝塚山学院】、東京、大阪、神戸、同志社、立命館、関西学院、関西、近畿など

[系列校]
帝塚山学院大学・大学院、帝塚山学院中学校高等学校、帝塚山学院幼稚園、帝塚山学院泉ヶ丘中学校高等学校

右側縦書き：大阪　私立　共学　て　帝塚山学院小学校

※上記募集要項は小学校公表データです（注1：選抜方法については伸芽会教育研究所調査によるデータです）。詳細は小学校ＨＰまたはお電話でご確認ください

はつしば学園小学校

http://www.hatsushiba.ed.jp/primary/　E-mail p_entrance@htsb.ed.jp

●はつしば学園小学校

［アクセス］
●南海高野線【北野田】、近鉄長野線【富田林】など各方面から9コースのスクールバスあり

［所在地］　〒599-8125　大阪府堺市東区西野194-1　北野田キャンパス
TEL 072-235-6300　FAX 072-235-6302

小学校情報

［校　長］　加藤　武志
［児童数］　514名（男子303名、女子211名）

沿　革　学校法人大阪初芝学園としての70年にわたる学校経営の実績を将来の初等教育に生かすことを目的に、平成15年4月に開校。平成20年に学校法人立命館と提携し、「夢と高い志、挑戦、そして未来創造」の理念のもと、21世紀を担う人材の育成に力を注いでいる。令和5年、創立20周年を迎える。

教育方針　創設時から一貫して児童一人ひとりの「個性」を尊重。その子にしかない個性や感性を最大限に伸ばす教育を実践する。周囲とのかかわりの中で考え方や感じ方の違いを認め合い、一人ひとり個性的に学び合うことが学力を向上させるという考えのもと、子どもと教師、子どもと子どもの信頼関係を基盤とした学び合い、高め合いができる環境づくりに努める。また、「きく（聴く・訊く）」ということは「相手を認め、心を許す」「耳と目と心で聴く」「わからないことを尋ねる」こと、すなわち信頼関係の表れであるとし、学校生活全体で「きく」という行為を大事にしている。

特　色　新時代を生き抜く人間力を持ったグローバルな人材を育てるために、年間120時間の授業を行う「英語教育」、iPadを日常的に活用するとともにアプリを用いてプログラミングも学ぶ「テクノロジー教育」、1年生から科学する心を育む「はつしばサイエンス」などに取り組む。学びの基盤として「グループ・ペア学習」で児童が互いの考えを尊重しながら思考を深め、解決に導く。豊かな感性を身につけるため、全学年宿泊などの「体験学習」、挨拶、自問清掃（黙って清掃）などの「しつけ教育」を行っている。

◆**クラブ活動**　4年生以上。サッカー、ソフトボール、英検、和太鼓、茶道など
◆**英語教育**　1年生から年間120時間。少人数クラスで、ネイティブ講師によるオールイングリッシュの授業を行う。英語教育カリキュラム「GrapeSEED」を使い、聞く・話す・読む・書くの4技能をバランスよく習得
◆**授業の特色**　中学入試を見据え、先取り学習を実施。国語・算数では、5年生より習熟度別クラス編成で学習する中学進学対策ゼミや、希望者を対象に放課後ロング学習を行う
◆**校外学習**　全学年で宿泊学習を実施。1年生は府内、2年生は奈良・生駒、3年生は奈良・飛鳥、4年生は兵庫・ハチ高原、5年生は三重・伊勢、6年生は長崎へ

年間行事予定	
月	行　事　名（抜粋）
4	入学式、学習参観、6年修学旅行
5	保健行事、スポーツテスト
6	運動会
7	図工作品展、1〜5年間学舎、臨海学舎
8	──
9	校内レシテーションコンテスト
10	英語参観
11	避難訓練、芸術鑑賞会
12	音楽発表会
1	──
2	6年卒業旅行
3	卒業式、修了式

入試データ

下記の資料は**2023年度用（2022年秋～2023年冬実施済み）**です

募集要項 ※!2024は次年度のデータです

募集人員	1次：男女計90名　2次・3次：各男女若干名
学校(入試)説明会	!2024 学校説明会：5月27日（体験入学あり） 直前説明会：8月27日（過去問体験会あり） 入試説明会：10月21日
願書配付期間	Ｗｅｂ公開のみ
出願期間	1次：7月1日～8月31日（9月1～14日は持参可） 2次：9月22日～11月4日　3次：11月7日～2月3日 ※ＨＰの指示に従ってＷｅｂ出願
提出書類	・受験票 ・入学志願書 ※すべて考査日に持参
受験票交付	考査料決済後、自宅やコンビニエンスストアなどで各自印刷
受験番号付番	願書受付順　　月齢考慮　　あり
考査日	考査：1次…9月21日　2次…11月5日　3次…2月4日 面接：1次…考査日前に実施　2次・3次…考査当日に実施
選抜方法注1	ペーパーテスト、集団テスト、親子面接
考査料	20,000円（クレジットカード、コンビニまたはペイジー決済）
合格発表	1次：9月22日発送　2次：11月7日発送 3次：2月6日発送　速達で通知
倍率	非公表
入学手続	1次：9月29日　2次：11月11日　3次：2月10日　15時締切
編入学制度	2～4年生は7月、新2～5年生は1月に試験を実施／帰国生は p.209～参照
復学制度	6年生まで。復学可能期間2年
公開行事	!2024 オープンスクール：6月24日
備考	土曜登校は隔週

学費

……… 入学手続時納付金 ………

入学金	200,000円
小学生総合保障制度保険料 （6年間分、全員加入）	50,000円
教育拡充基金 （寄付金、任意）	50,000円

……… 年間納付金 ………

授業料・年額	590,000円
教育充実費・年額	50,000円
保護者会会費など・年額	16,000円
学年諸費・年額	85,000円
宿泊行事費・年額	7,000円
給食費・年額	103,000円
児童会会費・年額	1,000円
制服、ランドセルなど	約100,000円

※スクールバス代など別途納付
※上記金額は諸事情等で変更の場合あり

制服

セキュリティ

警備員常駐／防犯カメラ設置／登下校確認システム／携帯電話所持可／授業中門施錠／保護者ＩＤカード／赤外線センサー設置／避難・防災訓練／緊急通報・安否確認システム／緊急地震速報装置／災害用品備蓄／ＡＥＤ設置／マルチサイレン設置／セキュリティモニター設置

昼食

給食（週5回）

進学情報

［中学校への進学状況］【初芝立命館、初芝富田林、初芝橋本】、灘、東大寺学園、西大和学園、大阪星光、清風南海、四天王寺、大阪桐蔭など

［高等学校への進学状況］
【初芝立命館、初芝富田林、初芝橋本】へ内部進学

［大学への進学状況］
京都、大阪、神戸、同志社、立命館、関西、立命館アジア太平洋など

［系列校］
初芝立命館中学校・高等学校、初芝富田林中学校・高等学校、初芝橋本中学校・高等学校、はつしば学園幼稚園

※上記募集要項は小学校公表データです（注1：選抜方法については伸芽会教育研究所調査によるデータです）。詳細は小学校ＨＰまたはお電話でご確認ください

大阪　私立　共学　は　はつしば学園小学校

箕面自由学園小学校
みのお

https://mino-jiyu.ed.jp/ps/　E-mail ms@mino-jiyu.ed.jp

［アクセス］
●阪急箕面線【桜井】より徒歩7分
●阪急バス【南桜井（学園正門前）】下車、または【春日町四丁目】下車徒歩7分

［所在地］　〒560-0056　大阪府豊中市宮山町4-21-1
　　　　　TEL 06-6852-8110（代）/7410（直）
　　　　　FAX 06-6843-3764（代）/6852-7410（直）

小学校情報

［校　長］　森 創
［児童数］　139名（男子57名、女子82名）

沿　革　大正15年、箕面学園尋常小学校設立。昭和16年、箕面学園国民学校初等科と改称。昭和22年、箕面自由学園中学校発足、箕面学園国民学校初等科を箕面自由学園小学校と改称。昭和26年、箕面自由学園高等学校設立。昭和40年、箕面自由学園幼稚園設立、幼・小・中・高を備える総合学園となる。令和3年、学園ならびに小学校創立95周年を迎えた。

教育方針　『豊かな自然環境を基盤に、体験と実践をとおして、伸び伸びと個性を発揮できる、教養高い社会人を育成する』を建学の精神とする。教育目標として「社会に役立ち、世界に通用するタフで柔軟な人財の素地を育てる」を掲げ、日々の教育活動にあたる。社会人の基本となる礼儀作法を重視するとともに、小学生の子どもらしく一人ひとりがのびのびと個性を発揮し、五感を使った体験や学びを通して思考力・判断力・表現力を養う。

特　色　自然あふれる環境の中、多彩な体験学習を通して知・徳・体を培う。4年生からは各自の適性や価値観を踏まえ、難関中学受験を見据えて基礎力・応用力を養う「進学コース」と、小学校創設時より導入されてきた英語教育や、これからの時代に必要とされている情報活用力に重点を置く「発展コース」の2コースに分かれて学びを深める。また、子どもたちに人気の放課後プログラムをさらに充実させ、中学受験に必要な学力を身につける「進学発展演習」や英検対策などを行う「英語道場」も開設。学校内ですべてが完結できるよう児童と保護者の生活をバックアップしている。

◆**英語教育**　1年生から毎日英語にふれる時間を設け、ネイティブと日本人教師によるチームティーチングで「読む・聞く・書く・話す」の4つの力をバランスよく育む。英検にも挑戦しながら、中学3年生レベルの英語力習得を目指す

◆**ICT教育**　全学年、週1時間（低学年は隔週）。プログラミング学習のほか、情報モラルや他教科で使用するアプリの活用方法なども段階的に学んでいく。1年生から1人1台タブレット端末を所有し、授業で活用する

◆**校外学習**　6年間で計13泊の宿泊行事、遠足、社会見学を行うほか、4年生以上の希望者は10日間のオーストラリア体験学校に参加できるなど、多彩な体験活動を展開

年間行事予定

月	行　事　名（抜粋）
4	入学式、春の遠足
5	ふるさと体験学校（田植え）、運動会
6	なかよし体験学校
7	臨海学校、オーストラリア体験学校
8	サイエンスツアー
9	親子交流会、ふるさと体験学校（稲刈り）、ふれあい林間学校
10	おにぎりの会
11	なわとびチャンピオン大会
12	しめ縄作り、幼稚園交流会
1	左義長祭、スキー学校、書き初め展、図工展
2	修学旅行、学習発表会
3	卒業式、春キャンプ

入試データ

下記の資料は**2023年度用（2022年夏〜秋実施済み）**です

募集要項 ※!2024は次年度のデータです

募集人員	男女計50名
学校（入試）説明会	!2024 学校説明会：5月24日 入試説明会：7月22日（入試体験会あり） 8月5日
願書配付期間	5月21日〜
出願期間	8月17〜24日 ※ＨＰの指示に従ってＷｅｂ出願
提出書類	・入学志願書　・志願理由書 ・健康調査票　・受験票 ※すべて考査日に持参
受験票交付	考査料決済後、自宅やコンビニエンスストアなどで各自印刷
受験番号付番	願書受付順　　月齢考慮　あり
考査日	考査：9月10・11日のうち1日 面接：8月27・28日、9月3・4日のうち1日
選抜方法	ペーパーテスト、口頭試問、グループ活動または制作活動、運動テスト、親子面接
考査料	15,000円（クレジットカード、コンビニまたはペイジー決済）
合格発表	9月12日　Ｗｅｂ発表および郵送で通知
倍率	約1.5倍
入学手続	指定日
編入学制度	1〜5年生で欠員が生じた場合のみ7・12・3月に試験を実施／帰国生はp.209〜参照
復学制度	欠員がある場合のみ、5年生まで認める
公開行事	!2024 ＭＪＧわくわく体験会：6月17日
備考	考査は2日間の受験も可 個別相談会は随時（要申込）　スクールバスあり

セキュリティ

警備員常駐／防犯カメラ／交通指導員配置／登下校確認システム／防犯ブザー携帯／携帯電話所持可（届出制）／授業中門施錠／インターホン／保護者入校証／避難・防災訓練実施／看護師常駐／緊急通報・安否確認システム／緊急地震速報装置／災害用品備蓄／ＡＥＤ

学費

```
……… 入学手続時納付金 ………
入学金　　　　　　　　220,000円


………… 年間納付金 …………
授業料・年額　　　　　474,000円
施設費・年額　　　　　 36,000円
後援会会費・年額　　　 24,000円
ＰＴＡ会費・年額　　　　6,000円
給食費・年額　　　　　 77,760円
積立金（学級費、体験費）・年額
　　　　　　　　　　　126,000円
```

※学園に兄弟姉妹が在籍する場合は、2人目以上の在籍者に1人あたり年額48,000円の後援会ファミリー奨学金を給付

※上記金額は諸事情等で変更の場合あり

制服

昼食

給食（週5回）

進学情報

[中学校への進学状況]【箕面自由学園】、神戸女学院、四天王寺、清風、高槻、関西大第一、立命館、金蘭千里など

[高等学校への進学状況]【箕面自由学園】約70％が内部進学。西大和学園、清風南海、府立北野、府立茨木など

[大学への進学状況] 東京、京都、大阪、神戸、北海道、千葉、広島、同志社、立命館、関西学院、関西など

[系列校]
箕面自由学園中学校高等学校、箕面自由学園幼稚園

※上記募集要項は小学校公表データです。詳細は小学校ＨＰまたはお電話でご確認ください

京都府・奈良県
私立小学校入試情報ガイド

*

※ 掲載の入試情報は、2024 年度用（2023 年夏〜2024 年冬実施予定）ですが、一部、2023 年度用（2022 年夏〜2023 年冬実施済み）のものがあります。新しい情報を掲載していますが、新型コロナウイルスの影響などにより、行事や考査関連の日程が変更になる可能性があります。最新の情報は直接学校窓口にお問い合わせいただくか、各学校のホームページなどでご確認ください。

京都女子大学附属小学校

http://fusho.kyoto-wu.ac.jp/

[アクセス]
- ●京阪本線【七条】より徒歩15分
- ●JR【京都】八条口、京阪本線【七条】などより
 プリンセスラインバス【京都女子大学前】下車

[所在地]　〒605-8501　京都府京都市東山区今熊野北日吉町6-3
　　　　　TEL 075-531-7386（職員室）/7387（事務室）
　　　　　FAX 075-531-7381

小学校情報

[校　長]　玉村 公二彦
[児童数]　男女計436名

沿　革　明治32年、学園の創始である顕道女学院を創立。明治43年、文中女学校と京都高等女学校を合併し、学園創立。大正6年、幼稚園設立。昭和22年に中学校、23年に高等学校、24年に京都女子大学、25年に短期大学部を設置。昭和32年に京都女子大学附属小学校を開校し、総合学園となる。昭和41年、大学院設置。平成20年、校舎をリニューアル。令和4年、小学校創立65周年を迎えた。

教育方針　親鸞聖人の体せられた仏教精神を建学の精神として『こころの教育』に注力する。教育理念として『命・心・言葉』を掲げ、命の大切さに気づかせ、思いやりの心を育成。いじめの未然防止および早期発見・対応に努める学校づくり、「国語力（思考力・判断力・表現力）は人間力」を合い言葉に敬語、とりわけ丁寧語が使えることを大切にした行儀のよい学校づくりの2点を目標とする。子どもは家族や社会の宝であり、社会の希望との観点から日々の授業や行事を通して、心豊かで品位ある子どもの育成を図る。

特　色　附小音読集会、附小言語力検定などの「ことのはプロジェクト」、プログラミング教室などの「キャリア・プログラミングプロジェクト」、天体観測会やものづくり教室などの「未来・かがやきプロジェクト」、地球の未来のためにできる取り組みを考える「SDGsプロジェクト」、TOEFL Primaryや全校イングリッシュタイムに取り組む「グローバル英語プロジェクト」で基礎学力を育て、可能性を引き出す教育を実践。さらに多彩な宗教教育を通して、感謝の気持ちや命を大切にする心などを身につける。

◆**クラブ活動**　メディア、サイエンス、いけ花、茶道、ものづくり体験など文化系と、ドッジボール、バドミントン、卓球、サッカーなど体育系のクラブと音楽同好会がある
◆**特別活動**　児童会役員を中心に全校で取り組む児童会活動と、生活、学習、宗教、美化、ボランティア、学級、給食などの9つに分かれ、各委員会活動（4年生以上）を行う
◆**英語教育**　1〜3年生は週1時間、4〜6年生は週2時間。ネイティブ講師と日本人教師のチームティーチングによる授業を行う
◆**校外学習**　3年生は西本願寺などで宗教学習、4年生はアクトパル宇治で林間学校、5年生は京丹後市で臨海学校、6年生は広島・岡山・香川方面への修学旅行などを実施

年間行事予定	
月	行　事　名（抜粋）
4	入学式、新入生本山参拝、6年修学旅行
5	創立記念日、花祭り、親鸞聖人降誕会、運動会
6	1・2年田植え、京都私小連音楽会
7	七夕集会、5年臨海学校
8	夏休み
9	6年林間学校、敬老参観日
10	遠足、1・2年稲刈り・いも掘り、観劇会
11	秋の読書祭り、3年宗教体験学習
12	心の学園記念日、参観日、報恩講
1	附小百人一首大会、むかしあそび交流会
2	風の子集会、附小音楽会、6年スキー教室
3	卒業生本山参拝、6年生を送る会、卒業式

入試データ　下記の資料は2023年度用（2022年秋実施済み）です

募集要項　※下記は前年度のデータです

募集人員	男女計60名（内部進学者含む）		
学校（入試）説明会	6月18日（授業見学あり） 7月30日（学校見学会あり）		
願書配付期間	6月18日〜8月27日		
出願期間	8月25〜30日（消印有効）　簡易書留速達で郵送		
提出書類	・入学願書、受験票 ・受験票返送用封筒（切手を貼付） ・合否結果通知用封筒（切手を貼付）		
受験票交付	速達で郵送		
受験番号付番	願書受付順	月齢考慮	なし
考査日	考査：9月14日 面接：9月14・15日のうち1日 　　　（日時は受験票返送時に通知）		
選抜方法 注1	ペーパーテスト、個別テスト、運動テスト、親子面接		
考査料	10,000円		
合格発表	9月16日　速達で通知		
倍率	約1.9倍		
入学手続	9月22日締切		
編入学制度	欠員が生じた場合のみ試験を実施／帰国生はp.209〜参照		
復学制度	海外などに転出後、1年以内に限る		
公開行事	なし		
備考	――		

学費

……… 入学手続時納付金 ………
入学金　　　　　　　　　100,000円
入学施設費　　　　　　　 50,000円

………… 年間納付金 …………
授業料・年額　　　　　　387,600円
施設費・年額　　　　　　 49,200円
実習料・年額　　　　　　 18,000円
教育充実費・年額　　　　 70,000円
給食費・年額　（1年生）70,000円
　　　　　　　（2〜6年生）75,000円
※上記金額は諸事情等で変更の場合あり

制服

セキュリティ

防犯カメラ設置／登下校確認システム／防犯ブザー携帯（任意）／携帯電話所持可（届出制）／授業中門施錠／インターホン設置／保護者入構証／赤外線センサー設置／避難・防災訓練実施／緊急通報・安否確認システム／緊急地震速報装置／災害用品備蓄／AED設置

昼食

給食（週5回）…月1回、お弁当の日あり

進学情報

[中学校への進学状況]
男子：灘、東大寺学園、洛星など　女子：【京都女子】内部進学制度あり
[高等学校への進学状況]
【京都女子】ほぼ全員が内部進学
[大学への進学状況]
【京都女子】、京都、大阪、神戸、北海道、同志社、立命館、関西学院など

[系列校]
京都女子大学・大学院、京都女子高等学校・中学校、京都幼稚園

京都

私立

共学

き

京都女子大学附属小学校

京都聖母学院小学校

http://www.seibo.ed.jp/kyoto-es/　E-mail kyoto-es@seibo.ed.jp

［アクセス］
●京阪本線【藤森】より徒歩3分

［所在地］　〒612-0878　京都府京都市伏見区深草田谷町1
　　　　　　TEL 075-645-8102　FAX 075-642-9586

小学校情報

［校　長］　中島 正子
［児童数］　男女計733名

沿　革　大正10年、フランスから7名の修道女が来日し、大正12年に聖母女学院設立。大正14年、大阪に聖母女学院高等女学校開校。昭和24年、京都に聖母女学院小学校・中学校開校。昭和26年、幼稚園開園。昭和32年、小学校が男女共学に。昭和35年、校名を聖母学院小学校と改称。平成23年、校名を京都聖母学院小学校と改称。令和5年、学院創立100周年を迎える。

教育方針　『カトリックの人間観・世界観にもとづく教育を通して、真理を探究し、愛と奉仕と正義に生き、真に平和な世界を築くことに積極的に貢献する人間を育成する』を建学の精神とし、校訓に『従順と純潔』を掲げる。祈りを通して実現する愛の教育の中で、「創造性豊かな子ども」「誠実な子ども」「人を大切にし、奉仕の喜びを知る子ども」を目指し、真の学力、たくましく生きるための健康と体力を身につけられるよう努める。

特　色　多様な進路選択を可能にする学力を育む「総合フロンティアコース」と、国際人としての基礎的能力を育む「国際コース」を設置。総合フロンティアコースでは読書や音読などを継続し、言語力の基礎を築く。また、テキスト「論理エンジン」を使用し、すべての教科の土台となる「考える力」を育む。算数の授業では毎年、1年間の力試しとして学校全体で算数検定に取り組む。国際コースでは1年生から多くの教科を英語で学習し、確かな英語力を養う。4年生では社会、5年生からは算数、理科、社会を日本語で補充授業を行うことで、学習内容の習熟を図っている。

◆**英語教育**　総合フロンティアコースでも1年生から週2時間の授業を実施。1時間はネイティブ講師と日本人教員によるチームティーチング、もう1時間は日本人教員が指導

◆**授業の特色**　1コマ約20分の「聖母タイム」を、1〜3年生は週4コマ、4〜6年生は週3コマ実施。英語や計算、漢字の練習などに取り組む。また土曜日に月1回程度、チャレンジ学習を設け、低学年は体験活動、高学年は補充授業を行う

◆**校外学習**　3年生は滋賀、4年生は和歌山で自然体験合宿、5年生は長崎へ修学旅行、6年生は広島で平和学習を行う。国際コースの3・4年生は滋賀で英語合宿、5年生はオーストラリアで語学研修（希望者）を実施

年間行事予定

月	行　事　名（抜粋）
4	入学式、1年生を迎える会、学年懇談
5	聖母月、遠足、3年自然体験合宿
6	創立記念式、6年平和学習（広島）、合唱祭
7	3・4年国際コース合宿、チャレンジサマー（夏祭り）
8	オーストラリア語学研修旅行（国際コース）
9	授業参観・懇談、夏休み作品展、運動会
10	5年修学旅行、4年自然体験合宿、遠足
11	読書週間、土曜授業参観
12	個人懇談、待降節の実践とクリスマス会
1	書写展、音楽鑑賞教室、幼稚園との交流会
2	6年卒業遠足、持久走大会、アートフェスティバル
3	6年卒業コンサート、6年生を送る会、卒業証書授与式

入試データ

下記の資料は**2024年度用（2023年夏〜2024年冬実施予定）**です

募集要項

募集人員	A日程：男女計約100名（内部進学者含む） B日程：男女計約20名　C日程：男女若干名 ※A〜C日程とも総合フロンティアコース、国際コース合わせて
学校（入試）説明会	学校説明会：5月19・20日（個別相談あり） Ｗｅｂ説明会：7月3日〜 B・C日程入試説明会：9月28日
願書配付期間	募集要項配付：5月19日〜
出願期間	A：7月14日〜8月15日　B：9月29日〜10月10日 C：1月23日〜2月2日　※ＨＰの指示に従ってＷｅｂ出願
提出書類	・受験票　※考査日に持参
受験票交付	考査料決済後、自宅やコンビニエンスストアなどで各自印刷
受験番号付番	願書受付順　　月齢考慮　　なし
考査日	A：考査…9月1日　面接…8月26・28・29日のうち1日 B：考査・面接…10月14日　C：考査・面接…2月8日
選抜方法^{注1}	ペーパーテスト、集団テスト、運動テスト、親子面接
考査料	15,000円（クレジットカード、コンビニまたはペイジー決済）
合格発表	A：9月2日　B：10月16日　C：2月9日　速達で通知
倍率（前年度）	非公表
入学手続	A：9月12日締切　B：10月24・25日　C：2月14日
編入学制度	欠員が生じた場合のみ試験を実施／帰国生はp.209〜参照
復学制度	なし
公開行事	少人数学校見学会：6月12〜16日・19〜23日 テスト体験：6月17日 聖母サタデースクール（授業体験）：7月1日 聖劇鑑賞会：12月中旬
備考	通学時間制限：所要時間60分程度を目安とする

学費

……… 入学手続時納付金 ………

入学金	150,000円
保護者会入会金	4,000円

………… 年間納付金 …………

授業料・年額	
（総合フロンティアコース）	396,000円
（国際コース）	483,000円
教育充実費・年額	
（総合フロンティアコース）	144,000円
（国際コース）	180,000円
施設設備費・年額	60,000円
保護者会会費・年額	12,000円
制定品代	約150,000円

※旅行積立、教材費など別途納付
※制定品代以外は年3回分納
※上記金額は諸事情等で変更の場合あり

制服

セキュリティ

警備員／防犯カメラ／交通指導員／登下校確認システム／防犯ブザー／携帯電話所持可／授業中門施錠／インターホン／保護者入構証／赤外線センサー／避難・防災訓練／看護師／緊急通報・安否確認システム／緊急地震速報装置／災害用品備蓄／ＡＥＤ／防災用ヘルメット

昼食

給食かお弁当（持参）の選択制（週5回）…パン、ドリンクの販売あり

進学情報

[中学校への進学状況]
男子：【香里ヌヴェール学院】、灘、洛南高附属、洛星、東山、明星、同志社香里、同志社、立命館宇治など
女子：【京都聖母学院、香里ヌヴェール学院】、京都女子、高槻、同志社など
[高等学校への進学状況]【京都聖母学院、香里ヌヴェール学院】へ内部進学
[大学への進学状況] 京都、大阪、お茶の水、奈良女子、奈良県立医科など

[系列校]
京都聖母学院中学校・高等学校、京都聖母学院幼稚園・保育園、聖母インターナショナルプリスクール、香里ヌヴェール学院中学校・高等学校、香里ヌヴェール学院小学校

京都　私立　共学　き　京都聖母学院小学校

京都文教短期大学付属小学校

https://kyotobunkyo-sho.ed.jp/

[アクセス]
●地下鉄東西線【東山】より徒歩5分
●京阪本線・鴨東線【三条】より徒歩10分

[所在地]　〒606-8344　京都府京都市左京区岡崎円勝寺町50
　　　　　TEL 075-752-1411　FAX 075-771-4848

小学校情報

[校　長]　藤本 哲也
[児童数]　150名（男子78名、女子72名）

沿　革　明治37年、高等家政女学校設立。昭和9年、現在地に移転。昭和22年、家政学園中学校、翌年、高等学校を設置。昭和28年、附属幼稚園設置。昭和35年、京都家政短期大学設置認可。昭和57年、京都文教短期大学付属小学校開校。平成8年、京都文教大学設置開学。平成12年、大学院開設。平成14年、学校法人京都文教学園に改称。令和6年、学園創立120周年を迎える。

教育方針　浄土宗祖師・法然上人の教えを具現化するべく、澄んだ心を照らし出す「月かげ教育」を実践。仏・法・僧への『三宝帰依（謙虚にして真理探究に努める帰依仏、誠実にして精進努力する帰依法、親切にして相互協同する帰依僧の精神）』を平易な言葉で表現した『明るく　正しく　仲よく』を校訓に定める。日々の合掌・礼拝、総合的な学習を通じ、「豊かな心」「確かな学力」「高い人権意識」「広い視野」「丈夫な体」の5つの力を身につけ、一人ひとりが人生を開き、社会をつくる力を発揮できるように育成する。

特　色　小規模校ならではの家庭的な雰囲気。算数では少人数指導を取り入れ、学力の育成と児童の学習進度の的確な把握に努めている。国語はすべての学習の基本と位置づけ、スピーチやディベートを通じて話す力と書く力を養う。英語は毎日、聞き取り、音読、書き取りを実施。平素の授業とは別に、毎日2回の「根っこタイム」で計算や書き取り、音読などを、「のびっこタイム」で放課後自主学習を行うなど学習意欲を育む時間を設ける。忍耐力と体力をつけるため、ミニマラソンを行うなど体育にも力を注ぐ。

◆**クラブ活動**　4年生以上が水曜日に実施。クラフト鑑賞、プログラミング、卓球、ボールゲーム、バドミントン、歴史など
◆**英語教育**　全学年、週2時間。始業前の「英語朝体操」や放課後の英語活動もある
◆**ICT教育**　全学年、1人1台タブレット端末を所有。授業支援アプリ「ロイロノート・スクール」で調べ学習のほか、英語スキルの向上を図るなど、各教科で活用する
◆**特別活動**　異学年で構成されるグループ「れんげ班」での縦割り活動がある。児童会活動、れんげデビュー集会、遠足などの行事や集団活動を通して、全校児童がそれぞれの役割を意識し、責任感や互いに助け合い支え合う精神を養う

年間行事予定	
月	行　事　名（抜粋）
4	入学式、れんげデビュー集会、知恩院参拝
5	ウキウキウォーキング、学園創立記念日
6	学びと力の発表会Ⅰ、6年沖縄総合学習
7	5年大江山自然教室、4年琵琶湖自然教室
8	夏休み、大掃除
9	水泳指導
10	運動会、れんげ全校遠足、月かげ祭バザー
11	れんげスクールランチ、学びと力の発表会Ⅱ
12	個人懇談会、月かげ集会＆児童総会
1	大島忌、避難訓練、グローバル月間
2	6年知恩院修養合宿、作品展＆親子鑑賞会
3	学年末懇談会、卒業式、6年生ありがとうの会

入試データ

下記の資料は**2023年度用（2022年秋～2023年冬実施済み）**です

募集要項 ※ !2024 は次年度のデータです

募集人員	A日程：男女計25名　B日程：男女計5名　C日程：男女若干名
学校（入試）説明会	!2024　6月3日　9時30分～11時（授業見学、個別相談あり）
願書配付期間	!2024　募集要項配付：4月29日～
出願期間	A：7月25日～8月31日 B：10月3～20日　C：1月12～26日 ※ＨＰの指示に従ってＷｅｂ出願
提出書類	・受験票 ※考査日に持参
受験票交付	考査料決済後、自宅やコンビニエンスストアなどで各自印刷
受験番号付番	願書受付順　　月齢考慮　　あり
考査日	A：考査…9月3日　面接…9月3・4日のうち1日 B：考査・面接…10月22日　C：考査・面接…1月28日
選抜方法注1	ペーパーテスト、集団テスト、親子面接
考査料	15,000円（クレジットカード、コンビニまたはペイジー決済）
合格発表	A：9月5日発送　B：10月23日発送　C：1月29日発送 簡易書留速達で通知
倍率	非公表
入学手続	指定日
編入学制度	欠員が生じた場合のみ試験を実施／帰国生はp.209～参照
復学制度	なし
公開行事	!2024　親子入試体験会：4月29日 文教小ＧＯＧＯランド：5月13日 学びと力の発表会：6月17日／11月18日 文教小プレテスト：7月1日 運動会：10月7日　月かげ祭バザー：10月29日
備考	月1回程度、学校行事などで土曜登校あり

セキュリティ

警備員常駐／防犯カメラ設置／交通指導員配置／登下校確認システム／防犯ブザー携帯／授業中門施錠／インターホン設置／保護者入構証・名札／赤外線センサー設置／避難・防災訓練実施／緊急通報・安否確認システム／緊急地震速報装置／災害用品備蓄／ＡＥＤ設置

学費

……… 入学手続時納付金 ………
入学金	130,000円
1学期分の学費（授業料、教育充実費）	205,000円

………… 年間納付金 …………
2学期分の学費（授業料、教育充実費）	164,000円
3学期分の学費（授業料、教育充実費）	123,000円
制定品代	約120,000円
教材費・年額	約30,000円
iPad関連使用費	49,200円
給食費・年額	約90,000円
保護者会会費・年額	9,600円
預かり金（4月徴収）	40,000円
安全対策費	6,892円

※上記金額は諸事情等で変更の場合あり

制服

昼食

給食（週5回）

進学情報

［中学校への進学状況］【京都文教】、洛南高附属、洛星、京都女子、東山、同志社、立命館、関西大、同志社女子、府立洛北高附属、市立西京高附属など

［高等学校への進学状況］

【京都文教】原則として内部進学

［大学への進学状況］

【京都文教、京都文教短期】、神戸、京都教育、奈良女子、同志社、立命館など

［系列校］

京都文教大学・大学院・短期大学、京都文教高等学校・中学校、京都文教短期大学附属家政城陽幼稚園

※上記募集要項は小学校公表データです（注1：選抜方法については伸芽会教育研究所調査によるデータです）。詳細は小学校ＨＰまたはお電話でご確認ください

光華小学校

https://ps.koka.ac.jp/　E-mail sy@mail.koka.ac.jp

●光華小学校

[アクセス]
●阪急京都線【西京極】より徒歩5分
●市バス・京都バス・京阪京都交通バス【光華女子学園前】下車

[所在地]　〒615-0861　京都府京都市右京区西京極野田町39
　　　　　TEL 075-325-5250　FAX 075-313-5122

小学校情報

[校 長]　河原 聡子
[児童数]　219名（男子106名、女子113名）

沿 革　昭和14年、財団法人光華女子学園設立認可。昭和15年、光華高等女学校開設。昭和22年、光華中学校、翌年、高等学校を開設。昭和26年、学校法人光華女子学園設立認可。昭和39年、大学開学。昭和40年、幼稚園、昭和43年、小学校を開設。平成10年、大学院開設。平成13年、大学、短大、高校、中学校を現校名に変更。令和5年、小学校創立55周年を迎える。

教育方針　『真実心』を校訓とし、「自己を確立し、未来を創造する児童の育成」を教育目標に掲げる。仏教精神に基づく教育で、相手を思いやる温かく優しい心を育むとともに、言語や価値観の違いを超えてさまざまな人と協働し挑戦していく子どもを育てる。向上心、潤いの心、感謝の心という「光華（こうか）の心」を持ち、自律・協働・創造の力を育む教育を実践している。

特 色　道徳と宗教を融合させた「こころの時間」、宗教行事、東本願寺での宿泊学習などにより、自分自身を見つめ、思いやりの心や豊かな感性を養う。さまざまな学習や体験から確かな知識と教養を身につけ、併設する幼・中・高や地域との交流などを通して他者との協働力を育む。1年生から一部、教科担任制を採用し、5・6年生は習熟度別学習を取り入れて少人数体制できめ細かな授業を展開。表現力やコミュニケーション能力を伸ばすため、国語力の向上と英語教育を重視し、アクティブラーニングを積極的に行う。行事や部活動での交流、合同授業など中・高との連携にも力を入れ、中学校での学習や生活へのスムーズな移行を実現している。

◆**クラブ活動**　4年生以上、週1時間。ソフトボール、ドッジボール、サッカー、バスケットボール、パソコン、オセロ・将棋など
◆**英語教育**　低学年は週1時間、中学年は週2時間の英語活動、高学年は週3時間の授業のほか全学年で10分間のモジュール学習を週5回実施。ネイティブ教員がサポートに入り、中・高と連携しながらカリキュラムを展開
◆**伝統文化教育**　日本の伝統文化を大事にし「おもてなしの心」を育む目的で、外部講師による年7時間の授業を行う。全学年で礼法、5年生は邦楽、6年生は茶道を学ぶ
◆**ICT教育**　各教室に大型電子黒板、書画カメラ、パソコンを設置、1人1台iPadを購入・使用し、学習の効率化を図る

年間行事予定

月	行　事　名 (抜粋)
4	入学式、学園花祭り、6年修学旅行
5	遠足
6	水泳学習、芸術鑑賞会
7	宿泊学習、臨海学校
8	夏休み学習会、林間学校
9	光華フェスティバル、祖父母参観
10	運動会、光華秋まつり
11	学園報恩講、音楽会
12	成道会
1	修正会
2	涅槃会、太子忌、マラソン大会
3	6年卒業遠足、6年生を送る会、卒業式

入試データ

下記の資料は**2023年度用（2022年秋～2023年冬実施済み）**です

募集要項 ※ !2024 は次年度のデータです

募集人員	A入試：男女計約50名　B入試：男女計約10名　C入試：男女若干名
学校（入試）説明会	!2024 学校説明会：5月20日（プレテストあり） 　　　　　　　　　7月1日（授業見学会あり） 　　　　入試説明会：6月17日／7月29日（プレテストあり）
願書配付期間	Ｗｅｂ公開のみ
出願期間	A：8月22～31日　B：10月3～12日　C：1月9～18日 ※HPの指示に従ってＷｅｂ出願
提出書類	・受験票　・写真票 ※すべて考査日に持参
受験票交付	考査料決済後、自宅やコンビニエンスストアなどで各自印刷
受験番号付番	願書受付順　　　　　月齢考慮　　あり
考査日	!2024 考査・面接：A…8月26日　B…10月21日 　　　　　　　　　C…1月20日
選抜方法	A：①か②を選択　B・C：① ①適性検査、保護者面接　②本人・保護者面接 ※②は事前に個別親子面談、プレテスト、光華プログラム（2回）あり
考査料	15,000円（クレジットカード、コンビニまたはペイジー決済）
合格発表	A：9月5日　B：10月17日　C：1月23日　Ｗｅｂ発表
倍率	非公表
入学手続	A：9月12日締切　B：10月24日締切　C：1月30日締切
編入学制度	欠員が生じた学年のみ試験を実施／帰国生はp.209～参照
復学制度	あり
公開行事	プレスクール：6月18日 授業見学会：7月2日／11月19日
備考	シャトルバス「Flower Line（フラワーライン）」あり 土曜登校は月2回

セキュリティ

警備員常駐／防犯カメラ設置／登下校確認システム／防犯ブザー携帯／携帯電話所持可／授業中門施錠／インターホン設置／保護者名札着用／避難・防災訓練実施／緊急通報・安否確認システム／災害用品備蓄／ＡＥＤ設置

学費

.... 入学手続時納付金 ....
入学金　　　　　　　　　130,000円

.... 年間納付金 ....
授業料・月額　　　　　　43,000円
児童会入会金　　　　　　　　100円
児童会会費・月額　　　　　　100円
奨学会（光華女子学園保護者会）入会金
　　　　　　　　　　　　　1,000円
奨学会会費・月額　　　　　　500円
幸手会（光華小学校保護者会）会費・月額
　　　　　　　　　　　　　　800円
諸費・月額　　　　　3,000～6,000円
給食費・月額　　　　　　10,000円
※上記金額は諸事情等で変更の場合あり

制服

昼食

給食（週5回）

進学情報

[中学校への進学状況]
男子：東大寺学園、洛星、東山、立命館など
女子：【京都光華】約40％が内部進学。京都女子、高槻、同志社など
[高等学校への進学状況]【京都光華】約90％が内部進学
[大学への進学状況]【京都光華女子、京都光華女子短期】、大阪、お茶の水、京都府立医科、同志社、立命館など

[系列校]
京都光華女子大学・大学院・短期大学部、京都光華高等学校・中学校、光華幼稚園

※上記募集要項は小学校公表データです。詳細は小学校ＨＰまたはお電話でご確認ください

同志社小学校

http://www.doshisha-ele.ed.jp/　E-mail office@mail.doshisha-ele.ed.jp

[アクセス]
●地下鉄烏丸線【国際会館】より徒歩10分
●叡山電鉄鞍馬線【岩倉】より徒歩5分

[所在地]　〒606-0001　京都府京都市左京区岩倉大鷲町89-1
　　　　　TEL 075-706-7786　FAX 075-712-2312

小学校情報

[校　長]　横井 和彦
[児童数]　540名（男子242名、女子298名）

沿　革　明治8年、新島襄により同志社英学校開校。明治10年、同志社女学校開校。明治21年の「同志社大学設立の旨意」発表を経て、大正9年、同志社大学開学。昭和18年、同志社中学校開校。昭和26年、同志社香里中学校・高等学校開校。昭和55年、同志社国際高等学校開校。昭和63年、同志社国際中学校開校。平成18年、同志社小学校開校。令和2年11月、創立145周年を迎えた。

教育方針　「良心の全身に充満したる丈夫（ますらお）の起り来らん事を」という新島精神を継承する、知育に偏ることのない徳育、すなわち「良心教育」をバックボーンとし、『キリスト教主義』『自由主義』『国際主義』を基本理念とする。それらに基づき「良心の涵養」「自治自立精神の形成」「国際人の育成」を教育理念とし、国際舞台で活躍できる人材の育成を目指す。

特　色　「読む力」「書く力」「計算する力」といった基礎学力の養成にとどまらず、なぜその解答が出るのかという思考の道筋を大事にする教育を行っている。そのため、授業においては教師主導ではなく、子ども同士が主体的に学び合うことを大切にするほか、総合的な学習、縦割り活動などを総称する「道草」の時間も設けている。子どもたちは探究活動や直接体験、創造的な活動などを通し、主体的に学ぶ態度と力を身につける。体育は「知・徳・体」の調和を目指し、多角的な指導を行っている。また、国際的な視野を育てるため、1年生より英語の授業を実施。低学年から培われた知識や体験を生かし、6年生はアメリカへ修学旅行に出かける。

◆**クラブ活動**　5年生以上。年間約30時間の活動時間を設定し、11のクラブ活動の中で自主性と社会性を育む
◆**英語教育**　少人数のグループで、週3時間の授業を行う。さまざまな国籍を持つ7名の教員が、異文化理解も視野に入れた多彩な双方向教育活動を実施
◆**特別活動**　清掃、給食、仲よし遠足、スポーツフェスティバルなど学校生活のなかでさまざまな活動を行っている。それらを異年齢の縦割りグループで行う「ワイルドローバー活動」がある
◆**校外学習**　4・5年の宿泊体験学習、6年の修学旅行、校祖・新島襄の墓参、仲よし遠足などがある

年間行事予定

月	行　事　名（抜粋）
4	入学式、入学おめでとうの会、仲よし遠足
5	花の日礼拝
6	6年修学旅行
7	大掃除、水泳教室
8	――――
9	授業参観・懇談会
10	スポーツフェスティバル、4・5年宿泊体験学習
11	創立記念礼拝、点灯式、土曜参観
12	クリスマス礼拝・祝会
1	6年ポスターセッション、創立者永眠記念礼拝
2	授業参観・懇談会
3	ワイルドローバー解団式、卒業式、修了式

入試データ　　下記の資料は**2023年度用（2022年夏実施済み）**です

募集要項　　※下記は前年度のデータです

募集人員	男女計約60名
学校（入試）説明会	Ｗｅｂ説明会：5月12日〜 学校説明会：5月24・31日／6月1・7・14・21日 （学校見学あり）
願書配付期間	Ｗｅｂ公開のみ
出願期間	7月12〜19日 ※ＨＰの指示に従ってＷｅｂ出願
提出書類	・入学考査受験票 ・入学考査写真票 ※すべて考査日に持参
受験票交付	郵送
受験番号付番	——　　月齢考慮　　あり
考査日	考査：8月26日 面接：8月19・22〜24日のうち1日
選抜方法^{注1}	ペーパーテスト、集団テスト、運動テスト、親子面接
考査料	20,000円（クレジットカード、コンビニまたはペイジー決済）
合格発表	8月27日　Ｗｅｂ発表および簡易書留速達で通知
倍率	非公表
入学手続	9月2日締切
編入学制度	欠員が生じた場合のみ試験を実施
復学制度	ケースにより可能。応相談
公開行事	——
備考	——

学費

………… 入学手続時納付金 …………
入学金　　　　　　　　250,000円

………… 年間納付金 …………
授業料・年額　　　　　　800,000円
教育充実費・年額　　　　150,000円
給食費・年額　　　　　　124,100円
教材費・年額　　　　　　 39,000円
安全費・年額　　　　　　　7,743円
修学旅行等積立金・年額　 50,000円
保護者後援会会費・年額　 12,000円
※制定品代など別途納付
※寄付金（任意）あり
※上記金額は諸事情等で変更の場合あり

制服

制服なし

セキュリティ

警備員／防犯カメラ／交通指導員／登下校確認システム／防犯ブザー携帯／携帯電話所持可
／授業中門施錠／インターホン／保護者入構証／赤外線センサー／避難・防災訓練／看護師
／緊急通報・安否確認システム／緊急地震速報装置／学校110番／災害用品備蓄／ＡＥＤ

昼食

給食（週5回）

進学情報

[中学校への進学状況]
【同志社、同志社女子、同志社香里、同志社国際】希望に基づいて推薦
[高等学校への進学状況]
【同志社、同志社女子、同志社香里、同志社国際】へ内部進学
[大学への進学状況]【同志社、同志社女子】、京都、大阪、神戸、北海道、名古屋、京都府立医科、滋賀医科、慶應、早稲田など

[系列校]
同志社大学・高等学校・中学校・幼稚園、同志社女子大学・高等学校・中学校、同志社香里高等学校・中学校、同志社国際高等学校・中学校、同志社国際学院初等部・国際部など

※上記募集要項は小学校公表データです（注1：選抜方法については伸芽会教育研究所調査によるデータです）。詳細は小学校ＨＰまたはお電話でご確認ください

京都　私立　共学　と　同志社小学校

同志社国際学院初等部

http://www.dia.doshisha.ac.jp/　E-mail admissions@dia.ed.jp

[所在地]　〒619-0225　京都府木津川市木津川台7-31-1
　　　　　　TEL 0774-71-0810　FAX 0774-71-0815

[アクセス]
●近鉄京都線【新祝園】、JR学研都市線【祝園】、近鉄けいはんな線【学研奈良登美ヶ丘】より直通路線バスで10〜20分

小学校情報

[校　長]　栁田　昌彦
[児童数]　男女計340名

沿　革　平成18年4月開校の同志社小学校に続き、学校法人同志社の2校目の小学校として平成23年4月に開校。文部科学省の学習指導要領に基づく内容を、日本語と英語で指導する先進的な小学校（初等部、各学年定員60名、6年制）。さらに、同じ校舎内にインターナショナルスクール（国際部、平成23年9月開校、12年制）が併設されている日本初の教育機関でもある。

教育方針　同志社大学の前身、同志社英学校の創立（明治8年）以来、『キリスト教主義』『自由主義』『国際主義』を理念とし、『良心教育』を実践。よりよき人生を営むために生涯にわたって学び続ける人を、よりよき世界を実現するために世界を結ぶ行動をし続ける人を、そして、神様から与えられた生命を正しく生きるために愛を深め続ける人を、国際的視野を持った教育の中で育てる。

特　色　文部科学省から教育課程特例校の指定を受け、6年間の総授業時間数の50％以上を英語で行う日英バイリンガルスクールとしての教育を実践している。また、国際バカロレアのプログラムをベースに教科横断的な「探究型学習」を中心としたカリキュラムを編成。単に教科書から知識を得るのではなく、生活体験、自然体験、社会体験など、さまざまな実体験の中で五感を通じて学んでいく新しい学習のスタイルをとる。人と協働して積極的に学びを深めながら、21世紀を生きる国際的視野を身につけることを目指す。その取り組みが認められ、平成31年1月には、国際バカロレアPYP校として認定された。

◆**英語教育**　1〜4年生は週4時間、5・6年生は週3時間の英語の授業のほか、算数、音楽、図工、体育などさまざまな教科を英語で指導。英語を実用的な言葉として身につけることを目指す。6年生は集大成として修学旅行でボストンへ。同志社の創立者・新島襄の足跡をたどりながらアメリカの文化を学ぶ

◆**ICT教育**　全教室にプロジェクターを設置。2年生以上は1人1台タブレット端末を所有し、情報収集、プレゼンテーションなど、探究型学習や英語学習で活用

◆**校外学習**　自らの体験を通し、「本物」から学ぶことを大切にしながら、学習内容に合わせてさまざまな施設や場所へ出かける。さらに1年生から毎年、宿泊学習も行う

年間行事予定

月	行　事　名(抜粋)
4	入学式
5	土曜参観
6	花の日・人権礼拝、カンファレンス、2・4年宿泊学習
7	授業参観、学期報告会、カンファレンス
8	
9	3年宿泊学習、6年修学旅行
10	スポーツデイ、1・5年宿泊学習
11	創立記念礼拝、クリスマスツリー点灯式
12	クリスマス礼拝、授業参観、学期報告会、カンファレンス
1	PYPエキシビション
2	土曜参観
3	学期報告会、カンファレンス

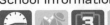

始業　制服　3学期制　土曜登校　毎年クラス替　お弁当　アレルギー対応　ICT教育　英語コマ数4　通学時間制限　アフタースクール　幼稚園　中学・高校　大学　プロテスタント

入試データ

下記の資料は**2023年度用（2022年夏～秋実施済み）**です

募集要項　※下記は前年度のデータです

募集人員	男女計60名（内部進学者、木津川市在住者の地域枠含む）
学校(入試)説明会	5月21日（要申込） 6月18日（個別相談会あり。要申込）
願書配付期間	Ｗｅｂ公開のみ
出願期間	Ｗｅｂ出願：7月18～29日 書類提出（地域枠のみ）：7月29日（消印有効）　郵送 ※ＨＰの指示に従ってＷｅｂ出願。地域枠は書類提出あり
提出書類	・受験票 ・住民票の写しまたは在留カードのコピー ・誓約書（地域枠のみ） ※受験票は考査日に持参
受験票交付	考査料決済後、自宅やコンビニエンスストアなどで各自印刷
受験番号付番	───
月齢考慮	あり
考査日	考査：9月9日 面接：8月23～31日のうち1日
選抜方法	書類、アカデミックイグザム、インタビュー
考査料	20,000円（クレジットカード、コンビニまたはペイジー決済）
合格発表	9月15日　Ｗｅｂ発表
倍率	非公表
入学手続	9月26日締切
編入学制度	欠員が生じた場合のみ年2回試験を実施／帰国生はp.209～参照
復学制度	
公開行事	ＤＩＡ家族でスクールツアー：7月4・5・7・8日
備考	

セキュリティ

警備員常駐／防犯カメラ設置／交通指導員配置／登下校確認システム／携帯電話所持可／授業中門施錠／インターホン設置／保護者名札着用／避難・防災訓練実施／看護師常駐／緊急通報・安否確認システム／災害用品備蓄／ＡＥＤ設置

学費

……… 入学手続時納付金 ………
入学金	250,000円

………… 年間納付金 …………
授業料・年額	850,000円
教育充実費・年額	150,000円
教材費・年額	40,000円
保護者後援会会費・年額	12,000円
書籍費（1年生）	20,000円

※寄付金（任意）、学用品代、宿泊行事積立金など別途納付
※上記金額は諸事情等で変更の場合あり

制服

制服なし

昼食

お弁当（週5回）…希望者はお弁当のネット注文、パンの販売（週2回）あり

進学情報

［中学校への進学状況］
【同志社国際、同志社、同志社女子、同志社香里】へ内部進学
［高等学校への進学状況］
【同志社国際、同志社、同志社女子、同志社香里】へ内部進学
［大学への進学状況］【同志社、同志社女子】、京都、大阪、神戸、京都府立医科、滋賀医科、慶應、早稲田など

［系列校］
同志社大学、同志社女子大学、同志社国際高等学校・中学校、同志社国際学院国際部、同志社高等学校・中学校・小学校・幼稚園、同志社女子高等学校・中学校など

※上記募集要項は小学校公表データです。詳細は小学校ＨＰまたはお電話でご確認ください

ノートルダム学院小学校

http://www.notredame-e.ed.jp/

[アクセス]
- ●地下鉄烏丸線【松ヶ崎】より徒歩6分
- ●京阪鴨東線【出町柳】、阪急京都線【京都河原町】より市バス【野々神町】下車

[所在地] 〒606-0847　京都府京都市左京区下鴨南野々神町1-2
TEL 075-701-7171　FAX 075-712-6170

小学校情報

[校　長] 原山 稔郎
[児童数] 男女計637名

沿　革　昭和23年、学校設立のため4名のシスターがセントルイスより来日。昭和27年、ノートルダム女学院中学校を開校した。翌年、高等学校開校。昭和29年、ノートルダム学院小学校開校。昭和36年、ノートルダム女子大学開学。平成13年、2期制（前期・後期）の実施。平成16年、創立50周年記念事業として、可動床プールを竣工、校内LANを敷設。平成26年、新校舎完成。

教育方針　キリストの母・聖母マリアを称する「ノートルダム」を校名に頂き、『徳と知』の精神のもと、聖母マリアに倣った人間的成長を目指す。『徳』は愛する、共感する、受容するなど「内面の力」を、『知』は知識や知的能力を超えた人間の「知恵」を意味する。これらを身につけるため、「尊ぶ」「対話する」「共感する」「行動する」の4つをミッション・コミットメントとして掲げる。自然や他者とのかかわりを尊び、対話し、心から共感し、勇気と希望を持って行動することが「思いやりの心」と「思考力」を育む。

特　色　カトリックの教えに基づいた思いやりの心をベースに、学び・英語・体験を3本柱とし、自ら考え行動する思考力を育む。すべての教科でPBL（課題解決型）授業を取り入れ、子どもたちが自分の考えを持つことを大切にしている。1年生から専科制、3年生から教科担任制による指導を行い、習得した基礎学力と身につけた思考力を活用して新たな価値観を創造する。学校で所有する山の家を中心とした豊富な体験学習や、教科を超えたプロジェクト型の英語学習では、知識の定着と行動力を身につける。

◆**英語教育**　全学年でネイティブ教員と専科教員とクラス担任のチームティーチングを実施。毎日の短時間学習「English Everyday Program」があり、朝の英語の読み聞かせやモジュールタイムイングリッシュなどを行う
◆**ICT教育**　全学年、タブレット端末を1人1台所有し（1・2年生は貸与）、学習ツールとして活用。プログラミング教育も実施
◆**特別活動**　6年生と1年生がペアを組んで活動するパートナー制度がある
◆**校外学習**　学校所有の山の家での稲作などの体験活動、スキー学習・合宿、5年生の遠泳合宿など。6年生のディスカバリー（修学旅行）ではコースを選んで、学習テーマを決めて課題に取り組んでいる

年間行事予定	
月	行　事　名（抜粋）
4	入学式、新入生歓迎会
5	聖母月のミサ、漢字検定
6	スポーツフェスティバル、写生会
7	5年遠泳合宿
8	
9	夏休み作品展
10	6年修養会、6年ディスカバリー
11	全校音楽会、死者の月ミサ、ランフェスティバル
12	1年大茶会、クリスマスの集い
1	書き初め大会、スキー学習・合宿
2	美術展、卒業茶会、英語劇
3	6年生を送る会、数学検定、卒業式、修了式

始業／制服／2学期制／土曜登校／毎年クラス替／給食／アレルギー対応／ICT教育／英語コマ数3／通学時間制限／アフタースクール／幼稚園／中学・高校／大学／カトリック

入試データ

下記の資料は**2023年度用（2022年夏～2023年冬実施済み）**です

募集要項 ※！2024は次年度のデータです

募集人員	A日程：男女計約120名　B日程、C日程：各男女若干名
学校（入試）説明会	！2024 学校説明会：6月10日（テスト体験会あり） 入試説明会：7月8日（プレスクールあり）
願書配付期間	Ｗｅｂ公開のみ
出願期間	A：7月27日～8月22日 B：10月11～18日 C：1月16～26日 ※ＨＰの指示に従ってＷｅｂ出願
提出書類	・受験票 ・写真票 ※すべて考査日に持参
受験票交付	考査料決済後、自宅やコンビニエンスストアなどで各自印刷
受験番号付番	願書受付順　月齢考慮　あり
考査日	A：考査…9月1日　面接…8月25～27日のうち1日 B：考査・面接…10月22日　C：考査・面接…1月27日
選抜方法注1	ペーパーテスト、行動観察、親子面接
考査料	20,000円（クレジットカード、コンビニまたはペイジー決済）
合格発表	A：9月2～6日　B：10月24～26日　C：1月28～31日 Ｗｅｂ発表および簡易書留速達で通知
倍率	非公表
入学手続	A：9月6日締切　B：10月26日締切　C：1月31日締切
編入学制度	欠員が生じた場合のみ試験を実施／帰国生はp.209～参照
復学制度	要問い合わせ
公開行事	！2024 山の家アドベンチャー：5月13・20・27日
備考	入学後、1週間程度は保護者が子どもを送迎しながら通学訓練する

学費

……… 入学手続時納付金 ………	
入学金	200,000円
……… 年間納付金 ………	
授業料・年額	606,000円
施設設備費・年額	96,000円
教育充実費・年額	90,000円
給食費・年額	107,800円
父母の会会費・年額	15,000円
ＩＣＴタブレット費積立・年額（1～3年生）	27,000円
ディスカバリー費積立・年額（1～5年生）	20,000円

※制定品代、教材費、校外学習費など別途納付
※上記金額は諸事情等で変更の場合あり

制服

セキュリティ

警備員常駐／防犯カメラ設置／交通指導員配置／登下校確認システム／携帯電話所持可／授業中門施錠／インターホン設置／保護者名札着用／避難・防災訓練実施／緊急通報・安否確認システム／災害用品備蓄／ＡＥＤ設置

昼食

給食（週5回）…完全自校式

進学情報

[中学校への進学状況]
男子：灘、東大寺学園、洛南高附属、洛星、同志社など
女子：【ノートルダム女学院】、洛南高附属、四天王寺、高槻、同志社など
[高等学校への進学状況] 【ノートルダム女学院】ほぼ全員が内部進学
[大学への進学状況] 【京都ノートルダム女子】、京都、京都府立、同志社、立命館、関西学院、関西、上智など

[系列校]
京都ノートルダム女子大学・大学院、ノートルダム女学院中学高等学校

京都　私立　共学　の　ノートルダム学院小学校

※上記募集要項は小学校公表データです（注1：選抜方法については伸芽会教育研究所調査によるデータです）。詳細は小学校ＨＰまたはお電話でご確認ください

洛南高等学校附属小学校

https://www.rakunan-h.ed.jp/

[アクセス]
●JR東海道本線【桂川】より徒歩10分
●阪急京都線【洛西口】、JR東海道本線【向日町】より徒歩15分

[所在地]　〒617-0002　京都府向日市寺戸町寺田54
TEL 075-924-6511　FAX 075-924-6509

小学校情報

[校　長]　余根田 聡
[児童数]　男女計511名

沿　革　創立の起源は約1200年前、日本文化の父といわれる空海弘法大師が庶民のための教育の場として創設した日本最初の私立学校「綜藝種智院（しゅげいしゅちいん）」にまでさかのぼる。歴史の中で受け継がれてきた大師の建学の精神に基づいて、昭和37年、新たに洛南高等学校として発足。さらに教育の一層の充実強化を願って、昭和60年、附属中学校を開校。平成18年、男女共学校に移行。平成26年、洛南高等学校附属小学校を創設。

教育方針　空海弘法大師が開学の辞で述べた建学の趣意『物の興廃は必ず人に由る 人の昇沈は定めて道に在り』に基づき、知育（小・中・高12年一貫教育で高い知性を獲得）、徳育（礼儀と自立心を備えた人間を育む）、体育（生きていく基本となる体力を育成）、共同（行事を通して他人の立場を理解）、自省（教師・親の成長が子どもの成長に）という教育方針を掲げて「洛南教育」を行う。自分で伸びる力を育むため、「規律正しく」「清潔につとめ」「情操豊かに」「勉学にはげむ」の4つを実践項目としている。

特　色　仏法を学び、日本の伝統・文化を大切にし、礼儀作法を身につける情操教育。「読み・書き・そろばん」を基本とした教科学習。健康な体と健全な精神を育成する体育的行事。この「心・学・身」の3つを柱として総合的に学ぶカリキュラムを特色とする。洛南高・附属中の教員が小学校でも教鞭をとり、大学入試までを見据えた授業を展開。豊かな経験を基に築き上げた方法論で、小学生に身につけてほしい内容をじっくりと指導する。

◆**クラブ活動**　4年生以上。サッカー、バドミントン、卓球、陸上、かるたなど
◆**英語教育**　1・2・5・6年生は週2時間、3・4年生は週1時間。英語科教師とALTのチームティーチングで授業を行う
◆**授業の特色**　御影供や花まつりなどの宗教行事を行うとともに、専科教員が全学年の道徳の時間を担当し、仏教的情操を育む。毎日、朝と昼の授業前に「空の時間」「海の時間」を設定。道徳、国語・算数・英語のモジュール学習を行い、集中力を高める
◆**校外学習**　葵祭見学、空海降誕会、祇園祭見学、涅槃会、善通寺合宿、高野山合宿など、多彩な行事を通して仏教の教えにふれる。また6月には、校外のプールで水泳学習を実施

年間行事予定	
月	行　事　名（抜粋）
4	入学式、御影供、春の遠足、善通寺合宿
5	御影供、葵祭見学、花まつり
6	水泳学習、空海降誕会、御影供、授業参観
7	七夕、祇園祭見学、宿泊学習、東寺合宿、高野山合宿
8	夏期学習会
9	運動会、御影供
10	学習発表会、時代祭見学、御影供
11	祖父母参観日、御影供、修学旅行
12	成道会
1	新春の催し、御影供
2	持久走記録会、涅槃会、御影供
3	修了式、卒業式

入試データ

下記の資料は**2023年度用（2022年夏～秋実施済み）**です

募集要項　※下記は前年度のデータです

募集人員	男女計90名
学校（入試）説明会	6月18日（学校見学会あり）
願書配付期間	募集要項配付：4月中旬～
出願期間	7月4日（9時）～13日（23時59分） ※ＨＰの指示に従ってＷｅｂ出願
提出書類	・受験票 ・保護者用受験票 ※すべて考査日に持参
受験票交付	考査料決済後、自宅やコンビニエンスストアなどで各自印刷
受験番号付番	────　｜月齢考慮｜あり
考査日	考査：9月11日 面接：8月27・28日のうち1日
選抜方法	ペーパーテスト、運動実技テスト、行動観察、保護者面接・作文、提出書類などによる総合判定
考査料	20,000円（クレジットカード、コンビニまたはペイジー決済）
合格発表	9月13日　15時～　Ｗｅｂ発表
倍率	非公表
入学手続	9月13・14日
編入学制度	要問い合わせ
復学制度	要問い合わせ
公開行事	──────
備考	──────

学費

……… 入学手続時納付金 ………
入学金　　　　　　　　　150,000円

………… 年間納付金 …………
授業料・年額　　　　　　792,000円
教育費・年額　　　　　　180,000円
空調費・年額　　　　　　　5,000円
制服等制定学用品代　約100,000円
※上記金額は諸事情等で変更の場合あり

制服

セキュリティ

警備員常駐／防犯カメラ／交通指導員配置／登下校確認システム／防犯ブザー携帯／携帯電話所持可／授業中門施錠／インターホン／保護者入構証／赤外線センサー設置／避難・防災訓練実施／緊急通報・安否確認システム／緊急地震速報装置／災害用品備蓄／ＡＥＤ設置

昼食

お弁当（週5回）…希望者はお弁当の注文可

進学情報

[中学校への進学状況]
【洛南高附属】原則として全員が内部進学
[高等学校への進学状況]
【洛南】原則として全員が内部進学
[大学への進学状況]
東京、京都、大阪、神戸、一橋、筑波、同志社、立命館、関西学院、関西など

[系列校]
洛南高等学校・附属中学校

京都

私立

共学

ら

洛南高等学校附属小学校

※上記募集要項は小学校公表データです。詳細は小学校ＨＰまたはお電話でご確認ください

R 立命館小学校

http://www.ritsumei.ac.jp/primary/

[アクセス]
● 地下鉄烏丸線【北大路】より徒歩3分
● 京阪本線【三条】より市バス【北大路バスターミナル】下車徒歩3分

[所在地] 〒603-8141　京都府京都市北区小山西上総町22
TEL 075-496-7777　FAX 075-496-7770

小学校情報

[校　長] 堀江 未来
[児童数] 708名（男子337名、女子371名）

沿　革　明治2年創立の私塾・立命館の意志を継ぎ、明治33年、京都法政学校創立。明治37年、京都法政大学に改称。翌年、清和普通学校（現・立命館中学校・高等学校）開校。大正2年、財団法人立命館設立、学園名称を立命館で統一。昭和26年、学校法人に組織変更。平成12年、立命館アジア太平洋大学開学。平成18年、「自由にして清新」な学園創造を掲げた大学創設者、中川小十郎の100年越しの夢を叶えるべく、立命館小学校が開校。小・中・高12年間の一貫教育が始まる。

教育方針　建学の志『培根達支』のもと、教育の4つの柱を掲げる。基礎・基本の積み重ねとサイエンスを重視したものづくり体験学習で「①確かな学力を育てる教育」を、異文化理解と英語コミュニケーション能力を獲得するために「②真の国際人を育てる教育」を、芸術にふれ表現活動に取り組み「③豊かな感性を育む教育」を、人としての生き方・在り方を学ぶ「立命科」の授業や縦割りのハウス活動などを通し「④高い倫理観と自立心を養う教育」を実践。人間形成の基盤をなす初等教育から世界に通用する教育を行う。

特　色　12年間の一貫教育を3つのステージに分けた「4・4・4制」を展開。児童一人ひとりを大切にして無限の可能性を引き出し、レベルの高い教育を目指す。オープンスペース型の教室、250名収容のアクトシアター、校舎内に組み込まれている体育館、多種の遊具を設置する広々とした人工芝グラウンドなど、学校施設も充実。ICT教育にも先進的に取り組んでいる。

◆ **英語教育**　1・2年生は週2時間、3～6年生は週3時間。オールイングリッシュのチームティーチングで伝え合える力を育てる。立命館アジア太平洋大学や海外姉妹校との連携による国際交流のほか、希望者を対象に海外語学研修、ターム留学なども実施

◆ **ICT教育**　平成27年度よりMicrosoft Showcase Schoolに認定。1～4年生のロボティクス科の授業ではロボット作りを中心にSTEAM学習を実施。5・6年生のICT科ではMinecraftを用いた授業を行う。1年生から1人1台タブレットPCを所有

◆ **特別活動**　全校児童を縦割りの6グループに分けた「ハウス」で、清掃や遊び、遠足、運動会などの活動を行う

年間行事予定	
月	行　事　名（抜粋）
4	入学式、ハウス歓迎会
5	ハウス遠足
6	5・6年宿泊体験学習、文化フェスティバル
7	――――
8	ワールドウィーク
9	――――
10	スポーツフェスティバル
11	Rits秋フェス
12	文化フェスティバル
1	ハウス百人一首大会
2	――――
3	立志式、卒業式

入試データ

下記の資料は**2023年度用（2022年夏～秋実施済み）**です

募集要項　※下記は前年度のデータです

募集人員	プライマリー入試A：男女計約120名 プライマリー入試B：男女若干名
学校(入試)説明会	学校説明会：5月14日 入試説明会：7月9日
願書配付期間	Ｗｅｂ公開のみ
出願期間	A：7月15日（9時）～25日（17時） B：9月21日（9時）～28日（17時） ※HPの指示に従ってＷｅｂ出願
提出書類	・受験票 ※考査日に持参
受験票交付	考査料決済後、自宅やコンビニエンスストアなどで各自印刷
受験番号付番	───　　月齢考慮　あり
考査日	A：考査…9月4日　面接…8月18～20・22日のうち1日 B：考査・面接…10月8日
選抜方法^{注1}	ペーパーテスト、集団テスト、親子面接
考査料	20,000円（クレジットカード、コンビニまたはペイジー決済）
合格発表	A：9月6日　B：10月11日　Ｗｅｂ発表
倍率	非公表
入学手続	A：9月7～9日　B：10月12～14日
編入学制度	欠員が生じた場合のみ試験を実施／帰国生はp.209～参照
復学制度	要問い合わせ
公開行事	学校探検（校舎ツアー）：4月23日 体験教室：6月4日 放課後校舎見学：6月14・16・21・23日／7月4日
備考	───

学費

……… 入学手続時納付金 ………
入学金　　　　　　　　　300,000円

……… 年間納付金 …………
授業料・年額　　　　　　800,000円
教育充実費・年額　　　　200,000円
※給食費、制服代、積立金、ＰＣ代、諸
　会費など別途納付
※上記金額は諸事情等で変更の場合あり

制服

セキュリティ

警備員常駐／防犯カメラ／交通指導員／登下校確認システム／GPS端末所持可／携帯電話所持可／授業中門施錠／インターホン／保護者名札着用／赤外線センサー／避難・防災訓練／看護師常駐／緊急通報・安否確認システム／緊急地震速報装置／災害用品備蓄／ＡＥＤ設置

昼食

給食（週5回）…月1回、お弁当の日あり

進学情報

[中学校への進学状況]
【立命館】推薦基準を満たせば内部進学可能
[高等学校への進学状況]
【立命館】推薦基準を満たせば内部進学可能
[大学への進学状況]
【立命館、立命館アジア太平洋】推薦基準を満たせば内部進学可能

[系列校]
立命館大学・大学院、立命館アジア太平洋大学・大学院、立命館中学校・高等学校、立命館宇治中学校・高等学校、立命館慶祥中学校・高等学校、立命館守山中学校・高等学校

※上記募集要項は小学校公表データです（注1：選抜方法については伸芽会教育研究所調査によるデータです）。詳細は小学校ＨＰまたはお電話でご確認ください

近畿大学附属小学校

https://www.fes-kinder.kindai.ac.jp/　E-mail kindai-fusyo@itp.kindai.ac.jp

[アクセス]
●近鉄奈良線【菖蒲池】より徒歩1分

[所在地]　〒631-0032　奈良県奈良市あやめ池北1-33-3
　　　　　TEL 0742-53-1200　FAX 0742-53-1201

小学校情報

[校　長]　森田 哲
[児童数]　男女計655名

沿 革　大正14年に大阪専門学校、昭和18年に大阪理工科大学創立。昭和24年、前2校が合併し近畿大学設立。同年、大阪理工科大学附属高等学校・中学校を近畿大学附属高等学校および附属中学校に改称。昭和25年、近畿大学附属幼稚園設立。昭和29年、近畿大学附属小学校設立。平成22年、小学校および幼稚園が東大阪市から現在地のあやめ池キャンパスに移転。

教育方針　『実学教育』『人格の陶冶』を建学の精神に、『人に愛される人、信頼される人、尊敬される人になろう』を教育の目的に掲げる近畿大学の附属校としての充実した教育環境を活用。確かな学力を身につけ、人を思いやる優しい心やたくましい体づくりを通して「自立した学習者の育成」「社会に役立つ人材の育成」を目指す。これらを実現すべく「智・徳・体」の三位一体の全人教育を掲げ、智を掘り起こす「叡智教育」、心を磨く「道徳教育」、体を鍛える「健康教育」を教育の三大方針としている。

特 色　子どもたちが考える楽しさやわかる喜びを味わえる学習指導を実践。すべての教科に問題解決学習とICT教育を取り入れ、子どもたちは習得した知識や考え方を使って主体的に課題に取り組み、タブレット端末も活用しながら思考力・判断力・表現力を身につける。さらに「小学校から大学で学ぼう」や「本物にふれる」をテーマに、近畿大学病院の見学や法学部内にある法廷教室での模擬裁判など、大学と連携した体験プログラムのほか、各学年で実施される宿泊を伴う学舎・学習旅行なども充実している。

◆**クラブ活動**　4年生以上。屋外スポーツ、屋内スポーツ、サッカー、卓球、ダンス、器楽、工作、昔遊び、英会話、カメラなど
◆**英語教育**　全学年、週2時間。専任教員とネイティブ講師がチームティーチングで指導。5・6年生は年2回、TOEFL Primaryを受験。また、高学年の希望者に英国でのサマースクールを実施
◆**ICT教育**　全学年、1人1台のタブレット端末を活用し、情報活用能力の育成を図る
◆**校外学習**　全学年で宿泊学習を行う。低学年では「自分のことは自分でする」ことを目的にした学舎を実施。4・5年生は名古屋、東京方面への学習旅行。6年生は北海道修学旅行に加え、白浜での90分間遠泳に挑戦

年間行事予定	
月	行　事　名（抜粋）
4	入学式、新入生歓迎集会
5	春の遠足、2年吉野学舎
6	6年北海道修学旅行
7	6年白浜臨海学舎
8	夏休み作品展、サマースクール（希望者）
9	運動会
10	4・5年学習旅行、1年信貴山学舎、3年比叡山学舎
11	秋の遠足、ICT Open day
12	音楽会
1	耐寒かけ足訓練
2	耐寒登山、近小フェスティバル、図工・書写展
3	6年生を送る会、卒業式

入試データ　下記の資料は**2024年度用（2023年秋〜2024年冬実施予定）**です

募集要項

募集人員	1次：男女計115名（内部進学者含む）　2次：男女計5名
学校（入試）説明会	春の学校説明会：4月17・19・27・28日／5月9日（いずれも授業見学あり）　入試説明会：7月29日
願書配付期間	Ｗｅｂ公開のみ
出願期間	1次：8月24日〜9月7日　2次：1月26日〜2月1日　※ＨＰの指示に従ってＷｅｂ出願
提出書類	・受験票　・受験票（学校控）　※すべて考査日に持参
受験票交付	考査料決済後、自宅やコンビニエンスストアなどで各自印刷
受験番号付番	願書受付順　｜　月齢考慮　｜　なし
考査日	1次：考査…9月19日　面接…9月9日　2次：考査・面接…2月3日
選抜方法^{注1}	ペーパーテスト、口頭試問、集団（生活・活動）テスト、保護者面接
考査料	20,000円（クレジットカード、コンビニまたはペイジー決済）
合格発表	1次：9月21日　2次：2月6日　Ｗｅｂ発表
倍率（前年度）	約1.2倍
入学手続	1次：9月21〜28日　2次：2月6〜13日
編入学制度	2月17日に新2〜4年生で欠員が生じた学年のみ試験を実施
復学制度	なし
公開行事	近小プレスクール：5月20日／6月24日／7月29日　近小焼展：11月21〜24日　クリスマススクール：12月21・22・25日　図工・書写展：2月20〜22日　※学校見学は随時（要申込）
備考	土曜登校は月2回　放課後は4年生以上の希望者に「近小ゼミ＋」を実施

学費

……… 入学手続時納付金 ………

入学金　　　　　　　200,000円

……… 年間納付金 ………

授業料・年額　　　　660,000円
施設費・年額　　　　100,000円
制服、用品費　　　約130,000円
iPad関連費　　　　約90,000円

※教材費、保教会会費などで約130,000円（1年次）を別途納付
※上記金額は諸事情等で変更の場合あり

制服

セキュリティ

警備員常駐／防犯カメラ設置／交通指導員配置／登下校確認システム／防犯ブザー（任意）／携帯電話所持可／インターホン設置／保護者入構証／避難・防災訓練実施／看護師常駐／緊急通報・安否確認システム／緊急地震速報装置／災害用品備蓄／ＡＥＤ設置

昼食

ケータリング給食（週3回）、お弁当（週2回）

進学情報

［中学校への進学状況］【近畿大附属】約50%が内部進学。灘、東大寺学園、洛南高附属、西大和学園、大阪星光、洛星、清風南海など
［高等学校への進学状況］
【近畿大附属】ほぼ全員が内部進学
［大学への進学状況］
【近畿】、京都、大阪、神戸、和歌山、奈良県立医科など

［系列校］
近畿大学・大学院・短期大学部、近畿大学附属高等学校・附属中学校・附属幼稚園など

※上記募集要項は小学校公表データです（注1：選抜方法については伸芽会教育研究所調査によるデータです）。詳細は小学校ＨＰまたはお電話でご確認ください

奈良　私立　共学　き　近畿大学附属小学校

智辯学園奈良カレッジ小学部

https://www.chiben.ac.jp/naracollege-el/

［所在地］　〒639-0253　奈良県香芝市田尻265
　　　　　TEL 0745-79-1111　FAX 0745-79-8852

［アクセス］
●近鉄大阪線【関屋】よりスクールバス5分
●近鉄南大阪線【上ノ太子】、JR大和路線【高井田】
よりスクールバス15分

小学校情報

［校　長］　山本 博正
［児童数］　男女計約200名

沿　革　高野山真言宗の流れをくむ仏教系新宗教に分類される辯天宗（べんてんしゅう）が母体となり、学校法人智辯学園として、昭和40年、智辯学園高等学校開校。昭和42年、6年一貫制の中学校を設置。昭和53年、智辯学園和歌山中学校・高等学校が開校。平成14年、智辯学園和歌山小学校が開校し、小・中・高一貫となる。平成16年、智辯学園奈良カレッジ小学部・中学部・高等部開校。

教育方針　『愛のある教育』を学園の教育の原点とする。「誠実・明朗」を教育目標に掲げ、「真心のある明るく元気な子」に育ってほしいというすべての親の願いをかなえる教育を基本理念とし、真・善・美・聖の高い価値を身につけた人間の育成を目指す。そのための具体的な指針として、自己開発型の学びで「能力を最大に伸ばす」こと、仏教の精神を基本として宗教的な情操を養い「豊かな人間性を培う」ことの2点を目標に掲げる。頭脳を育て、心を磨き、体を鍛えるという12年間の一貫校だからこそできる教育を、世の中がどのように変わろうとも、ぶれず、揺るがず、推進している。

特　色　小・中・高を一本の教育軸で結ぶ12年一貫教育を提唱し、小1～4までを「基礎・基本期」の1期、小5～中2までを「発展・向上期」の2期、中3～高3までを「習熟・充実期」の3期と、4年ずつに区切って教育を行う。小学校では年間約240日の豊富な授業日数を確保し、チームティーチングや専科制を取り入れ、「広く・深く」のゆとりあるカリキュラムを実施。小4から教科担任制を導入するなど、中学への円滑な接続を進める。

◆**クラブ活動**　4年生以上、週1時間。ソフトボール、サッカー、音楽、ITなど
◆**英語教育**　1～4年生は週2時間、5・6年生は週1時間、ネイティブ教員による「Eタイム」で英語に親しむ。さらに5・6年生は週2時間、日本人教員による授業を実施
◆**宗教教育**　仏教の教えを基に心の教育を行う。週1時間の授業のほか、毎月の感謝祭、始業前に「ご真言・ご宝号」を唱えるなど
◆**校外学習**　春の遠足、秋の遠足のほか、全学年で林間・臨海学校を実施。6年生は3学期にオーストラリアへの修学旅行もある。また、金剛生駒紀泉国定公園内という立地を生かし、野菜作りや森林散策などを通じて環境保全活動への意欲を育む

年間行事予定	
月	行　事　名（抜粋）
4	入学式、5年高野山修行体験、5・6年球技大会
5	春の遠足、防犯教室、不審者対応避難訓練
6	水泳教室
7	林間・臨海学校
8	──
9	夏休み作品展
10	秋の遠足、運動会、奈良県警察音楽隊による演奏会
11	収穫祭、英語検定、マラソン大会、5・6年きらめき講座
12	──
1	──
2	文化祭
3	6年オーストラリア修学旅行、卒業式

始業　制服　3学期制　土曜登校　毎年クラス替　両方あり　アレルギー対応　ICT教育　英語コマ数2　通学時間制限　アフタースクール　幼稚園　中学・高校　大学　仏教

入試データ

下記の資料は**2023年度用（2022年秋～2023年冬実施済み）**です

募集要項　※下記は前年度のデータです

募集人員	男女計約60名（A日程、B日程、C日程合わせて）
学校(入試)説明会	学校説明会：5月28日　10時～ 入試説明会：7月16日　10時～
願書配付期間	Ｗｅｂ公開のみ
出願期間	Ｗｅｂ出願：A…8月20～25日　B…11月4～10日 　　　　　　　C…1月20～26日 書類提出（Aのみ）：8月27～31日（消印有効）郵送 ※ＨＰの指示に従ってＷｅｂ出願。Aは書類提出あり
提出書類	・受験票　・受験票（控）　・志願理由書 ※Aは受験票、B・Cはすべて考査日に持参
受験票交付	考査料決済後、自宅やコンビニエンスストアなどで各自印刷
受験番号付番	A：生年月日順 B・C：願書受付順　月齢考慮　なし
考査日	A：考査…9月14日　面接…9月3・4・10日のうち1日 B：考査・面接…11月15日　C：考査・面接…1月28日
選抜方法注1	A：ペーパーテスト、個別テスト、行動観察、親子面接 B・C：ペーパーテスト、個別テスト、親子面接
考査料	20,000円（クレジットカード、コンビニまたはペイジー決済）
合格発表	A：9月15日　B：11月16日　C：1月30日　Ｗｅｂ発表
倍率	約1.1倍
入学手続	A：9月20日締切　B：11月21日締切　C：2月3日締切
編入学制度	なし
復学制度	海外転出の場合、復学希望者には試験を実施
公開行事	学校見学会：4月29日　親子体験会：5月7・21日／6月4・18日 オープンキャンパス：11月5日
備考	学校見学は随時受付（要申込）

学費

……… 入学手続時納付金 ………

入学金	200,000円
制服、制定品代	約150,000円
特別寄付金1口 （3口以上、任意）	100,000円

………… 年間納付金 …………

授業料・年額	468,000円
諸会費・年額	103,400円
預かり金・年額	65,000円

※修学旅行費を別途納付
※上記金額は諸事情等で変更の場合あり

制服

セキュリティ

警備員常駐（日中）／防犯カメラ設置／交通指導員配置／防犯ブザー携帯／携帯電話所持可／授業中門施錠／インターホン設置／保護者入構証／赤外線センサー設置／避難・防災訓練実施／緊急通報・安否確認システム／災害用品備蓄／ＡＥＤ設置

昼食

給食（週3回）、お弁当（週3回）

進学情報

[中学校への進学状況]
【智辯学園奈良カレッジ】ほぼ全員が内部進学
[高等学校への進学状況]
【智辯学園奈良カレッジ】ほぼ全員が内部進学
[大学への進学状況]　京都、大阪、神戸、大阪公立、京都府立、同志社、立命館、関西学院、関西、早稲田、学習院など

[系列校]
智辯学園奈良カレッジ高等部・中学部、智辯学園高等学校・中学校、智辯学園和歌山高等学校・中学校・小学校

※上記募集要項は小学校公表データです（注1：選抜方法については伸芽会教育研究所調査によるデータです）。詳細は小学校ＨＰまたはお電話でご確認ください

帝塚山小学校

http://www.tezukayama-e.ed.jp/

[アクセス]
●近鉄奈良線【学園前】より徒歩1分

[所在地]　〒631-0034　奈良県奈良市学園南3-1-3
　　　　　TEL 0742-41-9624　FAX 0742-41-9634

小学校情報

[校　長]　野村 至弘
[児童数]　444名（男子149名、女子295名）

沿　革　昭和16年、財団法人帝塚山学園創立、旧制帝塚山中学校開校。昭和22年、新制帝塚山中学校開校、男女共学に。昭和23年、帝塚山高等学校開校。昭和26年、財団法人から学校法人へと移行。昭和27年、帝塚山学園創立10周年を記念して帝塚山小学校開校、帝塚山幼稚園開園。昭和39年、帝塚山大学開学。平成3年、大学院開設。令和4年、小学校創立70周年を迎えた。

教育方針　「子どもは学園の宝」をモットーとし、子どもが主役の学校づくりに努めている。「じっくり心で考える、じっくり頭で考える、じっくり体で考える品性豊かな子ども」を目標に掲げ、確かな伝統と恵まれた環境のもと、将来豊かな果実を実らせるために、子どもたちの「根っこの部分を鍛えぬく」教育を目指す。目先の成果にとらわれず、10年先、20年先に幹を太らせ、天空に枝を広げ、無限の可能性に向かって伸び続ける子どもを育てたいという熱い思いを教職員一人ひとりが持ち、日々の教育に取り組んでいる。

特　色　奈良市建築文化賞奨励賞を受賞した校舎で、21世紀の教育「基礎学力の充実、インターネットと情報教育、人間重視の国際理解教育、子どもの可能性を最大限に伸ばす個性化教育」のための環境整備に努める。低学年では読書指導と学習の習慣化に力を入れ、高学年では準教科担任制の方向を進め、中学入試を見据えた学習を行う。算数と英語では、効果的な学習のため1学級を半分に分けた少人数指導を実施。耐寒マラソン、1.2kmの遠泳など、心身を鍛える教育にも注力している。

◆低学年クラブ・課外活動　1〜3年生は低学年クラブ。昔のあそび、お料理、自然など。4〜6年生は課外活動。サッカー、ミニバスケット、コーラス、吹奏楽、国際交流
◆英語教育　1年生から週2時間。独自のカリキュラムと教材を使用。英語放送や英語発表会、3〜5年生向けの国内留学体験プログラム、海外の小学校との交流も行う
◆ICT教育　1年生から実施。1人1台のパソコンを完備し、各学年に応じたカリキュラムでプログラミング教育も行う
◆環境教育　理科は自然教育に力を入れ、環境問題への意識を高める。6年生の林間学舎では自然観察登山や森林体験学習を実施。各学期に1回、土曜自然教室も開催

年間行事予定	
月	行 事 名（抜粋）
4	入学式、新入生歓迎遠足
5	交通安全指導、参観日、スポーツテスト
6	6年林間学舎（乗鞍）、田植え、英語国内留学
7	4・5年臨海学舎、花火大会、1〜3年学年合宿
8	水泳練習
9	
10	運動会、遠足、稲刈り、音楽祭
11	幼小合同バザー
12	個人面接、英語発表会
1	4・5年白馬スキー教室
2	学習発表会、6年白馬スキー教室
3	美術作品展、6年生を送る会、卒業式

入試データ

下記の資料は**2024年度用（2023年秋実施予定）**です

募集要項

募集人員	男女計約70名
学校（入試）説明会	6月17日／7月22日
願書配付期間	6月17日〜
出願期間	8月28日〜9月4日（郵送）／9月5日（持参） ※郵送（書留速達・消印有効）／持参（9〜16時）
提出書類	・入学願書 ・志願票（A）、受験票（B）、保護者面接票（C） ・合否通知用封筒（切手を貼付） ・受験票送付用封筒（切手を貼付）
受験票交付	速達で郵送
受験番号付番	願書受付順（原則）　月齢考慮　あり
考査日	考査：9月23日 面接：9月9・10日のうち1日（日時は受験票返送時に通知）
選抜方法^{注1}	ペーパーテスト、個別テスト、集団テスト、運動テスト、保護者面接
考査料	15,000円
合格発表	9月23日発送　速達で通知
倍率（前年度）	約2.0倍
入学手続	9月26日〜10月2日
編入学制度	1〜4年生で欠員が生じた場合のみ試験を実施
復学制度	6年生までに限る。復学可能期間1年
公開行事	体験授業：5月20日 ※学校見学は随時
備考	2次募集あり（詳細はHPを確認） 月1回程度、行事などで土曜登校あり

学費

……… 入学手続時納付金 ………
入学金　　　　　　180,000円

………… 年間納付金 …………
授業料・年額　　　　650,000円
施設設備充実費・年額　65,000円
育友会会費・年額　　　6,000円
教育後援会会費・年額　12,000円
※上記金額は諸事情等で変更の場合あり

制服

セキュリティ

警備員常駐／防犯カメラ設置／登下校確認システム／携帯電話所持可／授業中門施錠／インターホン設置／保護者入構証／避難・防災訓練実施／緊急通報・安否確認システム／緊急地震速報装置／災害用品備蓄／AED設置

昼食

給食かお弁当（持参）の選択制（週5回）

進学情報

[中学校への進学状況]
【帝塚山】内部進学推薦制度あり。灘、東大寺学園、洛南高附属、西大和学園、同志社女子など
[高等学校への進学状況]【帝塚山】へ内部進学
[大学への進学状況]
【帝塚山】、東京、京都、大阪、神戸、大阪教育、奈良教育など

[系列校]
帝塚山大学・大学院、帝塚山中学校高等学校、帝塚山幼稚園、帝塚山2歳児教育など

※上記募集要項は小学校公表データです（注1：選抜方法については伸芽会教育研究所調査によるデータです）。詳細は小学校HPまたはお電話でご確認ください

奈良育英グローバル小学校

https://www.ikuei.ed.jp/ikuei-e/　　E-mail ikuei-e@ikuei.ed.jp

[所在地]　〒630-8558　奈良県奈良市法蓮町1000
TEL 0742-26-2847　FAX 0742-26-3004

[アクセス]
●近鉄奈良線【近鉄奈良】より徒歩10分
●JR大和路線ほか【奈良】より徒歩15分／奈良交通バス【育英学園】下車

小学校情報

[校　長]　加藤　守弘
[児童数]　90名（男子45名、女子45名）

沿　革　大正5年、育英女学校創立。大正12年、奈良育英高等女学校設立。昭和22年、中学校併設。昭和23年、高等学校設置。昭和26年、学校法人奈良育英学園に改組。昭和28年、幼稚園、昭和31年、小学校設置。昭和58年、育英西中学校・高等学校設置。令和3年、学園創立105周年、小学校創立65周年を迎えた。令和4年、奈良育英グローバル小学校に改称。

教育方針　学園の教育精神『育英誓願』に従い、子どもたちの人間としての本性を正しく伸ばし、自主創造の能力と友愛協同の態度を育てることを教育方針とする。さらに、これからのグローバル社会に対応するには各個人が自ら考え、判断し、自らの意思で行動することが求められていることを踏まえ、教育方針のもとグローバル教育を推進し、多様性を受容し尊重できる「コミュニケーション能力」や「異文化理解」をさまざまな教育活動の中で育んでいく。

特　色　「BE GLOBALLY REBORN─輝く瞳を世界に向けて」をカリキュラムの指針に掲げ、教育を実践。当たり前に世界を意識し、世界に出ても負けない子どもに育てるため、次の「6つの力」を身につけるべき力とする。①Collaboration：協力しあう心。②Communication：伝える力。③Critical thinking：思考力。④Imagination：想像し、創造につなげる力。⑤Mental power：精神力。⑥Creativity：創造力。劇的に変わりゆくこれからの時代を子どもたちは力強く生きていかなくてはならない。そのためには「世界に出ても負けない子どもに育てる」ことを使命とする。

◆**英語教育**　1～3年生は週2.5時間、4年生以上は週5時間。毎朝20分間英語を発音する「英語発語」を実施し、英検対策にも注力。また、外国の子どもたちとオンラインで交流する授業を行うなど、刺激を与え合いながら異文化理解を促進

◆**ICT教育**　全学年で、1人1台のタブレット端末をさまざまな教科で活用。グループでの意見交換やまとめの発表なども行う

◆**授業の特色**　玉井式教材を導入。「国語的算数教室」「図形の極AAA+」「国語的理科教室」などを用い、学力の根源である「イメージング力」を育てる。また体験学習を通してESD（持続可能な開発のための教育）を推進し、ユネスコスクールに認定されている

年間行事予定

月	行　事　名（抜粋）
4	入学式、6年修学旅行
5	1年生歓迎運動会、春の遠足、3・4年山の学校
6	日曜参観
7	七夕集会
8	夏休み、水泳納会
9	読書感想文発表会、運動会
10	写生会、秋の遠足
11	バザー、なかよしドッジボール大会
12	学習発表会、かけ足納会
1	4・5年スケート教室
2	2・3年雪あそび、6年生を送る会
3	卒業パーティー、卒業式

入試データ

下記の資料は**2024年度用（2023年秋〜2024年冬実施予定）**です

募集要項

募集人員	A（1次）：男女計30名　B（2次）：男女計若干名
学校（入試）説明会	学校説明会：5月13日（授業体験あり） Ｗｅｂ説明会：6月23日／8月25日 入試説明会：7月1日
願書配付期間	7月10日〜
出願期間	A…8月26日〜9月13日　B…1月31日〜2月7日 ※ＨＰの指示に従ってＷｅｂ出願　※窓口受付可
提出書類	・受験票 ※考査日に持参
受験票交付	考査料決済後、自宅やコンビニエンスストアなどで各自印刷
受験番号付番	願書受付順　　月齢考慮　なし
考査日	A：考査…9月17日　面接…9月16日 B：考査・面接…2月10日
選抜方法注1	ペーパーテスト、個別テスト、保護者面接
考査料	15,000円（クレジットカード決済）
合格発表	A：9月18日　Ｗｅｂ発表／19日発送　簡易書留速達で通知 B：2月11日　Ｗｅｂ発表／13日発送　簡易書留速達で通知
倍率（前年度）	非公表
入学手続	A：9月19〜26日　B：2月13〜20日 平日9〜16時（土：休み）
編入学制度	要問い合わせ／帰国生はp.209〜参照
復学制度	あり
公開行事	アフタースクール体験：7月15日
備考	――――

セキュリティ

警備員常駐／防犯カメラ設置／交通指導員配置／防犯ブザー携帯／携帯電話所持可／授業中門施錠／インターホン設置／保護者入構証・名札／赤外線センサー設置／避難・防災訓練実施／緊急通報・安否確認システム／緊急地震速報装置／災害用品備蓄／ＡＥＤ設置

学費

――――… 入学手続時納付金 ………
入学金	100,000円
施設設備資金	50,000円

――――… 年間納付金 …………
授業料・年額	576,000円
教育充実費等・年額	105,000円
諸会費・年額	72,200円
制服、学用品など	約120,000円

※上記金額は諸事情等で変更の場合あり

制服

昼食

給食（週5回）

進学情報

[中学校への進学状況]
【奈良育英、育英西】、大阪教育大附属天王寺、灘など
[高等学校への進学状況]
【奈良育英、育英西】へ内部進学
[大学への進学状況]
筑波、北海道、奈良教育、大阪教育、同志社、立命館など

[系列校]
奈良育英中学校・高等学校、奈良育英幼稚園（認定こども園）、育英西中学校・高等学校

奈良

私立

共学

な

奈良育英グローバル小学校

※上記募集要項は小学校公表データです（注1：選抜方法については伸芽会教育研究所調査によるデータです）。詳細は小学校ＨＰまたはお電話でご確認ください

奈良学園小学校

http://www.naragakuen.jp/tomigaoka/t_ele/

［所在地］　〒631-8522　奈良県奈良市中登美ヶ丘3-15-1
　　　　　　TEL 0742-93-5111　FAX 0742-47-9922

［アクセス］
●近鉄【学研奈良登美ヶ丘】より徒歩8分
●奈良交通バス【奈良学園登美ヶ丘】下車、または
【北登美ヶ丘一丁目】下車徒歩3分

小学校情報

［校　長］　梅田　真寿美
［児童数］　324名（男子167名、女子157名）

沿　革　新しい時代を積極的に切り開き、世界をリードする「高い志を持った人材」の育成を目指し、平成20年4月に奈良学園幼稚園を開園、奈良学園小学校と奈良学園登美ヶ丘中学校を開校。平成21年4月には奈良学園登美ヶ丘高等学校が開校し、奈良学園登美ヶ丘での幼・小・中・高一貫教育システムが完成した。

教育方針　建学の精神『自ら生きて・活きる』を礎に「和の精神」を大切にし、「たくましく生きる力」を育み、論理立てて考え、説明・実行できる要素である「科学的に物事を見る力」を身につけることを教育目標としている。校訓は、志を尊び、思いやりと知恵を持って、何事も努力して行うことを意味する『尚志（しょうし）仁智（じんち）力行（りょっこう）』。常に自分の夢と希望を大切にし、相手を思いやる心情と豊かに生きる知恵を身につけて、汗を流し、感動に涙を流す子どもたちであってほしいとの思いを込めており、人に優しく、志の高い人材の育成を目指す。

特　色　子どもの発達段階に合わせ小1〜4はPrimary、小5〜中2はMiddle、中3〜高3はYouthというタームに区切った4−4−4制を導入。学習活動は「ことば」を重視。国語科ではブックトーク活動、作文、詩など「書く」活動や音読に力を入れている。算数科では自分の思考過程を文章化し、考えを筋道立てて説明できるよう論理的な考え方を育む。1人1台タブレット端末を用いて効果的に学習を進めるOne to Oneの取り組みを各教科で実施。宿泊学習、芸術鑑賞、伝統行事など、本物にふれる体験学習も充実。

◆**英語教育**　全学年。日本人の英語科教員とネイティブの教員が指導。Primaryではフォニックス、英会話が中心。Middleから教科書学習、異文化理解学習を始める
◆**ＩＣＴ教育**　普通教室と特別教室で「ｅ黒板システム」を採用し、ＰＣを使用した授業を実施。ＯＨＣ（資料提示装置）のほか、1人1台のタブレット端末も導入
◆**授業の特色**　1年生は担任と副担任、2〜4年生は学級担任と学年担任を置く複数担任制。5年生からは教科担任制。1〜4年生は月に2回の土曜日、5・6年生は毎週土曜日を授業日とし、授業時数を確保している
◆**体験学習**　校内に棚田やビオトープを設置。田植えや稲刈り、いも掘りなどを行う

年間行事予定

月	行　事　名（抜粋）
4	入学式、授業参観、5年遠足
5	1〜4年遠足
6	田植え、合同防火避難訓練、運動会
7	交通安全教室、3・4年宿泊学習
8	尚志祭
9	授業参観、合同地震避難訓練
10	合同運動会、稲刈り、さつまいも掘り、2年宿泊学習
11	収穫祭、1・5年宿泊学習、芸術鑑賞会
12	――――
1	合同地震防火避難訓練、モンゴル体験
2	授業参観、学習発表会、6年宿泊学習
3	卒業式、Primary修了式

入試データ

下記の資料は**2023年度用（2022年秋〜2023年冬実施済み）**です

募集要項　※下記は前年度のデータです

募集人員	男女計90名（A〜C日程合わせて。内部進学者含む）		
学校（入試）説明会	学校説明会：4月23日（授業見学会あり） 入試説明会：7月31日／8月20日／10月22日／1月21日		
願書配付期間	Ｗｅｂ公開のみ		
出願期間	A：8月22日（10時）〜9月4日（23時59分） B：10月31日（10時）〜11月13日（23時59分） C：1月30日（10時）〜2月12日（23時59分） ※ＨＰの指示に従ってＷｅｂ出願		
提出書類	・受験票　※考査日に持参		
受験票交付	考査料決済後、自宅やコンビニエンスストアなどで各自印刷		
受験番号付番	願書受付順	月齢考慮	あり
考査日	A：考査…9月16日　面接…9月10・11日のうち1日 B：考査・面接…11月19日　C：考査・面接…2月18日		
選抜方法 注1	ペーパーテスト、個別テスト、集団テスト、運動テスト、保護者面接		
考査料	15,000円（クレジットカード、コンビニまたはペイジー決済）		
合格発表	A：9月17日　B：11月22日　C：2月21日　13時〜　Ｗｅｂ発表		
倍率	約1.1倍		
入学手続	A：9月24日締切　B：11月28日締切　C：2月27日締切		
編入学制度	1〜4年生で7・2月に試験を実施／帰国生はp.209〜参照		
復学制度	応相談		
公開行事	個別見学会：4〜2月の指定日 見学ツアー＆授業体験：5月14日／7月2日／11月26日／ 　　　　　　　　　　　12月10日／1月28日 テスト体験会：6月18日 秋の体験授業：10月15日（入試報告会あり）		
備考	スクールバスあり		

学費

……… 入学手続時納付金 ………
入学金　　　　　　　　　200,000円

………… 年間納付金 …………
授業料・年額　　　　　　576,000円
教育充実費・年額　　　　100,000円
施設費・年額　　　　　　 50,000円
学年費・年額　　　　　　 40,000円
育友会会費・年額　　　　 12,000円
※制服・制定品代、給食費、宿泊研修費
など別途納付
※上記金額は諸事情等で変更の場合あり

制服

セキュリティ

警備員常駐／防犯カメラ設置／交通指導員配置／登下校確認システム／携帯電話所持可（届出制）／授業中門施錠／インターホン設置／保護者入構証／赤外線センサー設置／避難・防災訓練実施／緊急通報・安否確認システム／災害用品備蓄／ＡＥＤ設置

昼食

給食（週5回）…月1回、お弁当の日あり

進学情報

[中学校への進学状況]【奈良学園登美ヶ丘】内部推薦制度あり。西大和学園、奈良学園、立命館宇治、京都聖母学院など
[高等学校への進学状況]
【奈良学園登美ヶ丘】へ内部進学
[大学への進学状況]
京都、大阪、神戸、一橋、同志社、立命館、関西学院、関西、慶應など

[系列校]
奈良学園大学・大学院、奈良学園登美ヶ丘中学校・高等学校、奈良学園幼稚園

※上記募集要項は小学校公表データです（注1：選抜方法については伸芽会教育研究所調査によるデータです）。詳細は小学校ＨＰまたはお電話でご確認ください

関西大学初等部／同志社小学校

✳ 関西大学初等部合格の○さん

受験のきっかけと家庭での対策

わが家では上の子どもが私立小学校に通っており、児童に対する面倒見のよさや安全面での充実ぶり、教科の指導力などを実感していました。そのため、下の子も私立小学校に通わせたいと思うようになりました。

当初子どもは注意深く聞き取ることが苦手で、問題の聞き取りや解答でつける印などに間違いが多くありました。家庭学習で取り組むプリントでは、問題ごとに解答するときの色や印を変えるなどして、設問をしっかり聞き取ることを意識させるよう工夫しました。また伸芽会の授業で使用したプリントの中で解答を間違えたものを取っておき、受験直前期にもう一度解くようにしました。正答できるようになっていると、それが本人の自信につながっていきました。伸芽会へ入会して間もないころ、子どもはよく緊張していましたが、先生方と信頼関係を築くにつれ、学ぶこと、新しいことを知る楽しさを見つけたようでした。伸芽会の授業が終わって帰宅すると、とてもうれしそうに授業の内容を教えてくれることが多かったので、記憶の定着のためにもよく聞くように心がけました。

合格のポイントとアドバイス

表現力の講座では、自分の考えを相手に伝える経験を積みました。そのことにより、面接で掘り下げた質問をされても自分の言葉で答えることができるようになっていきました。志望校対策により出題傾向に慣れることができ、直前講座ではたくさんの花丸をいただけたことで受験本番に向けて自信が持てたことは、合格への大きな一歩になったと思います。毎月の面談では、日ごとに不安が募る母親への精神的なフォローもしていただけました。

受験で必要とされる能力は、生活・学習どちらの面でも今の時期に身につけておくべきものです。子どもが大きくなったとき、小学校受験を経験してよかったと、きっと感じてもらえるものと思います。

✳ 同志社小学校合格のSさん

受験のきっかけと家庭での対策

子どもの年少時から小学校受験を考えてはいましたが、実際に取り組み始めたのは年長になってからでした。私立小学校なら、子どもの個性を大切にしながら長所を伸ばし、充実した教育環境で学ぶことができると考えたからです。

当初は、家庭学習と遊びの時間にメリハリをうまくつけられず、苦労していました。そこで伸芽会の先生方からアドバイスをいただき、本人が一日のスケジュールを立てたり、取り組むプリントを選んだりするなど、主体的に学ぶ姿勢を身につけるように工夫しました。学習時間はペーパー対策のためにプリントをひたすら解き続けるのではなく、折り紙や制作で季節のものを作ったり、生活の中では一緒に料理をしたりして、子どもが楽しみながら学びにつなげられるような時間をたくさん挟むようにすることで、だんだん積極的に学習に取り組むことができるようになっていきました。

合格のポイントと受験で得たもの

家庭では志望校の過去問を解き、出題傾向に合わせた学習をしました。一方で伸芽会では、家庭学習で苦手だった分野を個別に指導していただき、徐々に克服していきました。実際の試験日程に合わせた時間帯や内容での授業を受けることもできましたし、集団行動や制作の授業も子どもには大変有効であると感じました。

先生方からは、子どもが想像力豊かであること、素直に言葉を受け止められることなど長所を伝えていただきました。またプロセスをほめるなど、子どもとのかかわり方で大切なことを親はたくさん学ぶことができました。子ども自身は、最後まであきらめずに頑張ることの大切さを知り、次に生かせる成功体験を得ることができました。子どもの楽しい趣味の時間を大切にしながら、充実した受験準備期間となり、今後の人生で宝となる経験ができ、大変感謝しております。

兵庫県・和歌山県・三重県
私立小学校入試情報ガイド

＊

愛徳学園小学校
小林聖心女子学院小学校
関西学院初等部
甲子園学院小学校
甲南小学校
神戸海星女子学院小学校
須磨浦小学校
仁川学院小学校
雲雀丘学園小学校
百合学院小学校
智辯学園和歌山小学校
暁小学校
津田学園小学校

※ 掲載の入試情報は、2024年度用（2023年夏～2024年冬実施予定）ですが、一部、2023年度用（2022年夏～2023年冬実施済み）のものがあります。新しい情報を掲載していますが、新型コロナウイルスの影響などにより、行事や考査関連の日程が変更になる可能性があります。最新の情報は直接学校窓口にお問い合わせいただくか、各学校のホームページなどでご確認ください。

愛徳学園小学校

http://www.aitokugakuen.ed.jp/el/

[アクセス]
●JR神戸線【舞子】より徒歩20分／市バス【学園正門前】下車
●山陽電鉄本線【霞ヶ丘】より徒歩15分

[所在地]	〒655-0037　兵庫県神戸市垂水区歌敷山3-6-49
	TEL 078-708-5353　FAX 078-708-5497

小学校情報

[校　長]　宮内 健一
[児童数]　女子105名

沿　革　昭和24年、スペインより6名の宣教女が来日。昭和25年、神戸市垂水区に本部修道院を設立。昭和26年の幼稚園創立に続き、昭和29年、カルメル学園小学校を創立。翌年、愛徳学園小学校と改称。昭和34年、愛徳学園中学校創立。昭和37年、愛徳学園高等学校創立。令和6年、学園創立70周年を迎える。

教育方針　学園の創始者、聖女ホアキナ・デ・ベドゥルナの言葉『Todo por Amor（すべてを愛によって）』に倣い、愛を大切にする教育を行う。『気高く　強く　愛深く』を校訓に、小・中・高の一貫教育の中で少人数制の女子教育のよさを生かし、児童一人ひとりのよいところを耕し、未来につながる人間力を高めていく。

特　色　未来につながる3つの力「考える力」「伝える力」「やり抜く力」を伸ばすカリキュラムを編成。算数での同室複数指導や、音楽、図工、体育、英語、宗教、習字、高学年の理科等の授業は教科担任が行うなど、基礎から発展まで専門性の高い教育を展開する。また、日記指導を通して、子どもたちが表現したり、相手に自分の思いを伝えたりすることができるようサポートするとともに、一人ひとりの行動やその奥にある考えを理解していく。ICT教育にも力を入れ、1年生からプログラミング学習を実施。各教室に電子黒板機能搭載プロジェクターを完備し、全教科でタブレット端末を活用している。全学年を6班に分けた縦割り班活動をはじめ、クラブや委員会など多彩な活動により、思いやりの心を育むとともに一つの目標に向かって協力し、やり遂げる姿勢を育てる。

◆**英語教育**　1年生から週4時間。年間140時間を確保し、英語カリキュラム「Grape SEED」を活用しながら、オールイングリッシュの授業を行う。レシテーションコンテスト（希望者）や英語劇に挑戦するなど、英語を実践する機会も設ける

◆**心の教育**　「思い」「言葉」「行い」をキーワードに、人格の核を偏りなく育む。少人数制で一人ひとりを大切にする教育により、他者を思いやる姿勢を育て、その姿勢を自然に行動や言葉で表現し、「形」として表すことができるように導く

◆**体験学習**　「ふれあい体験」として、4・5年生の野外活動、小中高合同体育大会、幼稚園児お招き会などを実施

年間行事予定	
月	行　事　名（抜粋）
4	入学式、春の遠足、野外活動
5	聖母の集い
6	水泳教室
7	幼稚園児お招き会
8	─────
9	小中高合同体育大会
10	愛老会、修学旅行、秋の遠足
11	学園バザー、幼稚園児お招き会
12	クリスマス会、文化鑑賞会
1	書き初め大会、学習発表会
2	1日入学
3	卒業式

入試データ

下記の資料は**2024年度用（2023年秋～2024年冬実施予定）**です

募集要項

募集人員	女子40名（A～D日程合わせて）
学校（入試）説明会	5月13日／7月22日／8月26日／10月21日／11月30日 10時～11時30分（要申込）
願書配付期間	募集要項配付：5月13日～
出願期間	A：8月31～9月7日　B：9月20～28日 C：12月6～14日　D：1月5～11日 ※HPの指示に従ってWeb出願
提出書類	・入学願書 ・受験票 ※すべて考査日に持参
受験票交付	考査料決済後、自宅やコンビニエンスストアなどで各自印刷
受験番号付番	願書受付順　　月齢考慮　　なし
考査日	考査・面接：A…9月9日　B…9月30日 　　　　　　C…12月16日　D…1月13日
選抜方法	ペーパーテスト、行動観察、保護者面接
考査料	20,000円（クレジットカード、コンビニまたはペイジー決済）
合格発表	A：9月9日　B：9月30日　C：12月16日　D：1月13日 Web発表
倍率（前年度）	約1.0倍
入学手続	指定日
編入学制度	随時相談／帰国生はp.209～参照
復学制度	応相談
公開行事	学校見学会：6月22・23日（要申込）　10時～11時30分 ワークショップ：8月1日
備考	1日入学および用品渡し：2月14日 スクールバスあり

学費

……… 入学手続時納付金 ………

入学金	230,000円
施設費	80,000円
協力費	50,000円
保護者会入会費	5,000円

………… 年間納付金 …………

授業料・月額	23,000円
設備維持費・月額	5,000円
教育充実費・月額	5,000円

※制服代・積立金など別途納付
※上記金額は諸事情等で変更の場合あり

制服

セキュリティ

防犯カメラ設置／登下校確認システム／防犯ブザー携帯／携帯電話所持可／授業中門施錠／インターホン設置／保護者入構証／避難・防災訓練実施／緊急通報・安否確認システム／学校110番／災害用品備蓄／AED設置

昼食

給食（週5回）

進学情報

[中学校への進学状況]
【愛徳学園】ほぼ全員が内部進学
[高等学校への進学状況]
【愛徳学園】ほぼ全員が内部進学
[大学への進学状況] 岡山、同志社、立命館、関西学院、関西、神戸女学院、甲南、京都女子など

[系列校]
愛徳学園中学校・高等学校、愛徳幼稚園、神陵台愛徳幼稚園

兵庫　私立　女子　あ　愛徳学園小学校

※上記募集要項は小学校公表データです。詳細は小学校HPまたはお電話でご確認ください

小林聖心女子学院小学校
おばやし

http://www.oby-sacred-heart.ed.jp

[アクセス]
●阪急今津線【小林】より徒歩7分

[所在地] 〒665-0073 兵庫県宝塚市塔の町3-113
TEL 0797-71-7321 FAX 0797-72-5716

小学校情報

[校 長] 棚瀬 佐知子
[児童数] 女子367名

沿革 明治41年、来日した聖心会が母体となる聖心女子学院を東京に設立する。大正12年、住吉聖心女子学院設立。大正13年、高等女学校、小学校、英語専修科開校。大正15年、現在地に移転し、小林聖心女子学院に改称する。昭和23年、中学校・高等学校発足。同年、東京に聖心女子大学・聖心インターナショナルスクール設立。昭和24年、聖心女子大学小林分校開設。昭和41年、小林分校が東京の本校に併合。令和5年、学院創立100周年を迎える。

教育方針 一人ひとりが神の愛を受けたかけがえのない存在であることを知り、世界の一員として連帯感と使命感を持って、よりよい社会を築くことに貢献する賢明な女性の育成を目指す。「魂を育てる」「知性を磨く」「実行力を養う」という教育方針のもと、神に向かう祈りを通して、確かな学力と創造的思考力、国際人としての教養を培い世界とつながり、惜しみなく働く習慣を身につける。

特色 キリスト教的価値観に基づく全人教育を旨とし、「主体的な姿勢を養う学校行事」「感性を育む情操教育」「豊かな心と探究心を培う読書環境」「すべての学習の土台となる『ことば』教育」「世界とつながる生きた英語教育」に注力する。また、12年間を3段階に区分した独自の一貫教育課程を組む。小1～4のStageⅠは重要な土台づくりの時期としてとらえ、小5～中2のStageⅡではスムーズな進学を図り、周りとのかかわりや学びの主体性を育成する。モジュールタイムや総合的な学習「ソフィータイム」、奉仕活動なども実施。成長を支える学習習慣と感謝の心を育む。

◆**クラブ活動** 5年生以上。卓球、科学など
◆**英語教育** 1～4年生は週2時間、5・6年生は週3時間。クラスの人数を半分にした少人数制で授業を行う。StageⅠでは歌や物語の暗唱などで発音を習得。また、フォニックス学習を導入し、読み書きの素地を養う。StageⅡでは、文法の学習もスタートする
◆**ICT教育** 調べ学習のために、タブレット端末やノートPCを常時使える環境を整備
◆**総合的な学習の時間** 「ソフィータイム」として3年生以上で実施。3年生は逆瀬川での体験学習、4年生は学校史の調べ学習、5年生は広島での宿泊活動を柱とした平和学習、6年生は留学生との交流による国際理解学習など、探究的に学ぶ

年間行事予定

月	行 事 名（抜粋）
4	入学式
5	遠足、創立記念日
6	聖心の祝日、StageⅠ運動会、6年フィールドトリップ
7	3・4年キャンプ、5年フィールドトリップ、6年錬成会
8	
9	合唱祭
10	StageⅡ体育祭、感ずべき御母の祝日、校外学習
11	追悼ミサ
12	ゆりの行列、クリスマス・ウィッシング
1	震災お祈り会
2	読書会、英語発表会
3	感謝の日、卒業式

入試データ

下記の資料は**2023年度用（2022年秋〜2023年冬実施済み）**です

募集要項 ※ !2024 は次年度のデータです

募集人員	A・B：女子計60名　C：女子若干名
学校（入試）説明会	!2024 学校説明会：5月13日 入試説明会：7月1日（入試体験あり）
願書配付期間	!2024 募集要項配付：5月13日〜
出願期間	A・B：8月17日（0時）〜23日（23時59分） C：12月19日（0時）〜24日（23時59分） ※HPの指示に従ってWeb出願
提出書類	・受験票 ※考査日に持参
受験票交付	考査料決済後、自宅やコンビニエンスストアなどで各自印刷
受験番号付番	生年月日順　　月齢考慮　　あり
考査日	考査：A…9月10日　B…9月12日　C…1月14日 面接：A・B…9月3・4日のうち1日　C…1月7日
選抜方法^{注1}	ペーパーテスト、行動観察、絵画・制作、親子面接
考査料	20,000円（クレジットカード、コンビニまたはペイジー決済）
合格発表	A：9月11日　B：9月13日　C：1月16日
倍率	A：約1.1倍　B：約1.1倍
入学手続	A・B：9月14日　C：1月21日
編入学制度	1月に新2〜5年生の試験を実施。転居に伴う転編入は応相談／帰国生はp.209〜参照
復学制度	6年生までに限る。復学可能期間1年
公開行事	学院祭：4月29日 校内見学ツアー：6月1〜30日／11月1〜30日 StageⅠ運動会：6月18日 クリスマス・キャロル：12月22日
備考	通学時間制限：所要時間90分以内

セキュリティ

警備員常駐／防犯カメラ設置／交通指導員／登下校確認システム／防犯ブザー携帯／携帯電話所持可／授業中門施錠／インターホン設置／保護者名札着用／避難・防災訓練実施／緊急通報・安否確認システム／学校110番／災害用品備蓄／AED設置

学　費

……… 入学手続時納付金 ………
入学金　　　　　　　　　　400,000円
施設費　　　　　　　　　　100,000円

……… 年間納付金 ………
授業料・年額　　　　　　　572,400円
維持費・年額　　　　　　　216,000円
保護者会会費・年額　　　　　3,600円
教材費・年額　　　　　　約39,000円
制服・制定品など　　　約130,000円
※寄付金（任意）など別途納付
※上記金額は諸事情等で変更の場合あり

制　服

昼　食

お弁当（週5回）…お弁当、パンの販売あり

進学情報

[中学校への進学状況]
【小林聖心女子学院】ほぼ全員が内部進学
[高等学校への進学状況]
【小林聖心女子学院】ほぼ全員が内部進学
[大学への進学状況]【聖心女子】、大阪、岡山、東京藝術、同志社、立命館、関西学院、慶應、上智、国際基督教、大阪歯科、神戸薬科など

[系列校]
聖心女子大学・大学院、小林聖心女子学院高等学校・中学校、聖心インターナショナルスクールなど

※上記募集要項は小学校公表データです（注1：選抜方法については伸芽会教育研究所調査によるデータです）。詳細は小学校HPまたはお電話でご確認ください

兵庫

私立　女子　お　小林聖心女子学院小学校

関西学院初等部

かんせい

http://www.kwansei.ac.jp/elementary/　E-mail shotoubu@kwansei.ac.jp

［所在地］　〒665-0844　兵庫県宝塚市武庫川町6-27
　　　　　　TEL 0797-81-5500　FAX 0797-81-5010

［アクセス］
●JR宝塚線・阪急今津線ほか【宝塚】より徒歩15分／バス5分
●阪急今津線【宝塚南口】より徒歩10分

小学校情報

［校　長］　大西 宏道
［児童数］　541名（男子247名、女子294名）

沿　革　明治22年、伝道者の育成とキリスト教主義に基づく青少年教育を目指して、アメリカ・南メソジスト監督教会の宣教師であるウォルター・ラッセル・ランバスにより関西学院創立。以来、スクールモットーである『Mastery for Service（社会と人のために、自らを鍛える）』の実現のための教育に注力。平成20年、初等部を開校。学院の教育理念と精神を受け継ぎながら、中学部、高等部、大学につながる16年一貫教育の基礎を担う。

教育方針　『Mastery for Service』を体現する世界市民を育て、世界に送り出していくことを学院の使命とする。「幼子はたくましく育ち、知恵に満ち、神の恵みに包まれていた」（ルカによる福音書2章40節）という聖書の言葉を大切にし、この言葉から導き出される「高い倫理と自立の精神を備えた子ども（意志）」「論理的に考え確かな学力を習得する子ども（知性）」「感性豊かで国際性を備えた子ども（情操）」の姿を、目指す児童像としている。

特　色　キリスト教主義に基づく全人教育を展開。初等部では、①聖書・礼拝（礼拝や聖書の時間を通じて人を思いやる気持ち、小さなことに感謝できる心を育む）、②国際理解（英語力を高め、コミュニケーションを楽しみながら、異なる価値観の獲得を目指す）、③全員参加・理解（みんなで主体的に問題解決を図りながら、確かな学力の獲得を目指す）、④本物（文化、スポーツ、芸術、自然にふれる機会を通じて、豊かな感性を育む）、を「4つの柱」とし、教育活動に取り組む。

◆**聖書・礼拝**　全学年、週1時間の聖書の授業、毎朝の礼拝「こころの時間」、ボランティア活動を通じて心の豊かさを育成する
◆**国際理解**　「英語の時間」として1・2年生は毎日20分間、3～6年生は週4時間、英語を学習する。6年生でのカナダ・コミュニケーション・ツアー、関西学院大学留学生との交流や英検受験を通じて学びを生かす
◆**全員参加・理解**　「全員でわかる、全員で助け合う授業」の展開、ICT教育、補習授業、外部テスト受験など
◆**本物**　関西学院大学の学生がスポーツ指導をする「KGSO」、文化芸術教室、宝塚歌劇鑑賞、自然体験キャンプ、社会見学、ロボット活用体験などを実施

年間行事予定	
月	行　事　名（抜粋）
4	入学式
5	春の遠足、体育祭
6	花の日礼拝、5年平和を学ぶ旅、6年修学旅行
7	
8	
9	3年キャンプ
10	秋の遠足、2・4年リトリートキャンプ
11	音楽祭、収穫感謝礼拝
12	クリスマス礼拝
1	
2	マラソン大会、作品展
3	卒業式

入試データ

下記の資料は**2023年度用（2022年夏～秋実施済み）**です

募集要項 ※!2024は次年度のデータです

募集人員	A入試：男女計約75名　B入試：男女計約15名
学校（入試）説明会	!2024 学校説明会：4月15日 入試説明会：6月24日
願書配付期間	Ｗｅｂ公開のみ
出願期間	A：7月11日～8月1日 B：9月15～20日 ※ＨＰの指示に従ってＷｅｂ出願
提出書類	・受験票 ※考査日に持参
受験票交付	考査料決済後、自宅やコンビニエンスストアなどで各自印刷
受験番号付番	——　　月齢考慮　　総合的に判断
考査日	!2024 A：考査…9月11日　面接…8月下旬 B：考査…10月14日　面接…10月上旬
選抜方法注1	A：ペーパーテスト、集団テスト、運動テスト、親子面接 B：個別テスト、集団テスト、親子面接
考査料	20,000円（クレジットカード、コンビニまたはペイジー決済）
合格発表	A：9月13日　B：10月18日　Ｗｅｂ発表
倍率	非公表
入学手続	入学手続Ⅰ：A…9月16日締切　B…10月21日締切 入学手続Ⅱ：A・B…10月28日締切
編入学制度	欠員が生じた場合のみ試験を実施／帰国生はp.209～参照
復学制度	応相談
公開行事	!2024 授業参観・個別相談会：5月13日
備考	土曜登校は隔週

学費

……… 入学手続時納付金 ………

入学金	200,000円

………… 年間納付金 …………

授業料・年額	800,000円
教育充実費・年額	200,000円

※教材・学年宿泊行事等前納金、図書購入費、修学旅行費積立金、ＰＴＡ会費、後援会会費等で143,000円程度納付
※制服・体操服などの制定品を別途購入
※上記金額は諸事情等で変更の場合あり

制服

セキュリティ

警備員／防犯カメラ／交通指導員／登下校確認システム／防犯ブザー携帯／携帯電話所持可／授業中門施錠／インターホン／保護者入構証／赤外線センサー／避難・防災訓練／看護師／緊急通報・安否確認システム／緊急地震速報装置／学校110番／災害用品備蓄／ＡＥＤ設置

昼食

お弁当（週5回）…希望者はサンドイッチ、日替わり弁当の注文可

進学情報

[中学校への進学状況]
【関西学院、関西学院千里国際】90％以上が内部進学
[高等学校への進学状況]
【関西学院、関西学院千里国際】条件を満たせば内部進学可能
[大学への進学状況]
【関西学院】条件を満たせば内部進学可能

[系列校]
関西学院大学・大学院、聖和短期大学、関西学院高等部・中学部、関西学院千里国際高等部・中等部、関西学院幼稚園、関西学院大阪インターナショナルスクール

※上記募集要項は小学校公表データです（注1：選抜方法については伸芽会教育研究所調査によるデータです）。詳細は小学校ＨＰまたはお電話でご確認ください

兵庫　私立　共学　か　関西学院初等部

甲子園学院小学校

http://www.koshiengakuin-e.ed.jp　E-mail eladm@koshien.ac.jp

[所在地]　〒663-8104　兵庫県西宮市天道町10-15
　　　　　TEL 0798-67-2366　FAX 0798-67-6814

[アクセス]
●阪急神戸線・今津線【西宮北口】より徒歩20分／阪急バス【甲子園学院前】下車
●JR神戸線【甲子園口】より徒歩7分

小学校情報

[校　長]　中道　一夫
[児童数]　92名（男子65名、女子27名）

沿　革　昭和16年、甲子園高等女学校設置認可。昭和26年、甲子園学院中学校・高等学校となる。同年、甲子園学院幼稚園・甲子園学院小学校設置認可。昭和39年、甲子園短期大学設置認可。昭和42年、甲子園大学設置認可。昭和59年、小学校を現在地に移転。平成4年、甲子園大学大学院設置認可。平成9年、中学校・高等学校新校舎完成。平成15年、幼稚園移転。令和3年、小学校創立70周年を迎えた。

教育方針　校祖・久米長八が甲子園高等女学校創立時に掲げた建学の精神を受け継ぎ、『黽勉（びんべん）努力』（自ら進んで学習に取り組み努力する）、『和衷協同』（助け合い、励まし合い、友達と仲よくする）、『至誠一貫』（何事にも真心を持って、やり通す）を学院の校訓としている。基本的な生活習慣の徹底、基礎体力の増強、旺盛な知識欲の涵養を図り、調和のとれた人物の育成を目指す。

特　色　道徳教育の一環として毎朝全校で校訓を唱和し、駆け足を行い体力と気力を養う。学習指導は、低学年からプログラミング学習など、タブレット端末を用いてのICT教育に取り組み、中・高学年では国語、算数、理科を中心に教科担任制を導入。5・6年生の国語、算数、理科は毎月のテスト結果を基にグループ分けをし、習熟度別授業を行う。全学年で日本語検定を受検し、一人ひとりの課題を見つけ国語力向上につなげる。低学年から進路選択や学習方法について保護者の相談に応じ、4～6年生は年間11回模擬試験を実施するなど、中学受験にもきめ細かく対応する。

◆**クラブ活動**　球技、習字、サイエンス、生活など

◆**英語教育**　全学年、週2時間。小学校創設以来、1年生から英語科の授業を行う。ネイティブ講師による指導のほか、卒業までに英検5級合格を目指すなど積極的に取り組む

◆**授業の特色**　1年生から6時間授業、4年生からは7時間授業を行う。さらに、全学年で希望者を対象に「勉強会」を実施。放課後16時30分までと長期休業中に補習などを行っている

◆**学校行事**　全学年でマラソン大会を実施。1・3・4・6年生は篠山、2・5年生は高野山で林間学校。6年生は沖縄に修学旅行。4年生の1月には「1／2成人式」を行う

年間行事予定	
月	行　事　名（抜粋）
4	入学式、昼食会
5	球技大会、林間学校
6	水泳指導
7	──────
8	読書感想文コンクール
9	夏休み自由研究作品展
10	幼小合同運動会、ふれあい動物村
11	学習発表会、進学指導
12	マラソン大会
1	1／2成人式
2	修学旅行
3	追悼式、6年生を送る会、卒業式

入試データ

下記の資料は**2024年度用（2023年夏〜2024年冬実施予定）**です

募集要項

募集人員	男女計約60名（1次、2次合わせて）
学校（入試）説明会	5月27日　10時〜（公開授業あり） 12月9日　9時30分〜（体験学習あり）
願書配付期間	5月27日〜
出願期間	1次：8月16〜18日　2次：1月18・19日 9〜15時　窓口受付
提出書類	・入学願書、副票、受験票 ・選考結果通知用封筒 　（出願手続き後に配付。切手を貼付し、考査日に持参）
受験票交付	願書受付時に手渡し
受験番号付番	願書受付順 ／ 月齢考慮　なし
考査日	1次：考査…9月9日　面接…8月21〜25日のうち1日 2次：考査…1月27日　面接…1月25・26日のうち1日
選抜方法[注1]	ペーパーテスト、個別テスト、社会性テスト、運動テスト、親子面接
考査料	20,000円（出願時に窓口で提出）
合格発表	1次：9月10日　2次：1月28日　郵送で通知
倍率（前年度）	約1.2倍
入学手続	1次：9月14・15日　2次：2月1・2日
編入学制度	入学試験を受けていない1〜4年生のみ試験を実施／帰国生はp.209〜参照
復学制度	あり（条件つき）
公開行事	サマー体験学習：7月15日 公開授業：9月22日
備考	通学時間制限：所要時間60分以内　スクールバスあり 放課後は16時30分まで「勉強会」、18時まで預かりを実施 火曜日は16時30分から17時30分までロボットプログラミングを実施

セキュリティ

警備員常駐／防犯カメラ設置／登下校確認システム／携帯電話所持可／授業中門施錠／インターホン設置／保護者入校証／避難・防災訓練実施／緊急通報・安否確認システム／緊急地震速報装置／学校110番／災害用品備蓄／AED設置

学費

………　入学手続時納付金　………
入学金　　　　　　　　　　　350,000円

………　年間納付金　…………
授業料・年額　　　　　　　　540,000円
教育充実費・年額　　　　　　138,000円
実験実習費・年額　　　　　　 18,000円
育友会会費・年額　　　　　　 21,600円
教育振興基金1口　　　　　　 30,000円
（1口以上、任意）
制服、制靴、ランドセルなど
　　　　　　　　　　　　　約120,000円

※ファミリー奨学金制度あり
※冷暖房費など別途納付
※上記金額は諸事情等で変更の場合あり

制服

昼食

お弁当（週5回）…食堂あり

進学情報

［中学校への進学状況］
男子：甲陽学院、東大寺学園、洛南高附属、大阪星光、六甲学院、白陵など
女子：【甲子園学院】内部進学可能（優遇制度あり）。西大和学園、白陵など
［高等学校への進学状況］【甲子園学院】原則として内部進学
［大学への進学状況］
【甲子園、甲子園短期】、富山、京都府立医科、関西学院、関西など

［系列校］
甲子園大学・大学院・短期大学、甲子園学院中学校・高等学校、甲子園学院幼稚園

兵庫　私立　共学　こ　甲子園学院小学校

甲南小学校

http://www.konan-es.ed.jp/

[アクセス]
●JR神戸線【住吉】より徒歩10分

[所在地] 〒658-0051　兵庫県神戸市東灘区住吉本町1-12-1
TEL 078-841-1201　FAX 078-854-5841

小学校情報

[校 長] 祢津 芳信
[児童数] 男女計343名

沿 革
明治44年、甲南幼稚園開園、翌年、甲南小学校開校。大正元年、財団法人甲南学園設立認可。昭和22年、新制甲南中学校、翌23年、新制甲南高等学校開設。昭和26年、甲南大学開学、学校法人甲南学園甲南小学校に組織変更認可。令和3年、創立110周年記念事業として、運動場を人工芝に全面改修。

教育方針
建学の精神は『人格の修養と健康の増進を第一義とし個性に応じて天賦の才能を発揮させる』。幼稚園・小学校の連携による一貫教育と、徳育（情操を豊かにし、共働互助・相互尊重を図る）・体育（質実剛健を旨とし、心身の健康増進を図る）・知育（基礎・基本の徹底を図る）の調和的発展を目指す。また、国際理解教育、情報教育、環境教育など、時代の変化に対応する教育を推進する。「思いやりのある子」「あきらめない子」「考える子」の3点を「めざす子どもの姿」として掲げ、徳・体・知のバランスがとれた心豊かな人間性の育成、健全な常識を持った世界に通用する人物の育成に尽力している。

特 色
自由な個性を尊重し、真の国際人育成のため、国際交流に力を注ぐ。姉妹校であるオーストラリアのアンブローズ・トレイシー校やセント・マーガレッツ校との交流があり、互いの文化を尊重し学びを深める。また、調べ学習や音読発表、実験、観察、体験活動を積極的に取り入れ、子どもたちが主体的に学習に取り組めるような課程を組む。日本のしきたりや行事について学び、体験する日本文化学習にも力を入れている。

◆**クラブ・委員会活動**　クラブは4～6年生が対象で隔週。サッカー、ソフトボール、卓球、ダンス、和太鼓、図工、調理・手芸、パソコン、イングリッシュ、鉄道など。委員会は5・6年生。運営、体育、放送、ベルマーク、園芸、美化、食育、国際交流など
◆**英語教育**　ネイティブスピーカーによる英会話の授業を全学年で実施
◆**授業の特色**　正課の授業のほかに漢字や計算などを復習する「甲南タイム」を設ける
◆**校外学習**　4年生は甲南三学園合同住吉川環境学習、5年生は甲南三学園合同農業体験学習（田植えなど）、6年生は修学旅行を実施。また、六甲山に登る鍛錬遠足など年8回の遠足を行う

年間行事予定	
月	行　事　名（抜粋）
4	入学式、1年歓迎遠足
5	6年修学旅行、1～5年春の遠足
6	地区別遠足、児童集会
7	3～6年校外学習
8	―
9	創立記念日、秋の遠足、運動会
10	秋の鍛錬遠足
11	芸術鑑賞会、早起き遠足
12	―
1	冬の鍛錬遠足、作文発表会
2	学習発表会、展覧会、持久走
3	6年送別遠足、卒業式、修了式

入試データ　下記の資料は2024年度用（2023年夏～2024年冬実施予定）です

募集要項

募集人員	A日程：男女計約25名　B日程：男女若干名
学校(入試)説明会	学校説明会：5月27日（個別相談あり。要申込） 入試説明会：7月1日（オープンスクールあり。要申込） ※いずれも願書配付あり
願書配付期間	7月3日～
出願期間	A：7月24日～8月4日 B：1月9～19日 簡易書留速達で郵送（消印有効）
提出書類	・入学願書
受験票交付	郵送
受験番号付番	願書受付順　　月齢考慮　　なし
考査日	A：考査…9月9日　面接…8月24～31日のうち1日 B：考査…2月3日　面接…1月23～25日のうち1日
選抜方法	適性テスト（言語、数・図形、生活適応、運動能力）、健康診断、親子面接
考査料	20,000円
合格発表	A：9月11日　B：2月5日　郵送で通知
倍率（前年度）	非公表
入学手続	指定日
編入学制度	新2～5年生で欠員が生じた場合のみ試験を実施
復学制度	海外転出の場合のみ、5年生まで認める
公開行事	運動会：9月30日 学習発表会：2月17日
備考	土曜登校は年20回程度

学費

········ 入学手続時納付金 ·········

入学金　　　　　　　　400,000円

·········· 年間納付金 ··········

授業料・年額　　　　　600,000円
施設設備費・年額　　　150,000円
※教材費を別途納付
※上記金額は諸事情等で変更の場合あり

制服

セキュリティ

警備員常駐／防犯カメラ設置／交通指導員配置／登下校確認システム／防犯ブザー携帯／携帯電話所持可／授業中門施錠／インターホン設置／保護者入構証／赤外線センサー設置／避難・防災訓練実施／緊急地震速報装置／学校110番／災害用品備蓄／AED設置

昼食

お弁当（週5回）…希望者はお弁当の注文可

進学情報

[中学校への進学状況]
【甲南、甲南女子】ほぼ全員が内部進学
[高等学校への進学状況]
【甲南、甲南女子】ほぼ全員が内部進学
[大学への進学状況]
【甲南、甲南女子】、京都、大阪、神戸、筑波、同志社、立命館など

[系列校]
甲南大学・大学院、甲南高等学校・中学校・幼稚園、甲南女子大学・大学院、甲南女子高等学校・中学校

兵庫　私立　共学　こ　甲南小学校

※上記募集要項は小学校公表データです。詳細は小学校HPまたはお電話でご確認ください

神戸海星女子学院小学校

http://www.kobekaisei.ed.jp/

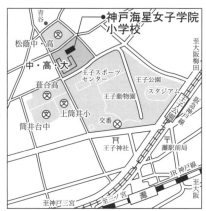

[アクセス]
● JR【灘】、阪急【王子公園】より徒歩10〜13分
● JR【三ノ宮】、阪神・阪急【神戸三宮】、地下鉄【三宮】より市バス【青谷】下車

[所在地]　〒657-0805　兵庫県神戸市灘区青谷町2-7-1
TEL 078-801-5111　FAX 078-801-6166

小学校情報

[校　長]　鈴木 良孝
[児童数]　女子302名

沿革　昭和26年、マリアの宣教者フランシスコ修道会を母体に学校法人海星女子学院が設立され、小学校・中学校・高等学校を開設。翌年、幼稚園を開設。昭和30年、短期大学を設置。昭和39年、小・中・高・短大の校名を「神戸海星女子学院」に改称。昭和40年、大学を設置。昭和41年、幼稚園を現園名に改称。令和2年、学院設立70周年を迎えた。

教育方針　『キリスト教精神に基づいて、知的・情的・意志的に調和した円満な人格を形成し、人と社会に奉仕し得る有能な人間形成を目指す』とする学院の理念に基づき、小学校では「星の子教育」を実践。これは、マリア様の生き方に学び、自らの個性・能力を生かして社会の中で光り輝く女子の育成を指す。「星の子教育」で育む5つの輝きとして、奉仕・思いやりの心、豊かな人間関係、正しい生活習慣、確かな知識、深い思考力を掲げ、心身ともに磨かれた、社会で求められる女性の育成に努める。

特色　一貫した全人教育のもと、着実な学力向上を図ることにより、中・高での宗教教育、福祉教育、国際教育へとゆるやかに接続していく。1年間の学習目標を達成するために日々の授業を大切にし、目標に達していない児童には放課後補習を行う。また、特別教育活動として、1〜6年生の縦割りで行う「仲良しクラブ」に力を入れている。奉仕活動や野外活動などを年8回行い、学年を超えて友人の輪を広げたり、高学年ではリーダーシップを発揮したりすることを目的とする。

◆部活動　4年生以上、月1回。ハンドベル、理科、編み物、パソコン、テニスなど
◆英語教育　全学年、週3時間。ネイティブの教員、日本人の専科教員、学級担任の3名体制で授業を行う。コミュニケーションの学習では、さまざまな場面を想定したフレーズなどを学び、使える英語を身につける
◆ICT教育　全児童にタブレット端末を貸与。授業では学習アプリを使用して協働学習などを行うとともに、情報活用能力を育む。非常時にはオンライン授業を実施
◆宿泊学習　2年生は校内、3年生は神戸市立自然の家、4年生は国立淡路青少年交流の家で宿泊体験、5年生はハチ高原でスキー合宿、6年生は沖縄への修学旅行を実施

年間行事予定

月	行　事　名(抜粋)
4	入学式、仲良しクラブ・春の遠足、健康診断
5	水泳開始、マリア様をたたえる会、4年校外合宿
6	5・6年陸上記録会、3年校外合宿
7	1年水泳教室、2年学校合宿
8	西日本私小連水泳記録会
9	夏休み作品展、5年施設訪問
10	運動会
11	仲良しクラブ・野外活動、学芸会
12	創立記念日・ミサ、クリスマス会
1	参観週間、図工作品展、5年スキー合宿
2	6年修学旅行
3	感謝のミサ、仲良しクラブ・お別れ会、卒業式

入試データ

下記の資料は**2024年度用（2023年夏〜秋実施予定）**です

募集要項

募集人員	女子50名
学校（入試）説明会	5月27日 6月24日（公開授業あり）
願書配付期間	5月27日〜　9〜16時（郵送可）
出願期間	8月15〜18日（消印有効）　書留で郵送
提出書類	・入学志願票、受験票 ・出欠の記録 ・受験票・入試日程返信用封筒（切手を貼付） ・合否結果返信用封筒
受験票交付	速達で郵送
受験番号付番	願書受付順　｜　月齢考慮　なし
考査日	考査：9月9日 面接：8月21〜26日のうち1日
選抜方法^{注1}	ペーパーテスト、個別テスト、集団テスト、運動テスト、親子面接
考査料	20,000円
合格発表	9月10日発送　速達で通知
倍率（前年度）	約1.0倍
入学手続	9月13日　13〜14時
編入学制度	欠員が生じた場合のみ試験を実施
復学制度	あり
公開行事	学校体験会：4月22日 学芸会：11月3日 クリスマス会：12月18日 図工作品展：1月27日
備考	——

セキュリティ

警備員常駐／防犯カメラ設置／登下校確認システム／防犯ブザー携帯／保護者ＩＤカード／避難・防災訓練実施／緊急通報・安否確認システム／緊急地震速報装置／災害用品備蓄／ＡＥＤ設置

学費

········ 入学手続時納付金 ········
入学金　　　　　　　　　　400,000円

········· 年間納付金 ·········
授業料・年額　　　　　　　660,000円
父母の会会費・年額　　　　　3,600円
積立金（合宿、教材費など）・年額
　　　　　　　　　　　　　48,000円

※制服・指定用品代など別途納付
※上記金額は諸事情等で変更の場合あり

制服

昼食

お弁当（週5回）…希望者はお弁当、パンの注文可

進学情報

[中学校への進学状況]
【神戸海星女子学院】ほぼ全員が内部進学
[高等学校への進学状況]
【神戸海星女子学院】ほぼ全員が内部進学
[大学への進学状況]
東京、京都、大阪、神戸、同志社、立命館、関西学院など

[系列校]
神戸海星女子学院大学、神戸海星女子学院中学校・高等学校、神戸海星女子学院マリア幼稚園

※上記募集要項は小学校公表データです（注1：選抜方法については伸芽会教育研究所調査によるデータです）。詳細は小学校ＨＰまたはお電話でご確認ください

須磨浦小学校

http://www.sumaura.ed.jp/　E-mail office@sumaura.ed.jp

●須磨浦小学校

[アクセス]
- ●JR神戸線【須磨】より徒歩7分
- ●山陽電鉄本線【山陽須磨】より徒歩7分

[所在地]　〒654-0072　兵庫県神戸市須磨区千守町2-1-13
　　　　　TEL 078-731-0349　FAX 078-731-5178

小学校情報

[校 長]　岩渕 正文
[児童数]　171名（男子99名、女子72名）

沿 革　明治35年、廣瀬宰平、河上謹一、川崎芳太郎、田中太七郎、鳴瀧幸恭、芝川又右衛門、廣瀬満正が、理想の幼少教育を目指して須磨浦尋常小学校を創設。当時の国家の方針「知・徳・体」に対し、体づくりを第一義にした「体・徳・知」を掲げる。大正10年、第3代校長・鈴木光愛により校訓が制定される。昭和22年、学校教育法制定により須磨浦小学校と改称され現在に至る。

教育方針　建学の精神『たくましい身体、思いやりと誇り、伸びやかな知性を育てる』のもと、①たくましい体と心を持った子どもを育てる、②他者への思いやり、社会の一員としての自覚を育てる、③豊かな感性を持ち、自ら学ぶ意欲を持った子どもを育てる、④一人ひとりの能力を引き出し、個性豊かな子どもを育てる、⑤忍耐力と誇り高き精神を持った子どもを育てる、の5つを教育方針とする。品格高い人間の教育を目指し、「健康・体力、基礎学力、豊かな人間性」の3つの柱に裏打ちされた『須磨浦精神』を培う。

特 色　児童全員が授業内容を理解できるよう、1学年1クラスの少人数教育の利点を生かし、120年にわたる伝統と実績から生まれた独自のカリキュラムと豊富な授業時間数を設定する。特に基礎学力となる読書、作文、漢字、計算力は徹底的に鍛え、体育は専科教員を置いて力を注ぐほか、主要教科については専任教師と担任教師が連携して指導にあたる準教科担任制を採用する。志望する私立・国立中学校に照準を合わせた個別指導を行うことで一人ひとりの学力を伸ばし、児童全員が第1志望校へ進学できるよう目指す。

◆**クラブ活動**　4～6年生。ミュージック、アート、コンピュータ、フィジカルフィットネス、茶道、卓球

◆**英語教育**　全学年、週2時間。各学級を2つに分けた少人数指導で、ネイティブ講師と日本人教師が授業を行う。日常会話を中心とした内容を6年間実施。アメリカ・ポートランドの姉妹校リッチモンド小学校と、両校児童の相互訪問を軸とした国際交流を実施

◆**ICT教育**　1年生から週1時間

◆**校外学習**　秋の遠足、歓迎遠足、さよなら遠足は全学年対象。宿泊行事として1・2年生は宿泊訓練、3年生はウインタースクール、4・5年生は余島サマースクール、6年生は修学旅行を実施する

年間行事予定

月	行 事 名（抜粋）
4	入学式、歓迎遠足、1・2年宿泊訓練
5	運動会
6	陸上記録会、国際交流姉妹校来校（アメリカ）、園遊会
7	4・5年余島サマースクール、補習授業
8	西日本私小連水泳記録会、夏休み作品展
9	水泳学習
10	創立記念日、秋の遠足
11	音楽会、5年兵庫私小連ポートボール大会、講演会
12	1・2年兵庫県私学連合音楽会
1	3年ウインタースクール、防災学習、耐寒駆け足
2	国際交流姉妹校訪問（アメリカ）、スケート教室、6年修学旅行
3	さよなら遠足、卒業式・送別会

入試データ

下記の資料は**2024年度用（2023年夏～秋実施予定）**です

募集要項

募集人員	男女計36名		
学校（入試）説明会	学校説明会：4月15日 入試説明会：7月25・29日		
願書配付期間	4月15日～		
出願期間	4月15日～8月24日 平日9～17時（土：休み。4月15日は受付） 窓口受付		
提出書類	・入学願書		
受験票交付	願書受付時に手渡し		
受験番号付番	願書受付順	月齢考慮	なし
考査日	考査：9月9日 面接：8月28～31日のうち1日		
選抜方法注1	個別テスト、集団テスト、運動テスト、親子面接		
考査料	20,000円（出願時に窓口で提出）		
合格発表	9月9日発送 郵送で通知		
倍率（前年度）	非公表		
入学手続	9月11～15日		
編入学制度	1～5年生で随時試験を実施／帰国生はp.209～参照		
復学制度	あり		
公開行事	オープンスクール：5月13日 運動会：5月27日 学校公開ウイーク：6月5～9・12～16日 園遊会：6月17日 音楽会：11月2日 作品展：2月4・6・7日		
備考	個別に入学説明を希望する場合は、電話またはメールにて問い合わせ		

セキュリティ

警備員常駐／防犯カメラ設置／登下校確認システム／携帯電話所持可／授業中門施錠／インターホン設置／保護者入構証／避難・防災訓練実施／緊急通報・安否確認システム／学校110番／AED設置

学費

········ 入学手続時納付金 ········
入学金	400,000円
教育振興費	200,000円
施設充実費1口	200,000円
（2口以上、任意）	

········· 年間納付金 ·········
授業料・年額	348,000円
施設整備費・年額	324,000円
給食費・年額	97,900円
学級費など・年額	204,000円

※4月に新入学用品代など50,000円を別途納付
※上記金額は諸事情等で変更の場合あり

制服

制服なし（男子は制帽、女子は制帽または校章あり）

昼食

給食（週5回）

進学情報

[中学校への進学状況]
神戸大附属中等教育、灘、甲陽学院、洛南高附属、神戸女学院、須磨学園、神戸海星女子学院、六甲学院、淳心学院、白陵、滝川第二、甲南女子など

[高等学校への進学状況]
——

[大学への進学状況]——

[系列校]
須磨浦幼稚園

兵庫 私立 共学 す 須磨浦小学校

仁川学院小学校

https://www.nigawa.ac.jp/elementary/　E-mail element@nigawa.ac.jp

[所在地]　〒662-0812　兵庫県西宮市甲東園2-13-9
TEL 0798-51-0621　FAX 0798-51-6066

[アクセス]
●阪急今津線【甲東園】【仁川】より徒歩6分

小学校情報

[校　長]　永尾 稔
[児童数]　男女計334名

沿 革　昭和5年、聖マキシミリアノ・コルベが長崎県に創設した「カトリック・コンベンツアル聖フランシスコ修道会」日本支部が始祖。昭和25年、兵庫県西宮市にマリアの園幼稚園を開設。昭和31年、学校法人仁川学院の設立認可取得。同年、仁川学院小学校を開設。昭和37年、仁川学院中学校、仁川学院高等学校開校。令和3年、小学校創立65周年を迎えた。

教育方針　和の心で神から贈られた善を分かち合うことに生きる喜びがある、という聖フランシスコの言葉『和と善』を建学の精神とする。人間が神に与えられた根源的能力「力」「愛」「思慮分別」を均等に養うことで「真人」を育て、学校教育法にうたわれる「人格の完成」を目指す。真人とは、人格の完成者であるイエス・キリストのように人をゆるす穏やかな心を持ち、何事にも奉仕の精神で行動できる人のこと。各教室に十字架とマリア像があり、子どもたちは祈りの生活の中で神を意識し、自律自制の力をつけていく。

特 色　1クラス30名の少人数制。教室はオープン型で1フロアに2学年を配置する。教員コーナーから目が届きやすく、子どもたちの質問や相談にも対応しやすい。授業は創立以来、強い体と豊かな情操を育むために体育と芸術の時数を多く設けている。理数系を中心に独自教材の開発も行い、低学年は仁川トランプを用いて算数的な感覚を身につける。1年生から音楽、図工などは専科教員が指導し、3年生以上は主要教科も専科制。全学年で3学期に「探究ウィーク」を設け、探究学習に集中的に取り組んでいる。

◆**クラブ活動**　4年生以上が行う。サッカー、バドミントン、パソコン、理科、手芸、美術など
◆**英語教育**　低学年は週3時間、高学年は週2時間。高学年からは文章の理解、スピーチなどを行い、海外校との交流も実施
◆**ICT教育**　タブレット端末を全員1台所有し、各教科で活用
◆**授業の特色**　社会見学や理科実験などの体験を重視。卒業生が自身の職業について話をする授業「未来予想図」もある
◆**宿泊学習**　1・2年生は神戸市立自然の家で自然教室。兵庫・鉢伏高原で3年生は自然教室、4年生はスキー教室。5年生は岡山で海事学習、6年生は沖縄で修学旅行

年間行事予定

月	行 事 名(抜粋)
4	入学式、歓迎遠足
5	聖母祭、6年修学旅行、3年自然教室
6	未来予想図、フランシスコフェスタ、5年海事学習
7	児童会主催行事
8	西日本私小連水泳記録会
9	作品コンクール、2年自然教室
10	創立記念式典、運動会、鑑賞会
11	感謝月間ミサ、未来予想図
12	クリスマス会、学芸会
1	祈りの日、作品コンクール
2	4年スキー教室、探究ウィーク
3	1年自然教室、お別れ会、卒業式

入試データ

下記の資料は**2023年度用（2022年夏〜2023年冬実施済み）**です

募集要項 ※ !2024 は次年度のデータです

募集人員	男女計60名（1〜3次合わせて）
学校(入試)説明会	!2024 学校説明会：5月27日 入試説明会：6月24日（学校探検あり） 教育説明会：11月25日（入試体験あり）
願書配付期間	!2024 募集要項配付：5月27日〜　平日9〜16時 （土、休校日：休み）
出願期間	1次：8月22〜26日　2次：10月5〜14日 3次：1月26日〜2月2日 ※HPの指示に従ってWeb出願
提出書類	受験票　※考査日に持参
受験票交付	考査料決済後、自宅やコンビニエンスストアなどで各自印刷
受験番号付番	願書受付順　　月齢考慮　　あり
考査日	1次：考査…9月10日　面接…8月27・29日〜9月2日のうち1日 2次：考査…10月22日　面接…10月18〜22日のうち1日 3次：考査・面接…2月4日
選抜方法注1	ペーパー・個別・集団・運動テスト、保護者面接・作文
考査料	20,000円（クレジットカード、コンビニまたはペイジー決済）
合格発表	1次：9月11日　2次：10月23日　3次：2月5日　Web発表
倍率	約1.4倍
入学手続	1次：9月15日　2次：10月27日　3次：2月8日
編入学制度	1〜4年生で欠員が生じた場合のみ試験を実施／帰国生はp.209〜参照
復学制度	欠員が生じている場合に限る
公開行事	!2024 オープンスクール：4月27日 運動会：10月14日　クリスマス会：12月15日
備考	1次で不合格の場合、2次・3次で再受験可

セキュリティ

警備員常駐／防犯カメラ／交通指導員配置／登下校確認システム／携帯電話所持可／授業中門施錠／インターホン設置／保護者IDカード／避難・防災訓練実施／緊急通報・安否確認システム／緊急地震速報装置／学校110番／災害用品備蓄／AED設置

学　費

…… 入学手続時納付金 ………

入学金	300,000円
施設費	250,000円
制服、学用品など	約230,000円

……… 年間納付金 ………

授業料・年額	703,200円
冷暖房費・年額	12,000円
安全管理費・年額	7,200円
父母の会会費・年額	8,400円
教材費など・年額	約60,000円
寄付金1口	50,000円
（6口以上、任意）	

※上記金額は諸事情等で変更の場合あり

制　服

昼　食

お弁当（週5回）…希望者はスクールランチ（週2回）、お弁当宅配サービスの利用可。パンの販売あり

進学情報

[中学校への進学状況]
【仁川学院】、灘、甲陽学院、洛南高附属、神戸女学院、六甲学院など
[高等学校への進学状況]
【仁川学院】ほぼ全員が内部進学
[大学への進学状況] 東京、大阪、北海道、埼玉、岡山、熊本、大阪教育、同志社、立命館、関西学院、関西、早稲田、上智など

[系列校]
仁川学院中学・高等学校、仁川学院マリアの園幼稚園

※上記募集要項は小学校公表データです（注1：選抜方法については伸芽会教育研究所調査によるデータです）。詳細は小学校HPまたはお電話でご確認ください

兵庫　私立　共学　に　仁川学院小学校

雲雀丘学園小学校
（ひばりがおか）

https://hibari-els.ed.jp/　E-mail hibari-els-info@hibari.ed.jp

[アクセス]
●阪急宝塚線【雲雀丘花屋敷】より徒歩3分

[所在地]　〒665-0805　兵庫県宝塚市雲雀丘4-2-1
　　　　　TEL 072-759-3080　FAX 072-759-4427

小学校情報

[校 長]　井口 光児
[児童数]　852名（男子383名、女子469名）

沿 革　昭和24年、地域の財界学会の有志により、社会に奉仕することを目的として学園創立の委員会が設けられ、同年4月に雲雀丘学園小学校開校。昭和25年、学校法人雲雀丘学園設立認可、雲雀丘学園幼稚園を併設。昭和28年、雲雀丘学園中学校を開設。昭和31年、学園の一貫教育を目指して雲雀丘学園高等学校を設置。昭和50年、中山台幼稚園を開設し、総合学園として現在に至る。

教育方針　初代理事長の言葉「親孝行な人はどんなことでも立派にできます」にあるように、創立以来、『孝道』を根本義としている。「高く、豊かに、たくましく」を目標に掲げ、豊かな人間づくりを基調とし、個性を伸ばす教育を行い、どんな苦労をも乗り越えてたくましく前進し、真に社会に役立つ人材を育成する。具体的には、「個性を認め、生かし、正しい判断力と高い学力を身につけた子ども」「気品のある、人間性豊かな子ども」「たくましい心と体を持ち、明るくはつらつとした子ども」を育てることを目指す。

特 色　1・2年生では、遊びや体験学習など楽しい授業をつくり、学ぶ意欲を養うこと、3・4年生では、観察や実験、社会見学を取り入れ創造力と探究心を大きく伸ばすこと、5・6年生では、確かな学力と自主性をしっかり身につけることを重視したカリキュラムを設けている。そのほか、下級生をいたわり上級生を敬慕する心を養う「きょうだい学級」活動を実施。また、ICT教育に力を入れ、全学年1人1台のタブレット端末を持ち、予習・復習、調べ学習など授業や宿題で生かしている。

◆**部活動（奉仕活動）**　5年生以上、月1回。運動、交通、環境、集会、栽培など
◆**クラブ活動**　5年生以上、月3回。科学、陶芸、和太鼓などの文化系と、テニス、バドミントンなどの運動系クラブがある
◆**英語教育**　全学年、ネイティブと日本人教師によるチームティーチング。フォニックスを取り入れ、「聞く・話す・読む・書く」の4技能を育成。高学年ではアクティブラーニングを実践し、英語での表現力を培う
◆**ICT教育**　1年生から専任教師によるパソコンの授業を実施。1人1台のパソコン環境を整え、基本操作や各種アプリケーションの操作方法をマスターする。また3Dプリンターを導入し、立体デザインも学習

年間行事予定

月	行　事　名（抜粋）
4	入学式、参観日、徒歩遠足、避難訓練
5	6年修学旅行
6	参観日、プール開き
7	5年臨海学舎
8	
9	観望会、参観日
10	避難訓練、3年山の学舎、運動会
11	2年春の学舎、校外学習、感謝の集い、音楽発表会、PTAの集い
12	PTAリユースフェスタ、親子共同クリーン作戦
1	4年スキー学校、書き初め展、避難訓練、参観日
2	子どもマラソン大会
3	送別子ども会、参観日、卒業式

入試データ

下記の資料は**2024年度用（2023年夏～秋実施予定）**です

募集要項

募集人員	男女計135名（内部進学者含む）		
学校（入試）説明会	4月15日（体験授業あり）		
願書配付期間	Ｗｅｂ公開のみ		
出願期間	7月7～14日 ※ＨＰの指示に従ってＷｅｂ出願		
提出書類	・入学志願書 ・受験票 ※すべて考査日に持参		
受験票交付	考査料決済後、自宅やコンビニエンスストアなどで各自印刷		
受験番号付番	願書受付順	月齢考慮	なし
考査日	考査：9月9日 面接：男子…8月5日　女子…8月6日		
選抜方法	適性検査、親子面接		
考査料	20,000円（クレジットカード、コンビニまたはペイジー決済）		
合格発表	9月12日　速達で通知		
倍率（前年度）	約1.1倍		
入学手続	9月13～15日　9～16時		
編入学制度	欠員が生じた学年のみ年度末に試験を実施		
復学制度	海外への転出に限る。復学可能期間1年間		
公開行事	おーぷんすくーる：5月23日 入試体験会：6月17日		
備考	新1年生招集：2月17日 通学時間制限：所要時間約60分以内 土曜日は希望者に補習を実施		

学費

……… 入学手続時納付金 ………
入学金	260,000円
施設費	180,000円

………… 年間納付金 …………
授業料・年額	532,800円
服装・学用品など諸経費	約85,000円

※ＰＴＡ会費、積立金、教材費、タブレット費用を別途納付
※上記金額は諸事情等で変更の場合あり

制服

セキュリティ

警備員常駐／防犯カメラ設置／交通指導員配置／登下校確認システム／防犯ブザー携帯／携帯電話所持可／保護者ＩＤカード／避難・防災訓練実施／緊急通報・安否確認システム／緊急地震速報装置／学校110番／災害用品備蓄／ＡＥＤ設置

昼食

お弁当（週5回）…月・水・金曜日はケータリング弁当の注文可。パン、おにぎりなどの販売は毎日あり

進学情報

[中学校への進学状況]【雲雀丘学園】専願者優遇あり。甲陽学院、神戸女学院、洛南高附属、大阪星光、四天王寺、高槻、金蘭千里など
[高等学校への進学状況]
【雲雀丘学園】ほぼ全員が内部進学
[大学への進学状況]
東京、京都、大阪、神戸、大阪教育、京都教育、同志社、立命館、関西学院など

[系列校]
雲雀丘学園中学校・高等学校、雲雀丘学園幼稚園、中山台幼稚園

兵庫　私立　共学　ひ　雲雀丘学園小学校

※上記募集要項は小学校公表データです。詳細は小学校ＨＰまたはお電話でご確認ください

百合学院小学校

http://elem.yuri-gakuin.ac.jp/

[アクセス]
- ●阪急神戸線【園田】より徒歩12分
- ●阪神・JR【尼崎】より阪神バス【百合学院】下車
- ●阪神・JR【尼崎】などよりスクールバス

[所在地]　〒661-0974　兵庫県尼崎市若王寺2-18-2
　　　　　TEL 06-6491-7033　FAX 06-6491-2229

小学校情報

[校　長]　大石　温子
[児童数]　女子119名

沿　革　昭和28年、カトリック大阪聖ヨゼフ宣教修道女会を母体として聖母幼稚園開園。昭和30年、学校法人百合学院設立、百合学院小学校設置認可。昭和36年、百合学院中学校設置認可。昭和39年、百合学院高等学校設置認可。昭和40年、中・高と同じく小学校も女子校となる。昭和56年、聖母幼稚園を百合学院幼稚園に改称。令和2年、学院創立65周年を迎えた。

教育方針　65年を超える伝統とカトリック精神を基盤に、子どもたちの夢と豊かな心を育む。聖母マリアに倣い、汚れない白百合のように身も心も清らかに生きることを目指す『純潔』と、神の慈愛を学び、すべての人を大切にし、喜んで奉仕することを尊ぶ『愛徳』を校訓に掲げる。「人との関わりを豊かに」「神との出会いを豊かに」「学ぶ力を豊かに」する子の育成を教育の3本柱とし、「小さく、些細な出来事にも心がとまり、その心が個々の希望をゆり起こすことのできるゆりっこたちに」を教育活動のねらいとする。

特　色　「楽しく学ぶこと」を学力の基本であるととらえ、子どもたちの好奇心や意欲を引き出す教育を実践する。一人ひとりの力に応じた指導を行い、基礎・基本から発展的な内容へと踏み込んで学習し、英語検定、漢字検定などにも挑戦する。また、図書館には文科省が定める蔵書の標準の2倍以上の本をそろえ、全学年で朝の読書タイムを実施する。1年生一人ひとりに「担当のお姉さん」として6年生がついてお世話をしたり、全学年で構成する縦割り班で毎日の清掃をしたりして、学年を越えたかかわりも豊か。

◆**クラブ活動**　4年生以上。卓球、バドミントン、球技・陸上、家庭科、科学実験など
◆**委員会活動**　図書、健康、放送、宗教など
◆**英語教育**　1〜4年生は週3時間、5・6年生は週2時間。日本人のバイリンガル教師とネイティブの教師がチームを組み、指導する。英検対策講座も設けている
◆**ICT教育**　各教室に電子黒板を完備。また、1人1台分のパソコンも用意。調べ学習でまとめたことをプレゼンテーション形式で発表するなど、深い学びに役立てている
◆**校外学習**　社会見学を豊富に行うほか、宿泊行事として4・5年生は林間学校、スキー教室、6年生は広島・山口への修学旅行がある

年間行事予定	
月	行　事　名（抜粋）
4	入学式、対面式（1年と6年）
5	創立記念日、聖母をたたえる集い、学院バザー
6	兵庫私小連陸上記録会
7	4・5年林間学校、校内英語暗唱コンテスト
8	西日本私小連水泳記録会
9	夏休み作品展
10	ユリンピック
11	西日本私小連英語暗唱大会、学習発表会
12	クリスマス祝会
1	英語検定、漢字検定、4・5年スキー教室
2	6年修学旅行
3	6年感謝の集い、卒業式

■ 入試データ

下記の資料は**2024年度用（2023年秋〜2024年冬実施予定）**です

募集要項

募集人員	A日程：女子40名　B日程：女子20名　C日程：女子若干名
学校（入試）説明会	学校説明会：4月20日（授業参観、施設見学、個別相談あり） 　　　　　　6月24日（体験入学あり） 入試説明会：7月15日（プレテストあり）　※いずれも要申込
願書配付期間	4月1日〜
出願期間	A：8月23日〜9月1日 B：9月11〜20日 C：1月22〜31日 郵送（必着）、または持参（平日8時30分〜16時30分。土：休み）
提出書類	・入学願書 ・受験票 ・受験料受領証（郵送出願の場合のみ）
受験票交付	郵送または願書受付時に手渡し
受験番号付番	願書受付順　　月齢考慮　　なし
考査日	考査：A…9月9日　B…9月23日　C…2月3日 面接：いずれも日時は受験票返送時または願書受付時に通知
選抜方法注1	ペーパーテスト、集団テスト、運動テスト、親子面接
考査料	15,000円
合格発表	A：9月10日　B：9月24日　C：2月4日　郵送で通知
倍率（前年度）	非公表
入学手続	A：9月14日　B：9月28日　C：2月8日
編入学制度	1〜3年生で欠員が生じた場合のみ試験を実施／帰国生はp.209〜参照
復学制度	あり（応相談）
公開行事	——
備考	個別学校説明会は随時（要申込） スクールバスあり

セキュリティ

警備員常駐／防犯カメラ設置／登下校確認システム／携帯電話所持可／授業中門施錠／インターホン設置／保護者名札着用／避難・防災訓練実施／緊急通報・安否確認システム／学校110番／災害用品備蓄／AED設置

学　費

……… 入学手続時納付金 ………
入学金	200,000円
施設整備金	200,000円

………… 年間納付金 …………
授業料・月額	26,000円
教育充実費・月額	11,500円
冷暖房費・月額	2,000円
図書費・月額	500円
教材費・月額	4,000円
給食費・月額	6,400円
スクールバス維持費・月額	5,000円
（利用者のみ）	
積立金・月額	3,500円
保護者会会費・月額	2,000円

※入学金は、減免または免除制度あり
※上記金額は諸事情等で変更の場合あり

制　服

昼　食

給食（週4回）、お弁当（週1回）

■ 進学情報

[中学校への進学状況]
【百合学院】約70%が内部進学。大谷、育英西、神戸学院大附属など
[高等学校への進学状況]
【百合学院】ほぼ全員が内部進学
[大学への進学状況]
大阪教育、岡山、立命館、関西学院、関西、上智など

[系列校]
百合学院高等学校・中学校・幼稚園（認定こども園）、ナーサリーゆりっこ

※上記募集要項は小学校公表データです（注1：選抜方法については伸芽会教育研究所調査によるデータです）。詳細は小学校HPまたはお電話でご確認ください

兵庫　私立　女子　ゆ　百合学院小学校

智辯学園和歌山小学校

http://www.chiben.ac.jp/wakayama-el/

[アクセス]
●JRきのくに線【黒江】より徒歩10分

[所在地]　〒640-0392　和歌山県和歌山市冬野2066-1
TEL 073-479-1200　FAX 073-479-2827

小学校情報

[校　長]　渡瀬 金次郎
[児童数]　421名（男子214名、女子207名）

沿　革　高野山真言宗の流れをくむ辯天宗（べんてんしゅう）が母体となり、学校法人智辯学園として、昭和40年、智辯学園高等学校開校。昭和42年、6年一貫教育制の中学校を併設。昭和53年、智辯学園和歌山中学校・高等学校開校。平成14年、智辯学園和歌山小学校が開校、小・中・高一貫教育となる。令和3年、学園創立55周年を迎え、令和4年、小学校開校20周年を迎えた。

教育方針　叡智と深い人間性を備えた真のエリートの養成を目指し、「真」「善」「美」「聖」の高い価値を身につけた人材の育成を図るとともに、『能力の最大伸長』『人間性の陶冶』という学園の理念を大切にしている。能力開発に重要な2点、「人間関係を学ぶ」「主体的に学ぶ」ための学習をする最初の臨界期は9歳までと考え、この段階で「脳」をいかに使うかということに重点を置く。豊かな人間性を育む心の教育はもちろん、12年一貫教育だからできる次を見据えてのきめ細かな教育を通して、のびのびと生き生きと子どもたちの夢を育てたいという思いで指導にあたる。

特　色　小学校から高校までの12年間を3期で編成。小1～4を「1期：基礎・基本期」、小5～中2を「2期：発展・向上期」、中3～高3を「3期：習熟・充実期」とする。1期では参加型の学習を重視し、知る・わかる・できる喜びを知り、好奇心や探究心を育てる。一部教科で専科制を実施。週時間数は各教科の質と量に対応するため、学年が上がるにつれ増加。4～6年生では「0時限の授業」を実施するため、1～3年生より早く登校する。

◆**英語教育**　1年生から週2時間。広い視野を持つ国際人となるよう英語に親しむことを目的に、英会話入門や音声の学習などを実施
◆**ＩＣＴ教育**　全学年で1人1台のタブレット端末を導入し、授業で活用。プログラミング教育にも力を入れる
◆**授業の特色**　1校時を45分とし、時間割設定は学習活動に合わせて学習時間を定めるタイム・オン・タスク方式を採用。2校時を1つのブロックとしたり、時間を小さい単位時間（モジュール）にしたりと弾力的に編成。情感を育むために、毎朝、御真言・御宝号を唱え、心を落ち着かせて一日の活動を開始する。また、週1時間の宗教の時間で命や心の在り方を考え、ディスカッションを行う

年間行事予定

月	行　事　名（抜粋）
4	入学式
5	こどもの日集会、春の遠足、中高吹奏楽部演奏会
6	1・2・4年臨海学校
7	七夕祭り集会、3年林間学校、5年臨海学校
8	親子で星を観る会、三者面談
9	夏休み作品展
10	秋の社会見学、秋の収穫、運動会
11	野球部による野球教室
12	文化祭、三者面談
1	
2	節分集会、6年オーストラリア修学旅行
3	ひな祭り集会、6年生を送る会、三者面談、卒業式

入試データ

下記の資料は**2024年度用（2023年秋実施予定）**です

募集要項

募集人員	男女計80名
学校（入試）説明会	7月1日　13時30分〜　学園にて
願書配付期間	募集要項配付：7月1日〜
出願期間	Ｗｅｂ出願：8月1〜24日（書類提出あり） ※ＨＰの指示に従ってＷｅｂ出願後に書類提出
提出書類	・志願理由書 ・受験票、受験票（控） ・返信用封筒2通（いずれも切手を貼付） ※受験票は考査日に持参
受験票交付	考査料決済後、自宅やコンビニエンスストアなどで各自印刷
受験番号付番	生年月日順　　　月齢考慮　　なし
考査日	考査：11月12日 面接：9・10月中の土日のうち1日
選抜方法^{注1}	ペーパーテスト、個別テスト、集団行動、親子面接
考査料	20,000円（クレジットカード、コンビニまたはペイジー決済）
合格発表	11月15日　Ｗｅｂ発表および簡易書留で通知
倍率（前年度）	約1.0倍
入学手続	入金：11月15〜19日　14時締切 第1回オリエンテーション：11月20日 第2回オリエンテーション：2月6日
編入学制度	なし
復学制度	あり
公開行事	親子学校見学会：5月20日（体験授業あり。要申込）
備考	学校見学は6月より随時（要申込） 始業時刻：1〜3年生は9時15分、4〜6年生は8時45分 2024年度アフタースクールを実施予定

セキュリティ

防犯カメラ設置／交通指導員配置／防犯ブザー携帯／携帯電話所持可（届出制）／授業中門施錠／インターホン設置／保護者名札着用／避難・防災訓練実施／看護師常駐／緊急通報・安否確認システム／緊急地震速報装置／災害用品備蓄／ＡＥＤ設置

学費

```
……… 入学手続時納付金 ………
入学金　　　　　　　　　200,000円
制定品代金　　　　　約160,000円
特別寄付金1口　　　　　100,000円
（3口以上、任意）


………… 年間納付金 …………
授業料・年額　　　　　　456,000円
育友会関係費、修学旅行積立費、冷
暖房費など・年額　　　　180,000円
※上記金額は諸事情等で変更の場合あり
```

制服

昼食

お弁当（週5回）…土曜日もお弁当の持参可（希望者）

進学情報

[中学校への進学状況]
【智辯学園和歌山】ほぼ全員が内部進学
[高等学校への進学状況]
【智辯学園和歌山】ほぼ全員が内部進学
[大学への進学状況] 東京、京都、大阪、神戸、同志社、立命館、関西学院、関西、慶應、早稲田、国公立医学部など

[系列校]
智辯学園和歌山高等学校・中学校、智辯学園高等学校・中学校、智辯学園奈良カレッジ高等部・中学部・小学部

※上記募集要項は小学校公表データです（注1：選抜方法については伸芽会教育研究所調査によるデータです）。詳細は小学校ＨＰまたはお電話でご確認ください

和歌山　私立　共学　ち　智辯学園和歌山小学校

暁小学校

http://www.akatsuki.ed.jp/akatsuki-e　E-mail s-daihyo@akatsuki.ed.jp

[アクセス]
●近鉄名古屋線【川越富洲原】より徒歩6分

[所在地]　〒510-8022　三重県四日市市蒔田3-3-37
TEL 059-365-3664　FAX 059-365-7116

小学校情報

[校　長]　相馬 哲
[児童数]　男女計355名

沿革　昭和21年、財団法人暁学園創立。同年、暁幼稚園開園、暁女子専門学校（後の暁学園短期大学）開校。昭和23年、暁小学校、暁中学校開校。昭和24年、暁高等学校開校。昭和58年、暁中学校・高等学校（6年制）発足。昭和63年、四日市市との公私協力方式の四日市大学を、平成19年、四日市看護医療大学を開学。

教育方針　暁学園の建学の精神を反映した『人間たれ』を、学園の綱領としている。また学園全体を貫く教育理念を『人を愛し　学問を愛し　美を愛する豊かな人間』の育成と定める。小学校の教育方針は、子ども一人ひとりを大切にする行き届いた教育による「豊かな人間力と高い学力」の形成。子どもたちが安心して生活し、落ち着いて学習できる豊かな学校文化を創造する。子どもたちは「ひふみよい」を文頭に置く「人を敬い仲よくする子ども」「深く考え正しく行う子ども」「自ら進んでつとめを果たす子ども」「よく働きむだをはぶく子ども」「いつも明るく元気な子ども」という生活目標「あかつきっ子宣言」を指針とし学校生活を送る。

特色　「学び合い、認め合い、深め合い」の関係づくりを教育実践のテーマとしている。聞き合い、話し合い、学び合うことを学習の基礎ととらえ、認め合える関係の中で協働的な問題解決能力と集団的な自治能力、互いに高め合える関係を育む。1クラスを30名程度とし、きめ細かく指導。体験的学習やICTを活用した授業などで学力を伸ばす。授業時間外の個別指導や在宅学習も可能なeラーニングの導入により、自立的に学習できる環境も整う。

◆**情報教育**　1年生からICT教育を行い、情報化社会で活躍できる能力を育成する。インターネットを活用し、国内外の小学校との交流、平和学習などに取り組む
◆**英語教育**　1～4年生は週2時間、5・6年生は週3時間。フォニックスや英語のリズムを身につける指導も重視。中学年では英語劇やロールプレイなどの活動、6年生では中学校進学に向け文法中心の学習を行う
◆**情操教育**　6年間毎日つける生活日記は自立心を養うだけでなく、児童、教師、保護者の心のかけ橋的な存在。毛筆習字を1年生から学び、伝統的な言語や文化への関心を高めている。全校音楽集会やマーチングバンド合同授業など、音楽教育も積極的に実施

年間行事予定

月	行　事　名（抜粋）
4	入学式、1～5年遠足
5	写生大会（隔年）、日曜参観、硬筆競書大会
6	5年幼小クラス交流会、4年社会見学
7	6年暁中高体験、保護者会、全校学習会
8	全校登校日、高学年特別学習、5年林間学校
9	運動会
10	工作大会（隔年）、ハロウィン、文化祭
11	4～6年社会見学、6年修学旅行
12	保護者会
1	毛筆競書大会
2	大なわ大会
3	6年生を送る会、卒業式

入試データ　下記の資料は**2024年度用（2023年秋実施予定）**です

募集要項

募集人員	男女計約60名
学校（入試）説明会	6月10日　10～12時（校舎案内あり） 7月6日　9時40分～12時（授業参観、校舎案内あり） 9月9日　9時40分～12時（体験授業、施設案内あり） ※いずれも要申込
願書配付期間	6月10日～　平日9～16時（6月10日：～12時。土：休み）
出願期間	10月16～26日　平日9～16時（土：休み）　窓口受付 ※郵送可（消印有効）
提出書類	・入学願書、受験票 ・振込金受領書
受験票交付	郵送または願書受付時に手渡し
受験番号付番	願書受付順　　月齢考慮　あり
考査日	考査：11月5日 面接：10月28・29日のうち1日（日時は願書受付時に通知）
選抜方法注1	個別テスト、集団テスト、親子面接
考査料	10,000円
合格発表	11月7日　郵送で通知
倍率（前年度）	非公表
入学手続	指定日
編入学制度	新2～5年生の試験を2月に実施／帰国生はp.209～参照
復学制度	要相談
公開行事	夏休みオープンスクール：8月1・2日 夏休み学校個別相談会：8月19・26日 運動会：9月17日　文化祭：10月22日
備考	土曜登校は隔週　スクールバスあり

セキュリティ

防犯カメラ設置／交通指導員配置／登下校確認システム／防犯ブザー携帯／携帯電話所持可／授業中門施錠／インターホン設置／避難・防災訓練実施／緊急通報・安否確認システム／緊急地震速報装置／災害用品備蓄／AED設置

学費

……… 入学手続時納付金 ………
入学金　　　　　　　　　45,000円
教育充実費　　　　　　　200,000円

……… 年間納付金 ………
授業料・月額　　　　　　37,000円
補助教材費・月額　　　　2,000円
児童会会費、PTA会費・月額
　　　　　　　　　　　　400円
給食費・月額　　　　　約5,000円

※入学辞退者には教育充実費を返還
※学園が設置する幼稚園から大学に3名以上の兄弟姉妹が在籍する場合、第3子以降の授業料は半額
※上記金額は諸事情等で変更の場合あり

制服

昼食

給食（週4回）、お弁当（週1回）
…6・7・9月は給食（週5回）

進学情報

［中学校への進学状況］
【暁】70～80％が内部進学。東海、滝、南山女子部、鈴鹿中等教育など
［高等学校への進学状況］
【暁】ほぼ全員が内部進学
［大学への進学状況］京都、名古屋、北海道、東北、三重、同志社、立命館、慶應、早稲田、上智、東京理科、名城など

［系列校］
四日市大学、四日市看護医療大学・大学院、暁高等学校（3年制）、暁中学校・高等学校（6年制）、暁幼稚園

※上記募集要項は小学校公表データです（注1：選抜方法については伸芽会教育研究所調査によるデータです）。詳細は小学校HPまたはお電話でご確認ください

三重　私立　共学　あ　暁小学校

津田学園小学校

https://tsudagakuen.ac.jp/shougaku/　E-mail shougaku@tsudagakuen.ac.jp

[所在地]　〒511-0904　三重県桑名市野田5-3-12
　　　　　TEL 0594-31-9311　FAX 0594-31-2678

[アクセス]
●JR関西本線・近鉄名古屋線【桑名】より三重交通バス【津田学園】下車、または【野田五丁目南】下車徒歩3分

小学校情報

[校　長]　岡田　浩一
[児童数]　274名（男子139名、女子135名）

沿　革　昭和47年、学校法人津田学園設立、笹川幼稚園開園。その後さらに4つの幼稚園開園を経て、昭和61年に津田学園中学校と津田体育専門学校、昭和62年に津田学園高等学校、平成3年に津田情報ビジネス専門学校、平成16年に津田学園小学校を開校。現在では5つの幼稚園、小学校、中学校、高等学校および、スポーツや文化振興などを目的とする各種教室を運営する総合学園に発展している。

教育方針　建学の精神は『津田の夢　津田の信念　津田の友情』。学園設立以来、学校教育と社会教育の垣根を低くすることで多世代が学び合える生涯教育の場「津田学園のまち」づくりを推進。小学校では「確かな学力」「探究心の追究」「道徳心の育成」の3つを教育方針に掲げ、「未来を拓く学力」と「自他を愛する人間性」の育成を目指す。学園全体として道徳教育、教育ICT、特色ある英語教育、アクティブラーニングを取り入れた授業にも取り組む。

特　色　確かな学力を身につけるために年間約200日の登校日、1000時間以上の授業時数を確保。独自のカリキュラムによる多様な教育内容で、「読む力」「書く力」「計算力」「表現力」を培う。また、緑豊かな立地環境を生かした自然観察や食育・農育など実体験型の学びを多く取り入れ探究心を養う。事前指導による興味づけなどで心に残る学校行事の実践にもつなげている。道徳心の育成では、あいさつや規律を大切にし、礼法を学習するなどしつけを徹底することで高い人間力の基礎を育み、人としての確固たる基盤を築く。

◆**ICT教育**　全教室に電子黒板を設置し、画像、音声や動画などを活用した独自の教材で理解力を高める。タブレット端末と連動させた双方向型の授業も実現

◆**英語教育**　1年生から週2時間。6年間を見据え、系統的に指導。独自のカリキュラムを作成し、ネイティブ教員による「生きた英語」で4技能を伸ばす。小中学生向けの英語の検定試験を年1回受検

◆**芸術鑑賞学習**　オーケストラ、能楽、バレエ、美術など芸術鑑賞の機会を多く設ける

◆**外部との連携**　さまざまな専門家による出前授業や、近隣地域の協力を得た農業に関する活動、企業や各種団体によるキャリア教育などを積極的に実施している

年間行事予定	
月	行　事　名（抜粋）
4	入学式、春の遠足
5	海の学校、山の学校
6	ホタル観察会、親子ふれあい教室
7	農業体験学習、汐の学校、芸術鑑賞学習
8	親子ふれあい教室
9	運動会、農育体験学習
10	写生大会、授業参観
11	ディスクゴルフ大会、マラソン大会
12	餅つき大会、焼きいもパーティー
1	百人一首大会、雪の学校
2	ありがとう集会、学習発表会
3	歴史の学校、卒業式

入試データ　　下記の資料は**2023年度用（2022年冬実施済み）**です

募集要項　　※下記は前年度のデータです

募集人員	男女計60名		
学校（入試）説明会	6月18日／7月16日／8月27日／10月15日		
願書配付期間	6月18日～		
出願期間	12月1～14日　平日9～17時（土：～12時）　窓口受付 ※考査料とともに現金書留にて郵送可（必着）		
提出書類	・入学願書、受験票		
受験票交付	郵送または願書受付時に手渡し		
受験番号付番	願書受付順	月齢考慮	なし
考査日	考査・面接：12月17日		
選抜方法 注1	ペーパーテスト、集団テスト、口頭試問、親子面接		
考査料	10,000円		
合格発表	12月21日　郵送で通知		
倍率	非公表		
入学手続	指定日		
編入学制度	随時実施／帰国生はp.209～参照		
復学制度	あり		
公開行事	学校見学会：6月20日／7月5日／9月7・15日／10月19日 体験授業：7月30日 プレテスト：10月22日		
備考	月2回、土曜講座を実施（4～6年生の希望者対象） スクールバスあり		

セキュリティ

防犯カメラ設置／防犯ブザー携帯／携帯電話所持可／授業中門施錠／インターホン設置／避難・防災訓練実施／緊急通報・安否確認システム／災害用品備蓄／ＡＥＤ設置

学　費

┈┈┈┈ 入学手続時納付金 ┈┈┈┈
入学金　　　　　　　　　　　　45,000円
施設設備等充実費　　　　　　200,000円

┈┈┈┈┈ 年間納付金 ┈┈┈┈┈
授業料・月額　　　　　　　　 25,000円
教材費、教育充実費・月額　　　8,000円
給食費・月額　　　　　　　　　5,600円
行事費・月額　　　　　　　　　2,000円
保護者の会会費・年額　　　　　2,400円
児童の会会費・年額　　　　　　2,400円
※スクールバス代（利用者のみ）は別途
　納付
※上記金額は諸事情等で変更の場合あり

制　服

昼　食

給食（週5回）

進学情報

[中学校への進学状況]
【津田学園】約30％が内部進学。東海、滝、南山、高田など
[高等学校への進学状況]
【津田学園】ほぼ全員が内部進学
[大学への進学状況]
名古屋、広島、三重、同志社、立命館、上智、東京理科など

[系列校]
津田学園高等学校（3年制）、津田学園中学校・高等学校（6年制）、津田第一幼稚園、津田第二幼稚園、津田三滝幼稚園、津田桑名幼稚園、津田大山田幼稚園など

※上記募集要項は小学校公表データです（注1：選抜方法については伸芽会教育研究所調査によるデータです）。詳細は小学校ＨＰまたはお電話でご確認ください

三重

私立　共学

つ

津田学園小学校

関西大学初等部／洛南高等学校附属小学校

✳ 関西大学初等部合格のIさん

受験のきっかけと工夫したこと

かなり早い段階から、子どもを取り巻く環境はできるだけよいものを用意してあげたいと思っていました。志望校は、子どもが自宅から通いやすく、考える力を育めること、楽しそうな雰囲気であることから決めました。

家庭学習では特別に問題集に取り組むなどはしませんでしたが、伸芽会の授業で使用したプリントを2回ずつ復習して、着実に力をつけるようにしました。毎日3〜5冊の絵本を寝る前に読み聞かせたり、子どもが粘土遊びや工作などをしたいときには、少しでも時間を作って優先し、毎日行いました。

受験4ヵ月前ほどから家庭での学習時間の確保が難しくなってしまいましたが、苦戦したときこそ伸芽会の先生に相談するようにしました。先生のアドバイスを試すと、先生と子どもの信頼関係ができていたため、とても効果がありました。

合格のポイントとアドバイス

直前期には、遊ぶときは思い切って学習から離れてメリハリをつけるよう、伸芽会の先生から勧められました。そこで、お盆休みの1週間は受験の話をせずに自由に過ごすようにしました。旅行やキャンプ、虫捕り、プール遊びなどを存分に楽しみ、十分リフレッシュすることができました。その後も家庭では読み聞かせを中心に行い、子どもの笑顔を絶やさないようにして、精神面でプレッシャーを与えすぎないようにしたことがよい結果につながったと思っています。

子どもは受験を通して、学ぶことの楽しさ、また苦手なことでも挑戦すれば得意にもなるという実体験を得ることができましたが、子どもと先生との信頼関係があってこそと思います。子どもと先生との関係は、親と先生との関係の反映でもあります。親も初めてのことで不安がたくさんありますが、子ども同様に先生と信頼関係を作り、信じて、時には甘えることが大切です。

✳ 洛南高等学校附属小学校合格のSさん

受験のきっかけと家庭での対策

通っていた習い事の先生に勧められたことをきっかけに、子どもが年少の秋ごろから小学校受験に興味を持ち始めました。伸芽会に入会し、さまざまな学校の情報に触れて調べた結果、子どもの個性やわが家の教育方針との一致に魅力を感じて志望校を決めました。

子どもはマイペースな性格のため、ペーパー対策ではスピード感を持って取り組むことと、苦手分野の克服に苦労しました。家庭では、取り組みが嫌にならないようスピードを求めたり追い立てたりすることはせず、そこは伸芽会の先生にお任せすることにしました。苦手分野は何度もくり返しプリントに取り組むことで、解けるという自信を持たせました。毎日決まった時間に机に向かうことを習慣化し、直前期でも習い事に通い続け、あまり受験にとらわれないようにしました。

合格のポイントと受験で得たもの

伸芽会では表面的な解答テクニックを身につけるのではなく、「なぜそうなるのか」という知的好奇心を高めていただきました。その積み重ねの上に、志望校に合わせた対策を適切な時期に立てていただいたことが、合格につながったと感じています。早くから学習を習慣化していたこと、志望校対策だけでなく幅広くバランスよく学習したこともポイントになったと思います。

受験を通して子どもは、学習の習慣、常識や所作・マナー、共同生活に必要な協調性など、入学後に必要となるスキルが身につきました。親子で同じ目標に向かい、一丸となって努力する体験は大変貴重なものです。親にとっても、これまでの子育てをふり返って見直し、これからの方針を明確化することができました。親は子どもの可能性を信じて、先生方に頼るべきところは頼りながら、子どもが楽しく学ぶ環境や機会、気持ちづくりをするようサポートされるとよいのではないでしょうか。

近畿圏 国立大学附属小学校入試情報ガイド

大阪教育大学附属池田小学校
大阪教育大学附属天王寺小学校
大阪教育大学附属平野小学校
京都教育大学附属京都小中学校
京都教育大学附属桃山小学校
滋賀大学教育学部附属小学校
奈良教育大学附属小学校
神戸大学附属小学校
兵庫教育大学附属小学校
和歌山大学教育学部附属小学校
三重大学教育学部附属小学校

※ 掲載の入試情報は、2023年度用（2022年秋～2023年冬実施済み）です。最新の情報は直接学校窓口にお問い合わせいただくか、各学校のホームページなどでご確認ください。

大阪教育大学附属池田小学校

http://www.ikeda-e.oku.ed.jp　E-mail ikeda-e@cc.osaka-kyoiku.ac.jp

[アクセス]
●阪急宝塚線【池田】より徒歩20分

[所在地]　〒563-0026　大阪府池田市緑丘1-5-1
　　　　　TEL 072-761-3591　FAX 072-761-3594

小学校情報

[校 長]　眞田 巧
[児童数]　607名（男子302名、女子305名）

沿 革　明治42年、池田町立尋常高等小学校の一部を代用して創立。大正8年、大阪府池田師範学校附属小学校に、昭和21年、大阪第二師範男子部附属小学校に、昭和26年、大阪学芸大学附属池田小学校に、昭和42年、大阪教育大学附属池田小学校に改称。平成27年、SPS（セーフティプロモーションスクール）に認証される。令和5年、創立115周年を迎える。

教育方針　社会の形成者として必要な能力を兼ね備えた人間になれるよう、次の5つの目標を掲げる。教育基本法および学校教育法に基づき、心身の発達に応じて実施される普通教育のうち基礎的なものを行い、①自ら進んで学び、生活を切り開く主体的な意欲と能力の育成、②好ましい人間関係を育てることによる集団的資質と社会性の育成、③自他の生命を尊重し、社会の平和と発展を希求する心情の育成、④健康の増進と、明るくたくましい心身の育成、⑤安全な社会づくりに主体的に参画する人間の育成を目指す。

特 色　ICTを活用したアクティブラーニングの視点から授業を行うほか、思いやりと生命尊重を重視した道徳教育、さまざまな安全・安心の視点から学習する安全教育、AET（Assistant English Teacher）を導入した英語教育など、多彩なカリキュラムを展開する。3年生以上では「なごみの日」を設定し、華道や茶道を体験することで「和みの心」を育むほか、1年生から6年生までの学年縦割りで「わくわく団」を構成し、遊ぶ・集う・奉仕するなどの活動を通じて、助け合いの心を学ぶ。

◆**クラブ活動**　4年生以上。毎年6年生がどのクラブを設置するか企画し運営する。サイエンス、スイーツ、放送局、ロボット、イラスト・マンガ、ダンスなど

◆**英語教育**　3・4年生は週1時間、5・6年生は週2時間。フォニックスを取り入れ、ICTを活用しながら授業を行う

◆**授業の特色**　教育課程特例校として年15時間、安全科の授業を行う。台湾や香港の小学校と交流協定を結び学校訪問も実施

◆**校外学習**　2年生は1泊2日の学校キャンプ、3年生は2泊3日の林間学舎、4年生は2泊3日の冬季林間学舎、5年生は2泊3日の臨海学舎、6年生は2泊3日の富士体験キャンプがある

年間行事予定	
月	行 事 名（抜粋）
4	入学式、1年生歓迎会、春の遠足
5	6年富士体験キャンプ
6	2年学校キャンプ、祈りと誓いの集い
7	5年臨海学舎
8	
9	運動会、避難訓練（地震）
10	3年林間学舎、秋の遠足、避難訓練（防犯）
11	———
12	文化発表会
1	4年冬季林間学舎、避難訓練（地震）
2	わくわくお別れ会
3	6年生お別れパーティー、卒業式

入試データ

下記の資料は**2023年度用（2023年冬実施済み）**です

募集要項 ※下記は前年度のデータです

募集人員	男女計100名（学校災害特別研究児童3名以内を別途募集）
学校(入試)説明会	12月8日　13時45分〜14時45分　体育館にて
願書配付期間	Ｗｅｂ公開のみ
出願期間	Ｗｅｂ出願：11月14日（0時）〜12月23日（23時59分） 書類提出：11月14日〜12月23日（必着）　書留で郵送 ※ＨＰの指示に従ってＷｅｂ出願後に書類提出
提出書類	・志願書 ・写真票 ・住民票記載事項証明書（世帯全員の写し） ・志願者票等返信用封筒（切手を貼付） ・特別事情具申書（学校災害特別研究児童のみ）
受験票交付	特定記録郵便で郵送（1月10日までに到着するよう送付）
受験番号付番	番号は学校が決定（願書受付順ではない）／月齢考慮　なし
選抜方法 注1	ペーパーテスト、個別テスト、集団テスト、親子面接
考査の流れ	選考1日目（親子面接）：1月23日（女子）／24日（男子）▶選考2日目（ペーパーテスト、個別テスト、集団テスト）：1月28日 9時30分〜（女子）／13時10分〜（男子） ※学校災害特別研究児童の保護者には、選考1日目に、校長面接も実施
考査料	3,300円（クレジットカード、コンビニまたはペイジー決済）
合格発表	1月29日　13時〜　Ｗｅｂ発表
入学手続	指定日
編入学制度	なし。附属間交流は実施／帰国生はp.209〜参照
復学制度	あり
出願資格	通学区域制限あり
備考	合格者招集：2月3・16日

セキュリティ

警備員常駐／防犯カメラ設置／交通指導員配置／登下校確認システム／防犯ブザー携帯／授業中門施錠／インターホン設置／保護者ＩＤカード／避難・防災訓練実施／緊急通報システム／緊急地震速報装置／ＡＥＤ設置／不審者対応訓練実施／緊急時一斉連絡システム

通学の範囲

下記の所定の通学区域内に、出願時に、保護者と同居している者（同居予定は不可）

大阪府：池田市（全市域）、豊中市（新千里北町2、寺内、利倉西1・2、西泉丘2・3、東泉丘4、東寺内町をのぞく全域）など
兵庫県：伊丹市（荒牧の中国縦貫道以北と伊丹1・2・3、鋳物師、春日丘4・5・6、北伊丹、北河原、北園、北本町、下河原、高台5、中央、西台1・3、東有岡1・2、藤ノ木、宮ノ前）など
※一部抜粋。詳細はＨＰなどで要確認

制服

昼食

給食（週5回）

進学情報

[中学校への進学状況]
【大阪教育大附属池田】約60%が内部進学
[高等学校への進学状況]
【大阪教育大附属（池田校舎）】約70%が内部進学
[大学への進学状況]
内部進学制度なし。東京、京都、大阪、神戸、同志社、立命館など

[系列校]
大阪教育大学・大学院、大阪教育大学附属高等学校池田校舎・附属池田中学校など

※上記募集要項は小学校公表データです（注1：選抜方法については伸芽会教育研究所調査によるデータです）。詳細は小学校ＨＰまたはお電話でご確認ください

大阪教育大学附属天王寺小学校

http://www.tennoji-e.oku.ed.jp/　E-mail futensyo@ml.osaka-kyoiku.ac.jp

[アクセス]
- ●JR各線・地下鉄各線【天王寺】より徒歩5分
- ●阪堺電気軌道上町線【天王寺駅前】より徒歩7分
- ●近鉄南大阪線【大阪阿部野橋】より徒歩5分

[所在地]　〒545-0053　大阪府大阪市阿倍野区松崎町1-2-45
　　　　　TEL 06-6621-0123　FAX 06-6621-0122

小学校情報

[校 長]　小﨑 恭弘
[児童数]　男女計627名

沿 革　明治10年、大阪府師範学校内に附属演習小学校として設けられる。明治19年、大阪府尋常師範学校附属小学校に、明治31年、大阪府師範学校附属小学校に、昭和21年、大阪第一師範男子部附属小学校に改称。昭和26年、大阪学芸大学附属天王寺小学校に、昭和42年、大阪教育大学教育学部附属天王寺小学校に改称。平成16年、現校名に改称。令和4年、創立145周年を迎えた。

教育方針　「個が生きる学校」を教育目標に掲げる。理想の児童像として、「自他の人格を尊重し、実践力のある子」「生命を尊重し、健康で安全につとめる子」「みんなと協力してしごとのできる子」「自分でよく考え、すすんで実行できる子」「ものごとを最後までやりとおせる子」「きまりを守り、明るくくらせる子」の6つを挙げている。初等普通教育を行うとともに、大学と一体となって教育の理論と実際に関する研究を行うことや、教育実践に役立てることなどの任務を負う。

特 色　「過程を大切にする」「能動的に働きかける」「多面的に思考する」「知識を概念的に整理する」「創造する」という5つの資質・能力を重視しカリキュラムを作成。大学と協働し、先進的・実践的な授業研究を行う。令和2年度より、「教科横断的な学習としてのSTEAM教育の実現をめざしたカリキュラム開発」に取り組み、子どもたちの「知る力」と「創る力」をバランスよく育成することで、責任感と独創性の基礎を養う。研究の成果は研究発表会などで発信し、授業改善や地域への還元などに役立てている。

◆**クラブ活動**　4年生以上。サッカー、ドッジボール、アート、家庭科、科学実験など
◆**ICT教育**　パソコンルームに1人1台パソコンを用意。5・6年生の教室には電子黒板を設置し、資料提示や発表に活用
◆**学校行事**　附天小まつりは4〜6年生が体験コーナーなどを出店し、1〜3年生が客になり楽しむ。宿泊型の防災訓練では、避難中の想定で学校に1泊。耐寒スポーツウィークでは縄跳びなどで体力向上を図る
◆**校外学習**　3・4年生は林間学舎を実施。5・6年生が参加する白浜方面での臨海学舎では、5年生が300m、6年生が1000mの距離テスト（遠泳）を行う。そのほか、6年生の修学旅行やスキー教室、春と秋の遠足など

年間行事予定

月	行　事　名 (抜粋)
4	入学式、1年生を迎える会、春の遠足
5	6年修学旅行、3・4年林間学舎
6	——
7	5・6年臨海学舎
8	——
9	運動会
10	秋の遠足、附天小まつり
11	防災宿泊訓練
12	学芸会
1	耐寒スポーツウィーク
2	6年スキー教室
3	6年生を送る会、卒業式

School Information

※濃い色で示したアイコンはこの小学校に該当するものです

入試データ

下記の資料は**2023年度用（2023年冬実施済み）**です

募集要項 ※ !2024 は次年度のデータです

募集人員	男女計105名
学校（入試）説明会	!2024 8月19日（願書配付あり）
願書配付期間	!2024 11月13〜17日　10〜12時、13〜16時　事務室にて
出願期間	12月6・7日（男子）／8・9日（女子） 9〜13時　窓口受付
提出書類	・入学願書（入学検定料振込金証明書を貼付） ・住民票記載事項証明書 ・写真1枚（入学願書に貼ったものと同じ顔写真） ・通学経路をプリントアウトしたもの
受験票交付	願書受付時に手渡し
受験番号付番	250番までは抽選順、以降は願書受付順　｜　月齢考慮　｜　なし
選抜方法注1	第一次：ペーパーテスト、集団テスト、保護者作文 第二次：集団テスト、運動テスト、親子面接
考査の流れ	第一次選考（ペーパーテスト・集団テスト、保護者作文）：1月7日　8時30分〜（男子）／13時30分〜（女子）▶第一次選考発表：1月10日　12時〜（男子）／13時30分〜（女子）（校内掲示）▶第二次選考1日目（集団テスト・運動テスト）：1月11日（男子）／12日（女子）▶第二次選考2日目（親子面接）：1月13日（男子）／14日（女子）
考査料	3,300円
合格発表	1月15日　12時〜　掲示発表
入学手続	1月15日　13時〜
編入学制度	なし。附属間交流は実施
復学制度	あり
出願資格	通学時間制限：所要時間50分以内
備考	——

セキュリティ

警備員常駐／防犯カメラ設置／交通指導員配置／登下校確認システム／防犯ブザー携帯／携帯電話所持可（届出制）／インターホン設置／保護者入校証／避難・防災訓練実施／緊急地震速報装置／災害用品備蓄／AED設置

通学の範囲

志願者が保護者とともに居住し、自宅から本校までの通学所要時間が、徒歩または公共交通機関を使って片道50分以内であること。入学後も、通学時間は50分以内。50分を超える場合は、原則として学校を辞めること

※詳細はHPなどで要確認

制服

昼食

給食（週5回）

進学情報

［中学校への進学状況］
【大阪教育大附属天王寺】約30％が内部進学
［高等学校への進学状況］
【大阪教育大附属（天王寺校舎）】ほぼ全員が内部進学
［大学への進学状況］
内部進学制度なし。東京、京都、大阪、神戸、大阪教育、同志社、立命館など

［系列校］
大阪教育大学・大学院、大阪教育大学附属高等学校天王寺校舎・附属天王寺中学校など

大阪　国立　共学　お　大阪教育大学附属天王寺小学校

大阪教育大学附属平野小学校

https://osaka-kyoiku-hirasho.org　E-mail hirasho@cc.osaka-kyoiku.ac.jp

[アクセス]
●地下鉄谷町線【平野】より徒歩6分

[所在地]　〒547-0032　大阪府大阪市平野区流町1-6-41
　　　　　TEL 06-6709-1230　FAX 06-6709-2839

小学校情報

[校　長]　山田 周二
[児童数]　男女計625名

沿　革　明治33年、大阪府女子師範学校附属小学校として設立。昭和16年、大阪府女子師範学校附属国民学校に、昭和22年、大阪第一師範学校女子部附属平野小学校に、昭和24年、大阪学芸大学第一師範学校平野附属小学校に、昭和26年、大阪学芸大学附属平野小学校に改称。平成16年、大阪教育大学附属平野小学校と改称して現在に至る。令和2年、創立120周年を迎えた。

教育方針　①常に新しい時代の求める人間像を追求し、一人ひとりの子どもの個性を伸長し、最大限に発揮させる。②学校における教育活動全体を通して、望ましい学習集団の育成を目指し、集団とのかかわりを大切にしながら、一人ひとりを伸ばす。③既有の知識や経験をもとに、自らの生活を切り開いていくために必要な態度や能力を学び取っていく力を育てる。この3つを方針とし、教育目標に「ひとりで考え　ひとと考え　最後までやりぬく子」を掲げる。

特　色　一人ひとりに「確かな学力」と「豊かな心」が身につく教育を実践。楽しく、充実感のある独自の授業や教育活動を行い、個々に応じた指導に努めることで確かな学力を養う。また、集団生活を送る中で、多様さを認め合い、自他の生命を尊ぶ豊かな心が育まれるよう尽力している。平成28年度より文部科学省研究開発学校として「未来そうぞう科」を設置。令和2年度より教育課程特例校の指定を受け、継続して研究に取り組む。子どもたちが自らよりよい未来をそうぞう（想像・創造）することができるよう、主体的実践力・協働的実践力・そうぞう的実践力の育成を目指す。

◆**英語教育**　絵本の読み聞かせなど、豊富な言語活動やドリル活動を行う。英語を一つのツールとしてコミュニケーション力を育てる

◆**ICT教育**　児童1人に1台のタブレット端末や電子黒板を活用した授業の展開など、ICT教育の先進的研究に力を入れている

◆**授業の特色**　理科、音楽、図工、家庭科、書写、道徳では専科制を導入し、授業成果の向上を図る。年1回、財政教育を実施。近畿財務局と大阪教育大学との連携によるもので、財務局職員が大学生に財政教育プログラムを行い、大学生が6年生に授業をする

◆**校外学習**　5年生は臨海学舎、6年生は修学旅行の宿泊学習。そのほか、研究発表会や春と秋に学年遠足などを行う

年間行事予定

月	行　事　名（抜粋）
4	入学式、対面式、学習参観
5	健康診断、個人懇談、学年遠足、学習参観
6	プール水泳開始、6年修学旅行
7	期末個人懇談、5年臨海学舎
8	——
9	運動会
10	学年遠足、平野フェスティバル、音楽会
11	開学記念日、研究発表会
12	期末個人懇談
1	——
2	——
3	全校お別れ会、卒業式

入試データ　下記の資料は**2023年度用（2023年冬実施済み）**です

募集要項　※下記は前年度のデータです

募集人員	男女計105名（内部進学者約60名含む）
学校（入試）説明会	11月17日　16時〜
願書配付期間	11月17日〜12月9日　平日9時〜12時30分、13時30分〜16時（12月5日、土：休み）
出願期間	12月22・23日　9〜12時、13〜15時（23日：〜12時）　窓口受付
提出書類	・入学願書（入学検定料振込金証明書を貼付） ・志願者票 ・住民票記載事項証明書（保護者および本人記載のもの）
受験票交付	願書受付時に手渡し
受験番号付番	30番までは抽選順、以降は願書受付順　月齢考慮　なし
選抜方法注1	ペーパーテスト、個別テスト、集団テスト、親子面接
考査の流れ	選考1日目：1月18日　9時〜（男子）／12時30分〜（女子）▶ 選考2日目：1月19日　午前
考査料	3,300円
合格発表	1月20日　9時〜　掲示発表
入学手続	指定日
編入学制度	なし。附属間交流は実施
復学制度	あり
出願資格	通学時間制限：所要時間50分以内
備考	公開行事：オープンキャンパス：10月26日

通学の範囲

出願時に大阪府内に保護者とともに居住し、通学所要時間が徒歩または公共交通機関により、50分以内の者（交通機関利用時間は、乗り換えに要する時間を含み40分以内）
※詳細はHPなどで要確認

制服

セキュリティ

警備員常駐／防犯カメラ設置／交通指導員配置／防犯ブザー携帯／保護者入構証／避難・防災訓練実施／緊急地震速報装置／AED設置／救急救命講習実施

昼食

給食（週5回）

進学情報

［中学校への進学状況］
【大阪教育大学附属平野】約60％が内部進学
［高等学校への進学状況］
【大阪教育大学附属（平野校舎）】約70％が内部進学
［大学への進学状況］
内部進学制度なし。京都、大阪、神戸、大阪教育、同志社、立命館など

［系列校］
大阪教育大学・大学院、大阪教育大学附属高等学校平野校舎・附属平野中学校・附属幼稚園など

※上記募集要項は小学校公表データです（注1：選抜方法については伸芽会教育研究所調査によるデータです）。詳細は小学校HPまたはお電話でご確認ください

京都教育大学附属京都小中学校

https://www.fuzokukyoto.jp/　E-mail kyotojs@kyokyo-u.ac.jp

[アクセス]
- ●地下鉄烏丸線【鞍馬口】【北大路】より徒歩8分
- ●市バス【北大路新町】下車徒歩3分

[所在地]　〒603-8164　京都府京都市北区紫野東御所田町37
TEL 075-441-4166　FAX 075-431-1827

小学校情報

[校　長]　湯川 夏子
[児童数]　男女計842名（1～9年生）

沿　革　明治9年、京都府師範学校創立。明治15年、京都府師範学校附属小学校として創立。昭和13年、現校舎新築移転。昭和22年、京都師範学校男子部附属小学校と改称、附属中学校を併置。平成15年、文部科学省の指定を受け小中一貫教育システムの開発研究を開始。平成16年、京都教育大学附属京都小学校と改称。平成22年、小中一貫教育学校として京都教育大学附属京都小中学校と改称。平成29年、義務教育学校へ移行。

教育方針　急速にグローバル化、情報化する21世紀型社会において、社会の変化に対応しつつ主体的に社会とかかわり、未来の社会で躍動する児童の育成を目指す。教育方針として、①自ら学び、自ら考え、自律的に行動できる、②自他の個性を生かしつつ、目的を達成するよう自ら実践する、③さまざまな考えや文化を受け入れ、他と共生し、協調してはたらく、④他者や社会に寛容の精神をもって、社会に貢献する人を育てることを掲げる。

特　色　小学校から中学校までの9年間のうち、1～4年を初等部、5～7年を中等部、8・9年を高等部とする4－3－2制を採用。初等部では学級担任制を基盤に基礎・基本の徹底を、中等部では教科担任制を取り入れ学力の定着を、高等部では個性や能力の伸長を図る。キャリア教育を中核に据え、「高い知性、豊かな感性、柔軟な創造性、逞しい心身、敬愛の精神」を5つの柱として、国際社会の一員として必要な資質や能力を総合的に育む。校舎は、初等部は西、中・高等部は東と2つのエリアに分かれている。

◆**英語教育**　1～6年生は週2時間。うち1時間は15分間のモジュール学習を週3回実施し、読み聞かせ、フォニックス、語彙、歌などに取り組む
◆**特別活動**　1～4年生では縦割り活動や行事などを子どもたちが主体的に企画・運営。5～9年生では5つの学年で生徒会を組織し、委員会や行事などの運営にあたる
◆**国際教育**　5～9年生が主体となり、タイの姉妹校と毎年交流活動を行う
◆**校外学習**　1・2年生はそり教室、3年生は「休暇村 竹野海岸」で海洋体験、4年生は広島方面で学習旅行、5年生は小豆島で海浜学習、6年生は志賀高原で宿泊スキーなど

年間行事予定

月	行　事　名（抜粋）
4	前期始業式、入学式、全校対面式
5	1～4年縦割り植物園遠足
6	5～9年合唱コンクール
7	3年海洋体験、5年海浜学習
8	
9	紫翔祭
10	後期始業式、4年学習旅行、1～4年学年遠足
11	5～7年学年遠足
12	紫友祭
1	1・2年そり教室、3・4年スキー教室
2	6年宿泊スキー、1～4年初等部マラソン大会
3	9年生お別れの式、卒業式

入試データ

下記の資料は**2023年度用（2023年冬実施済み）**です

募集要項 ※下記は前年度のデータです

募集人員	男女計96名
学校（入試）説明会	9月10日　①9時30分〜　②11時30分〜　講堂にて（施設見学あり。要申込）
願書配付期間	募集要項配付：9月10日〜
出願期間	10月1日（9時）〜31日（17時） ※HPの指示に従ってWeb出願
提出書類	・受検番号票 ※考査日に持参
受験票交付	12月7〜9日に手渡し
受験番号付番	願書受付順　　月齢考慮　　———
選抜方法 注1	第一次：ペーパーテスト、個別テスト、集団テスト、運動テスト 第二次：抽選
考査の流れ	第一次選考（ペーパーテスト、個別テスト、集団テスト、運動テスト）：1月12日（女子）／13日（男子）▶第一次選考発表：1月16日　11時〜（Web発表）▶第二次選考（抽選）：1月31日　受付…13時40分〜14時（女子）／15時30分〜15時50分（男子）
考査料	3,300円
合格発表	1月31日　第二次選考（抽選）後決定
入学手続	指定日
編入学制度	なし。附属間交流は実施
復学制度	———
出願資格	通学時間制限：所要時間60分程度
備考	合格者保護者会：2月3日　14〜16時

セキュリティ

警備員常駐／防犯カメラ設置／保護者IDカード／オートロック式電気錠／避難訓練実施

通学の範囲

入学手続時に本校が定める下記の募集区域内に生活の本拠（親権者を含む家族の居所）があり、住民票謄本（住民票の写し「世帯全員のもの」）の交付が受けられる者

京都府内に住民票および生活の本拠があること。ただし、徒歩または公共交通機関利用において、本校までの通学所要時間が、片道およそ60分の範囲にある者に限る
※詳細はHPなどで要確認

制服

制服なし（5年生から制服あり）

昼食

給食（週5回）

進学情報

[中学校への進学状況]
【京都教育大附属】原則として内部進学
[高等学校への進学状況]
【京都教育大附属】約60％が内部進学
[大学への進学状況]
内部進学制度なし。京都、大阪、神戸、千葉、京都教育、京都府立など

[系列校]
京都教育大学・大学院、京都教育大学附属高等学校・附属幼稚園など

※上記募集要項は小学校公表データです（注1：選抜方法については伸芽会教育研究所調査によるデータです）。詳細は小学校HPまたはお電話でご確認ください

京都　国立　共学　き　京都教育大学附属京都小中学校

京都教育大学附属桃山小学校

http://www.kyokyo-u.ac.jp/MOMOSYO/index.html　E-mail momosyo@kyokyo-u.ac.jp

[所在地]　〒612-0072　京都府京都市伏見区桃山筒井伊賀東町46
　　　　　TEL 075-611-0138〜9　FAX 075-611-0157

[アクセス]
●京阪本線【丹波橋】、近鉄京都線【近鉄丹波橋】
より徒歩3〜5分

小学校情報

[校　長]　児玉　一宏
[児童数]　男女計420名

沿　革　明治41年、京都府女子師範学校が京都市吉田町の仮校舎に設けられ、同時に京都市第一高等小学校の一部と京都市第二錦林尋常小学校の全部とをもって、代用附属小学校発足。昭和11年、現在地に移転。昭和24年、京都学芸大学附属桃山小学校に、昭和47年、京都教育大学教育学部附属桃山小学校に改称。平成16年、京都教育大学附属桃山小学校に改称。令和5年、創立115周年を迎える。

教育方針　学びの出発点や着想点を子どもに置いた「子どもの側から教育を発想する（創造性教育）」を基本方針に据え、教育活動を展開。「自ら自分たちの生活を切り拓く『自立』の力と互いを尊重し合いながらともに生きる『共生』の力を育む」を学校教育目標に掲げる。目指す子ども像を他者の思いや考えを知的に想像しながら受け止め、自分の考えをもとに行動の選択や判断をしていくことができる子としている。また、京都教育大学や附属学校園と連携し、時代の変化への対応力やグローバル社会を生き抜く資質・能力を培う。

特　色　国立大学の附属校として、大学との連携や実験校・モデル校としての進化・高度化に常に取り組む。教育活動は、英語教育、連携教育、情報教育、伝統文化を柱に展開。英語教育では附属中・高と連携し、一貫した到達目標を定めカリキュラムを研究。連携教育では附属幼稚園から中学校まで12年間の連続性を意識した学習や交流活動などを行う。情報教育では独自の教科としてメディア・コミュニケーション科を設置し、21世紀型情報活用能力を育む。伝統文化では音楽科のカリキュラムに伝統音楽を取り入れている。

◆**課外活動**　合唱団、おこと合奏団、六斎クラブ、祇園ばやしクラブがある
◆**国際教育**　オーストラリアのベレア小学校、台湾の台北市立大学附属小学校、桃園市立桃園小学校などと交流学習を実施
◆**ＩＣＴ教育**　1人1台のタブレット端末を授業で活用。3年生からは個人所有とし、学校と家庭での学習をシームレスにつなげる
◆**特別活動**　1〜6年生の縦割りで「つゆくさグループ」を編成。普段の清掃活動や運動会、遠足、集会などを行う
◆**施設の特色**　教室よりも広いスペースで学習したり、畳を敷き日本の伝統文化教育を実施したりできる学びルームを設置。運動場には、市電の車両が保存されている

年間行事予定

月	行　事　名（抜粋）
4	入学式
5	地域別集会
6	つゆくさ遠足、プール開き
7	地域別集会、5年臨海学習
8	4年フローティングスクール、ベレア小学校訪問（隔年）
9	4年農家宿泊体験、ベレア小学校来校（隔年）
10	つゆくさ運動会、6年修学旅行
11	秋の遠足、芸術鑑賞会
12	学芸会
1	5年音楽鑑賞会
2	1・2年雪遊び、3・4年スケート教室
3	6年生を送る会、卒業式

入試データ

下記の資料は**2023年度用（2022年秋〜冬実施済み）**です

募集要項 ※下記は前年度のデータです

募集人員	男女計20名程度
学校（入試）説明会	Ｗｅｂ説明会：9月3日
願書配付期間	10月3〜28日　平日9〜12時、13〜17時（土：休み）
出願期間	10月31日・11月1日　16〜18時　窓口受付
提出書類	・入学願書（誓約書を含む。振替払込受付証明書を貼付）
受験票交付	願書受付時に手渡し
受験番号付番	願書受付順　　月齢考慮　　────
選抜方法^{注1}	第一次：ペーパーテスト、集団テスト、運動テスト 第二次：集団テスト、親子面接 第三次：抽選
考査の流れ	第一次選考（ペーパーテスト、集団テスト、運動テスト）：11月25日　9時30分〜（女子）／13時30分〜（男子）▶第一次選考発表：11月29日　10時〜（女子）／11時〜（男子）（校内掲示）▶第二次選考（集団テスト、親子面接）：12月10日　10時〜（女子）／13時30分〜（男子）▶第二次選考発表：12月13日　9時30分〜（女子）／11時〜（男子）（校内掲示）▶第三次選考（抽選）：同日10時〜（女子）／11時30分〜（男子）
考査料	3,300円
合格発表	12月13日　第三次選考（抽選）後、決定
入学手続	指定日
編入学制度	なし。附属間交流は実施／帰国生はp.209〜参照
復学制度	────
出願資格	通学時間制限：所要時間60分以内
備考	公開行事：施設見学会・相談会…10月1日（要申込）

セキュリティ

警備員常駐／防犯カメラ設置／交通指導員配置／携帯電話所持可／防犯用赤外線センサー／避難訓練実施／災害用品備蓄／交通安全教室実施／オートロック式電気錠

通学の範囲

本校が定めた下記の募集区域内に生活の本拠があり、住民票の写し（世帯全員）の交付が受けられる者

京都府内に住民票および生活の本拠があり、徒歩または公共交通機関利用において、本校までの通学所要時間が、片道60分以内の範囲にある者に限る
※詳細はＨＰなどで要確認

制服

制服なし

昼食

給食（週5回）

進学情報

[中学校への進学状況]
【京都教育大附属桃山】約90%が内部進学
[高等学校への進学状況]
【京都教育大附属】約53%が内部進学
[大学への進学状況]
内部進学制度なし。京都、大阪、神戸、千葉、京都教育、京都府立など

[系列校]
京都教育大学・大学院、京都教育大学附属高等学校・附属桃山中学校・附属幼稚園など

京都

国立

共学

き

京都教育大学附属桃山小学校

滋賀大学教育学部附属小学校

https://www.edu.shiga-u.ac.jp/fs/　E-mail fusyo-m@edu.shiga-u.ac.jp

[アクセス]
- JR琵琶湖線【膳所（ぜぜ）】より徒歩8分
- 京阪石山坂本線【錦】より徒歩5分

[所在地]　〒520-0817　滋賀県大津市昭和町10-3
　　　　　TEL 077-527-5251　FAX 077-527-5259

小学校情報

[校　長]　田中　宏子
[児童数]　男女計624名

沿革

明治8年、小学教員伝習所附属小学校設置。同年10月、滋賀県師範学校附属小学校と改称。翌年、滋賀県大津師範学校附属小学校と改称。明治13年、滋賀県師範学校附属小学校と改称。明治44年、滋賀県女子師範学校に附属小学校設置。昭和24年、滋賀大学滋賀師範学校附属小学校と改称、男女両附属を統合。昭和41年、滋賀大学教育学部附属小学校と改称。平成16年、国立大学法人滋賀大学教育学部附属小学校となる。令和2年、創立145周年を迎えた。

教育方針

基本理念は『いまを生きる』。これは、一人ひとりが刻一刻と変わる「いま」を大切にし、課題と目的意識を持って精一杯の力で物事を追究し、自らの可能性を広げる生き方を指す。このような生き方を通して、豊かな心とたくましい意志、体力を育てる教育の充実と創造を目指す。「心豊かで実行力のある子ども」を教育目標に掲げ、「"わたし"が生きる学校」を合い言葉に、子ども・教師・保護者がそろって自己実現のできる学校づくりに取り組む。

特色

滋賀大学の附属4校園間で交流活動を積極的に行い、体験的学習を重視したカリキュラムの実施によって、命と人権を大切にする豊かな心とたくましく生き抜く力、自己教育力を身につけた児童の育成を目指す。大学や関係機関と連携し、初等教育についての新しい理論と実践に関する研究を先駆的に行うとともに、地域のモデル校として、県内の公立小学校に研究成果を共有・還元。また、教育学部生や大学院生の実習指導にあたり、現職教員の研修を受け入れるなど、次代の教育界を担う人材を育成する。

◆**特別活動**　4～6年生を対象に「であう学習」を実施。和太鼓、染めと織り、生け花などを学ぶ。5・6年生は学校生活向上を目指し「ゆめタイム」（委員会活動）を行う

◆**課外活動**　4年生以上。合唱団、合奏団があり活発に活動している。合唱団は地区のコンクールで受賞実績があり、合奏団は校内の音楽会や四校園まつり、卒業式などで演奏

◆**校外学習**　4・5年生は滋賀県が実施している環境学習に取り組む。4年生は森林環境学習「やまのこ」に参加。森林の中で自然観察や体験学習などを行う。5年生は「びわ湖フローティングスクール」に参加。学習船に乗り、航海しながら琵琶湖について学習する。6年生は修学旅行で広島を訪れる

年間行事予定	
月	行　事　名（抜粋）
4	入学式、前期始業式
5	運動会
6	4年やまのこ、プール開き
7	6年修学旅行
8	――――
9	3年校外学習、5年フローティングスクール
10	後期始業式
11	音楽会
12	――――
1	書き初め展
2	持久走大会、アートフェスティバル
3	卒業式、修了式

入試データ

下記の資料は**2023年度用（2023年冬実施済み）**です

募集要項 ※下記は前年度のデータです

募集人員	男女計105名（内部進学者含む）
学校（入試）説明会	11月1日　10時15分〜　体育館にて（説明会の前に授業参観あり）
願書配付期間	10月28日〜　平日9〜17時（土：休み）　事務室にて
出願期間	12月1〜5日　9〜15時　窓口受付
提出書類	・入学願書
受験票交付	——
受験番号付番	当日抽選
月齢考慮	なし
選抜方法	行動観察、親子面接
考査の流れ	選考（行動観察、親子面接）：1月11日▶合格者発表：1月18日※入学対象者数が募集人員を上回る場合は抽選を行う
考査料	3,300円
合格発表	1月18日　9時〜
入学手続	指定日
編入学制度	なし。附属間交流は実施
復学制度	退学後3年以内で5年生までに限る
出願資格	通学区域制限あり
備考	入学説明会：1月20日　10時〜

通学の範囲

本校が定めた通学区域内に保護者と在住する住居から通学できる者

※3月31日までに、通学区域内に保護者とともに転居（在学中も継続）する場合、出願可

大津市：坂本学区のうち坂本1〜7丁目、下阪本学区のうち下阪本1〜6丁目、唐崎学区全区、中央学区全区、平野学区全区、瀬田北学区全区など
草津市：平井1・2丁目、西渋川1・2丁目、野村1〜3・6〜8丁目、草津1〜4丁目など
栗東市：綣（へそ）1〜3・5〜8丁目、苅原の県道31号より栗東駅側
※一部抜粋。詳細はHPなどで要確認

制服

セキュリティ

警備員常駐／防犯カメラ設置／交通指導員配置／携帯電話所持可（届出制）／保護者名札着用／避難訓練実施／緊急通報システム／緊急時メール配信／不審者対応訓練実施

昼食

給食（週4回）、お弁当（週1回）

進学情報

[中学校への進学状況]
【滋賀大教育学部附属】約90%が内部進学
[高等学校への進学状況]京都教育大附属、立命館守山、比叡山、県立膳所、県立石山、県立彦根東、県立守山など
[大学への進学状況]
——

[系列校]
滋賀大学・大学院、滋賀大学教育学部附属中学校・附属幼稚園など

滋賀　国立　共学　し　滋賀大学教育学部附属小学校

※上記募集要項は小学校公表データです。詳細は小学校HPまたはお電話でご確認ください

奈良教育大学附属小学校

http://www.nara-edu.ac.jp/ES/index.html　E-mail fusho@nara-edu.ac.jp

[アクセス]
●近鉄奈良線【近鉄奈良】より奈良交通バス（外回り）、またはJR各線【奈良】より奈良交通バス（内回り）【高畑町】下車

[所在地]　〒630-8301　奈良県奈良市高畑町
　　　　　TEL 0742-27-9281　FAX 0742-27-9283

小学校情報

[校　長]　松本 哲志
[児童数]　男女計528名

沿　革　明治21年、奈良県尋常師範学校創設。明治22年、奈良県尋常師範学校附属小学校（男子部）開校。明治35年、奈良県師範学校女子部附属小学校開校。昭和25年、男子部と女子部の両附属小学校が合併。昭和26年、奈良学芸大学附属小学校と改称。昭和38年、高畑町へ移転。昭和47年、奈良教育大学教育学部附属小学校と改称。平成16年、国立大学法人奈良教育大学附属小学校となる。令和6年、創立135周年を迎える。

教育方針　教育目標に「集団の中でみがきあって伸びる子」を掲げ、それを目指すために「すこやかなからだをもった子」「たしかな知識をもった子」「ゆたかな心をもった子」「よく働く子」の4つを柱とする。学年ごとに目当てがあり、低学年は「よく食べ、力いっぱい体を動かす」「よく聞き、自分の思いを話せる」、中学年は「生活や学習に計画性をもつ」「個性を生かし、集団生活を活発にする」、高学年は「最後までやりぬく体力と気力をつける」「美しさ（ゆたかな文化）を求め、真実を追究する」などを設定している。

特　色　奈良教育大学の敷地内に位置し、大学と連携しながら初等普通教育および教育の理論や実践に関する研究、教育実習生の受け入れなどを行う。日々の教育活動では子どもたち同士で自身の力を伸ばしていけるよう促し、安心して成長できる環境づくりに努める。学習の題材は真理真実に重きを置き、それを生み出してきた人類の叡智にふれ、知の体系に加われるようになることを目標とする。地域の自然や文化財にふれるフィールドワークにも取り組む。

◆**児童会活動**　6年生、週1時間。選挙で選ばれた児童委員会のもとに、体育、図書、音楽、自然環境生産などの専門委員会を配置。全校行事に中心となって取り組む

◆**外国語活動**　奈良教育大学の留学生が授業に参加する機会を設け、子どもたちは生きた外国語を通じて文化の多様性を学ぶ

◆**授業の特色**　子どもたちが人間的な自立に向けて歩むことを目指す。必要な場合は、一人ひとりの子どものニーズに応じて「通級による指導」（個別・小集団指導）を行う

◆**校外学習**　3年生は瓦作り、4年生は大和高原で茶作り見学、5年生は勝浦で水産について学ぶ和歌山学習旅行、6年生は平和の大切さを学ぶヒロシマ修学旅行などを実施

年間行事予定	
月	行　事　名（抜粋）
4	入学式、1年生を迎える会、前期児童委員選挙
5	春の社会見学、6年ヒロシマ修学旅行
6	水泳学習
7	プール開放
8	
9	後期児童委員選挙
10	体育大会、秋の社会見学
11	附小創立記念日
12	5年和歌山学習旅行、かけ足・マラソン大会
1	
2	5年生が中心になるとりくみ
3	全校美術展、卒業式、卒業する会

入試データ

下記の資料は**2023年度用（2022年秋～冬実施済み）**です

募 集 要 項　※下記は前年度のデータです

募集人員	A（1次募集）：男女計88名（内部進学者含む） B（2次募集）：男女若干名
学校（入試）説明会	A：7月28日／8月27日　B：11月17日　9時30分～10時
願書配付期間	A：7月28日～9月14日　B：11月17～30日　9～17時 事務室にて　※大学守衛室でも配付
出願期間	A：9月14・15日　B：11月30日、12月1日 9～16時　窓口受付
提出書類	・入学願書
受験票交付	願書受付時に手渡し
受験番号付番	願書受付順　｜　月齢考慮　｜　──────
選抜方法	第一次：抽選 第二次：本人面接、健康診断
考査の流れ	A：第一次選考（抽選）…9月29日　受付…8時30分～9時（男子）／10時～10時30分（女子）▶第二次選考（本人面接、健康診断）…同日　受付…13時～13時20分（男子）／14時～14時20分（女子） B：第一次選考（抽選）…12月8日　受付…9時～9時30分▶第二次選考（本人面接、健康診断）…同日　受付…13時30分～13時50分
考査料	第一次：1,100円（出願時に窓口で提出） 第二次：2,200円（抽選会場で提出）
合格発表	A：9月29日　B：12月8日
入学手続	A：11月2・4日　B：12月21・22日　事務室にて
編入学制度	なし。附属間交流は実施
復学制度	あり
出願資格	通学区域制限あり
備考	入学説明会：2月17日　10時30分～11時30分

通学の範囲

奈良市のうち、4月1日時点で下記の校区に保護者とともに居住し、公共交通機関（電車・バス）、徒歩によって片道60分以内で通学できる者
※入学後のきまりとして、校区外に住居を移した場合は転校となる

飛鳥中学校区、春日中学校区、三笠中学校区、都跡中学校区、伏見中学校区、平城東中学校区、平城中学校区、若草中学校区のうち次の小学校区（鼓阪小学校・佐保小学校・鼓阪北小学校、ただし興東小学校区をのぞく）、都南中学校区のうち次の小学校区（東市小学校・辰市小学校・明治小学校・帯解小学校、ただし旧精華小学校区をのぞく）
※詳細はＨＰなどで要確認

制　服

セキュリティ

警備員常駐／防犯カメラ設置／交通指導員配置／防犯ブザー携帯／教室にインターホン設置／避難・防災訓練実施／ＡＥＤ設置／不審者対応訓練実施

昼　食

給食（週5回）

進学情報

[中学校への進学状況]
【奈良教育大附属】内部進学可能
[高等学校への進学状況]
大阪教育大附属（天王寺校舎、平野校舎）、西大和学園など
[大学への進学状況]
──────

[系列校]
奈良教育大学・大学院、奈良教育大学附属中学校・附属幼稚園

※上記募集要項は小学校公表データです。詳細は小学校ＨＰまたはお電話でご確認ください

神戸大学附属小学校

http://www.edu.kobe-u.ac.jp/hudev-akashie/

●神戸大学附属小学校

[アクセス]
●JR神戸線【明石】、山陽電鉄本線【山陽明石】より徒歩10分

[所在地]　〒673-0878　兵庫県明石市山下町3-4
　　　　　TEL 078-912-1642　FAX 078-914-8150

小学校情報

[校　長]　渡邊 隆信
[児童数]　男女計409名

沿　革　明治10年、神戸師範学校附属小学校創立。数度の改称を経て平成21年、神戸大学附属住吉小学校と改称。明治37年、兵庫県明石女子師範学校附属小学校開校。数度の改称を経て平成21年、神戸大学附属明石小学校と改称。平成21年、両校を統合再編し神戸大学附属小学校開校、附属明石小学校内に併置される（附属住吉小学校、附属明石小学校は平成26年に閉校）。令和6年、創立15周年を迎える。

教育方針　神戸大学の理念である『真摯・自由・協同』の精神に基づき、「国際的視野を持ち、未来を切り拓くグローバルキャリア人としての基本的な資質を育成する」という教育目標を掲げ、教育基本法・学校教育法に定める初等普通教育を行う。「自ら進んで生活を築いていく」「国際的な視点と広い心を持ち、互いを尊重し合う」「豊かな感性と探究的な思考力を働かせて、文化を創造していく」という3つの力を持った子どもを育成する。

特　色　神戸大学とともに附属幼稚園と小学校の9年間を見通した教育課程の開発・実践に取り組む。教員の人事交流や幼・小一体化も推進し、初等教育の拠点校を目指す。教育ではさまざまな事象から問題や自己の在り方を追究し、グローバルな視点に立ち判断できる資質・能力を培う。異文化理解に向け、オーストラリア、アメリカでホームステイや学校訪問などを行う交流プログラムを実施。また、リーダーシップが身につくよう縦割り班をつくり行事を行うなど、異学年交流活動を積極的に取り入れている。

◆**英語教育**　全学年。外国人教師の指導により、英語や海外の文化に親しむ
◆**ICT教育**　情報を活用する実践力や情報モラルを身につけるため、電子黒板やタブレット端末などを多用した授業を行う
◆**授業の特色**　附属幼稚園と連携して、幼稚園からの連続性に配慮したカリキュラムを編成。特に1年生では、小学校生活に慣れるために幼稚園の教員と連携を図り、幼稚園の年長組と一緒に授業を行うなど発達段階に応じた教育活動を展開している
◆**校外学習**　4年生以上は自然・環境、平和、災害をテーマに宿泊活動を実施。4年生は2泊3日で淡路島、5年生は3泊4日で周防大島や広島、6年生は3泊4日で東北を訪問

年間行事予定

月	行　事　名 (抜粋)
4	入学式
5	スポーツデー
6	避難・引き渡し訓練
7	夏休み前の会
8	夏休み明けの会
9	縦割り遠足
10	発育測定、6年宿泊活動
11	——
12	ステージ鑑賞日、冬休み前の会
1	冬休み明けの会、防災訓練・震災講話
2	参観ウィーク
3	卒業式

| 始業 | 制服 | 2学期制 | 土曜登校 | クラス替 | 給食 | アレルギー対応 | ICT教育 | 外国語 | 通学時間制限 | アフタースクール | 幼稚園 | 中等教育 | 大学 |

入試データ　　下記の資料は2023年度用（2022年冬実施済み）です

募集要項　　※下記は前年度のデータです

募集人員	男女計30名程度
学校（入試）説明会	Ｗｅｂ説明会：10月23・24日
願書配付期間	10月26〜28日　9時30分〜14時
出願期間	11月2〜5日（消印有効）　簡易書留で郵送
提出書類	・入学願書 ・払込取扱票綴り ・振替払込受付証明書貼付用紙 ・検定料返還請求書 ・願書受理はがき
受験票交付	郵送

受験番号付番	抽選順	月齢考慮	──────

選抜方法注1	第一次：抽選 第二次：個別テスト、集団テスト、運動テスト、親子面接 第三次：抽選
考査の流れ	第一次選考（抽選）：12月5日（男子）／6日（女子）▶第二次選考（個別テスト、集団テスト、運動テスト、親子面接）：12月9・10日のうち1日▶第二次選考発表：12月19日（Ｗｅｂ発表）▶第三次選考（抽選）：12月20日
考査料	3,300円（第一次選考［抽選］選外の場合、2,200円を返還）
合格発表	12月20日　第三次選考（抽選）後決定
入学手続	12月20日
編入学制度	なし。附属間交流は実施
復学制度	あり
出願資格	通学区域制限あり
備考	──────

セキュリティ

警備員常駐／携帯電話所持可（届出制）／保護者入校証／避難・防災訓練実施／緊急通報・安否確認システム／非常食備蓄／ＡＥＤ設置

通学の範囲

所定の下記地域に、4月1日現在、保護者と住居をともにし、公共交通機関、あるいは徒歩により60分程度で本校始業時刻（8時25分）までに無理なく登校できる者（自動車による送迎は不可）

神戸市、芦屋市、西宮市、尼崎市、伊丹市、宝塚市、川西市、明石市、加古川市、稲美町、播磨町、高砂市、小野市、三木市、姫路市、たつの市、太子町、相生市、赤穂市、淡路市
※詳細はＨＰなどで要確認

制服

昼食

給食（週5回）

進学情報

[中学校への進学状況]
【神戸大附属中等教育】約50%が内部進学
[高等学校への進学状況]
【神戸大附属中等教育】原則として内部進学
[大学への進学状況]
内部進学制度なし。東京、京都、一橋、大阪、東北、神戸、同志社、立命館など

[系列校]
神戸大学・大学院、神戸大学附属中等教育学校・附属幼稚園など

兵庫　国立　共学　こ　神戸大学附属小学校

兵庫教育大学附属小学校

http://www.hyogo-u.ac.jp/element/　E-mail element@hyogo-u.ac.jp

[アクセス]
●JR加古川線【社町】より神姫バス【社高校前】下車徒歩3分

[所在地]　〒673-1421　兵庫県加東市山国2013-4
　　　　　TEL 0795-40-2216　FAX 0795-40-2219

小学校情報

[校　長]　冨田　明徳
[児童数]　462名（男子227名、女子235名）

沿　革　昭和53年、兵庫教育大学設置。昭和55年、兵庫教育大学学校教育学部附属小学校設置、旧兵庫県立嬬野公民研修所を仮校舎として教育を開始。昭和56年、附属小学校校舎が竣工し、仮校舎から新校舎に移転。平成8年、パソコンルームを新設。平成16年、国立大学法人法の施行に伴い、学校名を兵庫教育大学附属小学校に改称。令和2年、小学校創立40周年を迎えた。

教育方針　「人間として生きぬく力を育てる」を教育目標に掲げ、「求める」「支える」「鍛える」を目標達成の教育指標とする。それぞれの指標において、「ねばり強く問いつづけ、よりよいものをつくり出す子」「はげまし、支え合い共に伸びる子」「強い心とたくましい体をつくる子」を理想像とし、より高い価値を追求する力を培い、優しく、厳しく見つめる愛を育み、心も体もたくましく、旺盛な実践力を養うことを目指している。兵庫教育大学の実習・実地教育校、研究協力校の任も果たす。

特　色　意志を中核に置いた体・心・頭からなる調和的な人間形成と、新しい社会を豊かに生きる人間の育成を目指して教育実践を行う。兵庫教育大学と連携してSTEAM教育の研究を進め、1人1台のタブレット端末を導入し、主体的・対話的な学びの実現に取り組む。1年生から教科担任制を導入。教科担当の教員を中心に質の高い授業を実施し、複数の教員による多面的できめ細かい指導を展開する。「自立、共生・協働、創造」の観点から、縦割りでの学習活動や幼・小・中の附属間交流などにも力を入れている。

◆**英語教育**　1～4年生は週1時間、5・6年生は週2時間。教科担任とALTのチームティーチングで授業を行う。低学年は英語に親しみ、高学年は教科横断型の授業も実施
◆**特別活動**　全学年縦割りで「うれしの班」を編成。テーマを決めスポーツを楽しむ「うれしのスポーツ」、運動会にあたる「うれしのカーニバル」、一年を締めくくる「ありがとううれしの班」など一年を通して活動
◆**校外学習**　1・6年生、2・4年生、3・5年生でペアになり、なかよし遠足を行う。また宿泊行事として、4年生は自然学校、5年生は林間学校を県立嬬野台生涯教育センターで行い、6年生は京都・大阪方面への修学旅行を実施

年間行事予定	
月	行　事　名 (抜粋)
4	入学式
5	なかよし遠足、地区別児童集会、はじめましてうれしの班
6	水泳指導、4年おんがく
7	4年自然学校、5年林間学校
8	──────
9	──────
10	うれしのカーニバル
11	6年修学旅行、1～3年遠足
12	芸術鑑賞会
1	──────
2	ありがとううれしの班
3	卒業式

入試データ

下記の資料は**2023年度用（2023年冬実施済み）**です

募集要項　※下記は前年度のデータです

募集人員	男女計75名（内部進学者含む）
学校（入試）説明会	11月12・15日（学校見学会あり。要申込）
願書配付期間	11月1日〜
出願期間	11月28日〜12月2日 9〜12時、13〜17時　窓口受付　※郵送可（必着）
提出書類	・入学願書 ・受験票、写真票 ・誓約書 ・健康診断書（出願前3ヵ月以内のもの） ・入学を志願する者および保護者の住民票 　（出願前3ヵ月以内のもの） ・検定料納付確認票（振替払込受付証明書を貼付） ・結果通知書送付用封筒（切手を貼付） ・受験票等送付用封筒（郵送出願の場合のみ。切手を貼付）
受験票交付	郵送または願書受付時に手渡し
受験番号付番	願書受付順　｜　月齢考慮　｜　────
選抜方法	書類審査、ペーパーテスト、集団観察、運動テスト、親子面接
考査の流れ	選考（書類審査、ペーパーテスト、集団観察、運動テスト、親子面接）：1月6日
考査料	3,300円
合格発表	1月13日　簡易書留速達で通知
入学手続	2月14日
編入学制度	要問い合わせ
復学制度	あり
出願資格	通学区域制限あり
備考	公開行事：オープンスクール…11月28日

通学の範囲

入学時において、兵庫県内に保護者と同居していること

加東市、小野市、加西市、三木市、西脇市、三田市、神戸市、加古川市、丹波篠山市、明石市、姫路市、加古郡、多可郡など
※過去実績に基づく通学範囲例

制服

制服なし
制帽あり

セキュリティ

警備員常駐／防犯カメラ設置／交通指導員配置／インターホン設置／保護者名札着用／避難・防災訓練実施／学校110番／ＡＥＤ設置／不審者対策訓練実施／強化ガラス採用

昼食

給食（週5回）

進学情報

[中学校への進学状況]
【兵庫教育大附属】内部進学可能
[高等学校への進学状況]
非公表
[大学への進学状況]
────

[系列校]
兵庫教育大学・大学院、兵庫教育大学附属中学校・附属幼稚園

兵庫　国立　共学　ひ　兵庫教育大学附属小学校

和歌山大学教育学部附属小学校

http://www.aes.wakayama-u.ac.jp　E-mail fuzoku@ml.wakayama-u.ac.jp

[アクセス]
●JR各線【和歌山】、南海本線【和歌山市】より和歌山バス【県庁前】下車徒歩5分

[所在地]　〒640-8137　和歌山県和歌山市吹上1-4-1
TEL 073-422-6105　FAX 073-436-6470

小学校情報

[校　長]　南 正樹
[児童数]　男女計456名

沿　革　慶応2年、学習館創立。明治3年、学習館跡に兵学寮設置。明治4年、兵学寮跡に県学設置。明治5年、県学を廃して岡山小学開設。明治7年、岡山小学内に小学教員取立学校を設置。明治8年、岡山小学を和歌山県師範学校とし、附属小学校を設置。昭和26年、和歌山大学学芸学部附属小学校と改称。昭和41年、和歌山大学教育学部附属小学校と改称。平成16年、国立大学法人化。

教育方針　「Enrichment―豊かな情操」「Intelligence―質の高い知性」「Creativity―輝く創造性」の3つを教育目標に掲げる。子どもたちが他者と協働しながらよりよい未来を創造していくことが大切であると考え、目指す子ども像を「ともに未来を拓く子ども」とし、「未来に生きて働く資質・能力の育成」を研究主題に設定。疑問を見出し、情報収集・整理・分析する中で他者と協働しながら問題解決に取り組む「探究力」、過程や結果を俯瞰的にとらえ、学びの道筋を調整・改善しながら問題解決を進める「省察性」を身につけさせたい資質・能力とし、研究活動や教育実践を行っている。

特　色　和歌山県下の小学校約4分の1に複式学級が設置されているという地域特性を鑑み、単式学級と2学年ずつの複式学級を併置。県内外の複式学級設置校と交流し、学習指導の向上を目指し研究を進めている。単式学級は1クラス30名の少人数制できめ細かな教育を実現。子どもたちが基礎的な知識や技能、思考力・判断力・表現力、学びに向かう力などを身につけ、主体的に学習し学びを深めていけるよう、授業づくりに取り組んでいる。

◆**英語教育**　1～4年生は年17時間、5・6年生は年35時間。担任とネイティブ教員によるチームティーチングで、楽しみながら実践的なコミュニケーション能力を伸ばす
◆**国際教育**　外国人ゲストティーチャーによる授業を通し、各国の言葉や文化にふれる機会がある。タイの小学校と交流し、相互訪問なども行っている
◆**ICT教育**　1人1台のタブレット端末を導入し、調べ学習やアプリを使って意見交流をするなど授業で活用。ロボット教材を用いながらプログラミング教育を行う
◆**保護者活動**　図書ボランティア、下校指導ボランティア、行事などの教育活動に保護者が積極的に協力している

年間行事予定

月	行　事　名（抜粋）
4	入学式、春の遠足
5	5年南紀旅行
6	田植え体験教室、4年高野山林間学校
7	国際交流
8	――――
9	スポレク附属、6年修学旅行
10	――――
11	複式学級秋の校外学習
12	――――
1	クロスカントリー大会
2	――――
3	卒業式、修了式

入試データ　　下記の資料は**2023年度用（2022年冬～2023年冬実施済み）**です

募集要項　※下記は前年度のデータです

募集人員	単式学級：男女各30名、計60名 複式学級：男女各4名、計8名		
学校（入試）説明会	10月25日　14時30分～16時30分　体育館にて（願書配付あり） ※欠席の場合、出願不可		
願書配付期間	募集要項配付：9月1日～10月25日 　　　　　　　平日9～16時（10月25日：～14時30分。土：休み） 　　　　　　　※ＨＰよりダウンロード可。願書は説明会で配付		
出願期間	10月26日～11月18日（郵送）／11月18日（持参） ※郵送（16時必着）／持参（9～16時）		
提出書類	・入学志願票 ・住民票		
受験票交付	郵送		
受験番号付番	願書受付順	月齢考慮	なし
選抜方法^{注1}	第一次：ペーパーテスト、集団テスト、本人面接 第二次：抽選		
考査の流れ	第一次選考（ペーパーテスト、集団テスト、本人面接）：12月9日 （志望者数により12月9・10日の2日間）▶第一次選考発表：12月 16日（郵送で通知）▶第二次選考（抽選）：1月10日　体育館にて		
考査料	3,300円		
合格発表	1月10日　第二次選考（抽選）後決定（1月11日に保護者面談あり）		
入学手続	指定日		
編入学制度	なし。附属間交流は実施		
復学制度	退学後1年以内で5年生までに限る		
出願資格	通学区域制限あり		
備考	公開行事：学習公開…11月9日　9時30分～ 　　　　　施設見学…11月9日　15時～ 入学承認式・新入児保護者会：2月1日		

セキュリティ

警備員常駐／防犯カメラ設置／携帯電話所持可（届出制）／避難訓練実施／災害用品備蓄／
ＡＥＤ設置／不審者対応訓練実施

通学の範囲

　4月1日以降、下記の指定された通学区域に保護者とともに居住し、常に保護者のもとから自力で通学できる者
※和歌山市以外の市町は、徒歩・公共交通機関を利用して、本校まで60分以内に通学可能であること

和歌山市、海南市、紀の川市、岩出市、阪南市、岬町
※詳細はＨＰなどで要確認

制服

制服なし

昼食

給食（週4回）、お弁当（週1回）

進学情報

［中学校への進学状況］
【和歌山大教育学部附属】ほぼ全員が内部進学
［高等学校への進学状況］
智辯学園和歌山、開智、近畿大附属和歌山、和歌山信愛、県立桐蔭など
［大学への進学状況］
──

［系列校］
和歌山大学・大学院、和歌山大学教育学部附属中学校など

※上記募集要項は小学校公表データです（注1：選抜方法については伸芽会教育研究所調査によるデータです）。詳細は小学校ＨＰまたはお電話でご確認ください

三重大学教育学部附属小学校

http://www.fuzoku.edu.mie-u.ac.jp/sho/　E-mail vh-fusho@fuzoku.edu.mie-u.ac.jp

［所在地］　〒514-0062　三重県津市観音寺町359
　　　　　　TEL 059-227-1295　FAX 059-227-1296

［アクセス］
●JR紀勢本線・近鉄名古屋線ほか【津】より三重
交通バス【附属学校前】下車

小学校情報

［校　長］　松浦 直己
［児童数］　男女計593名

沿　革　明治7年、度会県師範学校開校。明治8年、三重県師範有造学校開校。明治10年、改称を経て2校を統合し三重県師範学校に。明治37年、三重県女子師範学校開校。昭和18年、2校が統合され三重師範学校に。昭和24年、三重大学学芸学部、農学部設置。学芸学部の附属として幼稚園、小学校、中学校設置。昭和38年、小学校2校を統合。昭和41年、学芸学部を教育学部に改称し、三重大学教育学部附属小学校となる。

教育方針　「優しく、賢く、たくましく」を教育目標に掲げ、「よく考え学びを深める子ども」「粘り強く努力する子ども」「思いやりのある優しい子ども」「感性豊かな子ども」を目指す児童像としている。教職員の資質・能力の向上、家庭・地域との信頼関係の確立という基盤を整え、確かな学力・豊かな人間性とコミュニケーション能力・心身ともに健康な体・自己向上力の育成を図ることを重点目標とし、目指す児童像の実現に取り組む。

特　色　国立大学の附属小学校として、教育の理論および実践に関する研究・実証、学生の教育実習、地域教育の改善などの使命を有する。教育活動では、大学や附属校園との連携が活発。隣接する幼稚園、小・中学校、特別支援学校の4つの附属校園が、一貫教育を進めるための組織づくり、カリキュラム作成などに取り組んでいる。これまでは、中学生と一緒に味噌汁作り、中学校の教員による算数の授業などを実施。大学の教員による授業や教材開発も積極的に行い、子どもたちの視野を広げ、興味・関心を深めている。

◆**ICT教育**　タブレット端末を利用した教材、デジタル教科書などを使用。6年生はスカイプでオーストラリアの小学校と交流するなど、国際理解教育にも活用
◆**体験活動**　5年生は県営鈴鹿青少年の森で1泊2日のキャンプを行う。また大学と連携し、鈴鹿サーキットで体験学習プログラムを実施。6年生の修学旅行は1泊2日で京都へ
◆**外部との連携**　大阪大学との共同研究によるロボットを活用した授業、財務局による租税教室、民間企業による防犯教室など
◆**育友会**　保護者会活動。学校と連携し、安全・防災教育用の「あんしん手帳」作成、交通安全教室、校内環境整備、読み聞かせ、バザーなどを行う。「おやじの会」も運営

年間行事予定	
月	行　事　名（抜粋）
4	入学式、1年生を迎える会
5	運動会、遠足
6	授業参観
7	——
8	夏休み
9	——
10	5年キャンプ、6年修学旅行
11	芸術鑑賞会
12	合唱発表会
1	——
2	——
3	卒業式

始業　制服　3学期制　土曜登校　毎年クラス替　給食　アレルギー対応　ICT教育　外国語　通学時間制限　アフタースクール　幼稚園　中学　大学

入試データ

下記の資料は**2023年度用（2022年秋実施済み）**です

募集要項 ※下記は前年度のデータです

募集人員	男女各50名程度、計100名程度（内部進学者含む）
学校(入試)説明会	7月29日　14時〜15時30分 ※欠席の場合、出願不可
願書配付期間	7月4〜28日 平日9〜12時、13〜16時（土：休み）　事務室にて
出願期間	9月5〜16日 平日9〜12時、13〜16時（土：休み）　窓口受付
提出書類	・入学願書（入学検定料振込証明書を貼付） ・入学願書受付証、入学願書受付証（控） ・通学経路申請書
受験票交付	――――
受験番号付番	抽選順　　月齢考慮　なし
選抜方法	行動観察、本人面接
考査の流れ	選考（行動観察、本人面接）：10月8日
考査料	3,300円
合格発表	10月9日　10時〜　Ｗｅｂ発表
入学手続	指定日
編入学制度	なし。附属間交流は実施
復学制度	なし
出願資格	通学区域制限あり
備考	――――

セキュリティ

警備員常駐／防犯カメラ設置／避難・防災訓練実施／緊急通報・安否確認システム／緊急地震速報装置／ＡＥＤ設置／防犯訓練実施

通学の範囲

下記の募集区域内に保護者とともに居住し、片道60分以内で無理なく自力で通学できる者

鈴鹿市、津市、亀山市、松阪市
※詳細はＨＰなどで要確認

制服

昼食

給食（週5回）

進学情報

［中学校への進学状況］
【三重大教育学部附属】内部進学可能
［高等学校への進学状況］
非公表
［大学への進学状況］
――――

［系列校］
三重大学・大学院、三重大学教育学部附属中学校・附属幼稚園など

三重　国立　共学　み　三重大学教育学部附属小学校

立命館小学校／関西学院初等部

＊ 立命館小学校合格のＵさん

受験のきっかけと工夫したこと

　コロナ禍の中ということもあり、ＩＣＴなど教育環境の充実度、また2020年の教育改革に伴う小学校の取り組みを調べるなどするうちに、私立小学校の手厚さや環境のよさを知り、受験を決意しました。

　子どもの体験量がそれほど多くはなく、新年長になってから植物園や動物園などにつれていくようにしましたが、もっと早くから取り組めばよかったと感じていました。そこで気持ちを切り替えて、家庭でできることで対策することにしました。授業で使った季節ごとの行事や植物などが描かれた図を壁に貼り、毎日見て確認するようにしました。子どもが好きなおしゃべりやごっこ遊びの中にそのような要素を取り入れたり、相手にわかりやすく伝える話し方を意識させたりして、徐々に弱点を強みへと変えていきました。

合格のポイントとアドバイス

　授業でいただいた復習用のプリントに、最低でも３回ずつは取り組みました。問題を覚えてしまった場合は時間をおいたり、指示を変えるなど工夫しました。宿題として提出するためシールがたくさんになり、本人のモチベーションも上げられたと思います。過去問は親が一通り解いて傾向を分析したうえで子どもと一緒に解き、苦手な問題はくり返したり、類似問題や個別指導で克服していきました。

　受験に向けて毎日一緒に学習や外遊びをする中で、子どもが興味を持っていること、苦手なことや克服するべきこと、それぞれに真摯に向き合い、成長するところを見ることができました。笑いあり涙ありの道のりでしたが、家族で一丸となって絆が深まったと自負しております。

　お子さんと親との目標は最初に合わせておくようにしてあげてください。向かうところが一緒であれば、きっと乗り越えられると思います。特に母親がいつも堂々とかまえニコニコしていると、お子さんも安心して過ごせると思います。

＊ 関西学院初等部合格のＨさん

受験のきっかけと家庭での対策

　よりよい教育環境のもと、たくさんの経験・体験を通して学びを深めていってほしいと思い、受験を志しました。心の教育が充実している学校に通わせたいと思い、志望校を選びました。

　家庭では、伸芽会の教室でいただいたプリントで学習することを習慣にしました。普段の生活の中からも学びを得られるように気づきを促すことを意識して、子どもが興味を持ったことを追求し楽しみながら学べるようにしました。

　子どもは自分の気持ちを言葉にすることが苦手で、恥ずかしがり屋な面があるため、できたことは常にほめるようにして自信を持たせるようにしていきました。積極性を育てるために、近所の人や配達の人などに自ら進んであいさつできるように、親子一緒に日々心がけました。

合格のポイントと受験で得たもの

　年中から伸芽会の教室に通うことで、時間的に余裕を持って取り組めたことは、大きなポイントだったと思います。先生方には、受験対策としての学習だけでなく、礼儀作法、協調性などさまざまな面から丁寧にご指導いただきました。お友達とともに学ぶことで経験値も増え、学ぶことの楽しさを知り、自信もついていったように思います。受験が近づくにつれ、子ども本人が試験を楽しみだと思えるほどにモチベーションを上げることができました。合格して志望校に通い出したときの楽しいイメージをふくらませて、いつも子どもと話していましたが、本人がそのことを負担に感じることはなく、楽しく学習に取り組めていました。

　小学校受験で子どもの教育や将来について改めて考え、子どもと向き合い、家族で同じ目標に向かって努力したことは、とても貴重な経験です。お子さんが親の思い通りにならないとき、大変に感じることがあると思いますが、このような貴重な経験ですから、余裕をもって楽しまれるとよいと思います。

中部圏 私立・国立小学校入試情報ガイド ✳

※ 掲載の入試情報は、2024 年度用（2023 年秋〜2024 年冬実施予定）ですが、一部 2023 年度用（2022 年秋〜2023 年冬実施済み）のものがあります。新しい情報を掲載していますが、新型コロナウイルスの影響などにより、行事や考査関連の日程が変更になる可能性があります。最新の情報は直接学校窓口にお問い合わせいただくか、各学校のホームページなどでご確認ください。

椙山女学園大学附属小学校

すぎやま

http://www.sugiyama-u.ac.jp/primary/

● 椙山女学園大学
附属小学校

至名古屋　地下鉄東山線　覚王山　広小路通　至藤が丘
覚王山
〒名古屋覚王山局　覚王山フランテ

椙山女学園大学
附属幼稚園・保育園

[アクセス]
●地下鉄東山線【覚王山】より徒歩5分
●名古屋市バス【田代本通】下車徒歩5分、または
【覚王山】下車徒歩7分

[所在地]　〒464-0832　愛知県名古屋市千種区山添町2-2
　　　　　TEL 052-751-5451　　FAX 052-751-5461

小学校情報

[校　長]　相川 保敏
[児童数]　女子479名

沿　革　明治38年、椙山女学園の起源となる名古屋裁縫女学校開校。大正6年、椙山高等女学校開校。昭和17年、椙山女子専門学校附属幼稚園開園。昭和22年、椙山中学校、昭和23年、椙山女学園高等学校開校。昭和26年、学校法人椙山女学園に組織変更認可。昭和27年、椙山女学園大学附属小学校開校。小学校開校当初は男女共学、昭和39年より女子校。令和4年、創立70周年記念行事を開催。

教育方針　椙山女学園の教育理念『人間になろう』を教育の根幹とし、豊かな人間性を育む。小学校では校訓『強く　明るく　美しく』の具現を目指し、①自らの心や身体を鍛え、いのちと自然を尊ぶ共生の心を育む、②ともに学び合う場を通して、深く考え自ら学ぶ態度と基礎基本の学力・活用力を育てる、③礼節を重んじ、豊かな情操と芸術性を養い、思いやりと品位のある生活態度を育てる、の3点に留意し、教育を推進している。

特　色　椙山女学園の歴史と伝統に根ざし、未来を見据えた独自の教育活動を展開。1学年3クラス、1クラス30名の少人数制で一人ひとりに合った指導と、公立小学校より6年間で480コマ多い充実した授業を通し、自ら深く考え、ともに学び合う子どもを育成する。創設時から全学年で日記指導を行い、表現力や観察力を養う。英語の発表会、書き初め、百人一首かるた大会、縄跳び大会など児童の個性を伸ばす行事も充実。アフタースクールにも力を入れており、一般的な学童に加え、習い事教室「クリプトメリアンセミナー」、学園の各校や地域と交流するプログラムなどがある。

◆**英語教育**　1年生から毎日20分、ネイティブ講師と児童15名ずつで「毎日英語」の授業。3年生はリトルワールドでイングリッシュデー、4年生は郡上でネイティブ講師を案内、5年生は留学生と神戸散策、6年生は留学生と京都散策なども行う。4・6年生はケンブリッジ国際児童英検を受験、5・6年生の希望者を対象にオーストラリアで語学研修やターム留学も実施

◆**ICT教育**　1年生から1人1台タブレット端末を導入。電子黒板や教員のパソコンとも連動させ、表現力・思考力を育てる授業を行う。ロボットを組み立て、動作をプログラミングする活動などを通して、論理的思考力を育む授業も展開

年間行事予定	
月	行　事　名（抜粋）
4	入学式、地震避難訓練
5	春の遠足、ティンガティンガ、運動会
6	創立記念日、芸術鑑賞会、火災避難訓練
7	6年蓼科湖の生活、5年イングリッシュキャンプ、4年郡上の生活
8	
9	地震避難訓練、3〜6年水泳大会
10	学習発表会、1〜5年秋の遠足
11	修学旅行、授業参観、不審者対応避難訓練
12	個人懇談会
1	初泳ぎ始業式、書初コンクール、百人一首かるた大会
2	
3	クリプトメリアンセミナー発表会、お別れ会、卒業式

入試データ

下記の資料は**2023年度用（2022年秋〜冬実施済み）**です

募集要項　※下記は前年度のデータです

募集人員	A（AO型）：女子約30名　B（一般・1次）：女子約25名 C（一般・2次）：女子若干名
学校（入試）説明会	6月18日／8月27日／9月17日
願書配付期間	8月27日〜
出願期間	A：9月12〜16日（持参）　B：9月29日〜10月6日（郵送） C：12月5〜9日（郵送）※郵送（消印有効）／持参（9〜16時）
提出書類	A　・入学願書　・自己推薦書 　　・面接用写真票　・健康診断書 　　・推薦書（親族以外で志願者をよく知る人物による） B・C　・入学願書　・面接用個票 　　・面接用写真票　・受験票返送用封筒
受験票交付	A：願書受付時に手渡し　B・C：郵送
受験番号付番	願書受付順　｜　月齢考慮　｜　なし
考査日	A：面接…9月26〜29日のうち1日 B：考査…10月15日　面接…10月16日 C：考査・面接…12月16日
選抜方法^{注1}	A：書類審査、本人面接、保護者面接 B・C：ペーパー・個別・集団・運動テスト、本人面接、保護者面接
考査料	20,000円
合格発表	A：10月3日　B：10月19日　C：12月20日　速達で通知
倍率	非公表
入学手続	合格発表日から3日間（発表日を含む）
編入学制度	新2〜4年で欠員が生じた場合に試験を実施／帰国生はp.209〜参照
復学制度	あり
公開行事	入試個別相談会：9月12〜16日／10月3〜6日／12月6〜9日
備考	校内見学は随時（要申込）

セキュリティ

警備員常駐／防犯カメラ設置／登下校確認システム／携帯電話所持可／授業中門施錠／インターホン設置／保護者入構証／避難・防災訓練実施／緊急地震速報装置／災害用品備蓄／AED設置

学費

………　入学手続時納付金　………

入学金　　　　　　　　　200,000円

………　年間納付金　…………

授業料・年額	624,000円
学習諸費・年額（1年生）	36,000円
給食費・年額（1年生）	103,240円
積立金・年額（1年生）	80,000円
児童会会費・年額	3,600円
PTA会費・年額	7,600円
PTA協力金・年額	4,800円

※上記金額は諸事情等で変更の場合あり

制服

昼食

給食（週5回）

進学情報

[中学校への進学状況]
【椙山女学園】約80％が内部進学
[高等学校への進学状況]
【椙山女学園】ほぼ全員が内部進学
[大学への進学状況]
【椙山女学園】約65％が内部進学

[系列校]
椙山女学園大学・大学院、椙山女学園高等学校・中学校、椙山女学園大学附属幼稚園・保育園・椙山こども園

※上記募集要項は小学校公表データです（注1：選抜方法については伸芽会教育研究所調査によるデータです）。詳細は小学校HPまたはお電話でご確認ください

愛知　私立　女子　す　椙山女学園大学附属小学校

南山大学附属小学校

https://www.nanzan-p.ed.jp/

[アクセス]
●地下鉄鶴舞線【いりなか】より徒歩8分

[所在地] 〒466-0838 愛知県名古屋市昭和区五軒家町17-1
TEL 052-836-2900　FAX 052-836-7401

小学校情報

[校 長] 山田 利彦
[児童数] 男女計551名

沿 革　明治末期に来日した、カトリックの修道会である神言会のドイツ人宣教師ヨゼフ・ライネルス神父により昭和7年、南山中学校（旧制）設立。昭和11年、南山小学校設立。戦時下の社会情勢の中、昭和16年、名古屋市に移管。昭和21年、南山外国語専門学校設置（のち名古屋外国語専門学校に改称）。昭和24年、名古屋外国語専門学校を前身とし南山大学開学。平成20年、南山大学附属小学校設立。平成23年度、小学校第1期生卒業。

教育方針　中部地方唯一の小学校から大学院までを有するカトリック系総合学園として、キリスト教世界観に基づき一貫教育を行う。小学校は一貫教育の「はじめの一歩」と位置づけ、教育のモットー「かけがえのないあなたと私のために」を体現できる子どもを育成する。小学校で育んだ豊かな人間性と学びを生かすため、小・中・高の教育連携も推進。南山大学のノウハウを生かした英語教育、国際教育、コミュニケーション教育、環境教育を行うなど、初等教育の段階から南山クオリティを追求する。

特 色　「自らに与えられた使命を自覚する児童の育成」を目標に掲げる。詰め込み教育ではなく、知識を知恵として生かすことのできる教育を行うことで、本質的な知性、他者の気持ちに寄り添う共感能力、コミュニケーション力、思いやりの心を備えた人格の形成を図る。一方、教科指導では、充実したカリキュラムときめ細かな指導、同校の特徴である「真教育」に根ざした児童中心の授業により、基礎学力と活用力の習得を目指す。

◆**授業の特色**　各学年、「がんばりタイム」を設定。読み・書き、計算を中心に、毎日5分の短時間集中で学習センスを磨く。また総合的な学習「とびら」の時間を設け、プログラミング教育や探究的な学習などに取り組む

◆**英語教育**　1年生からネイティブ教師と日本人教師のチームティーチングによる授業を実施。全学年、海外の交流校とカードやビデオレターを交換。海外研修も行う

◆**校外学習**　社会科見学などのほか、3〜6年生は宿泊学習を実施。例年、3年生は多治見・恵那、4年生は伊勢、5年生は熊野、6年生は軽井沢を訪れる

◆**課外活動**　聖歌隊活動として、病院での歌唱奉仕やチャリティーコンサートを行う

年間行事予定	
月	行 事 名(抜粋)
4	入学式、復活祭
5	1・2年遠足、4年宿泊学習
6	3年宿泊学習、静修
7	——
8	——
9	5・6年宿泊学習
10	運動会
11	学園創立記念日
12	クリスマス会
1	——
2	——
3	6年生を送る会、学校間交流、卒業式

入試データ　下記の資料は2024年度用（2023年秋実施予定）です

募集要項

募集人員	男女計90名
学校（入試）説明会	学校説明会：5月27日 入試説明会：9月6日　14時〜（授業公開あり。要申込）
願書配付期間	Ｗｅｂ公開のみ
出願期間	Ｗｅｂ出願：9月13〜28日 書類提出：9月29日（消印有効）　簡易書留速達で郵送 ※ＨＰの指示に従ってＷｅｂ出願後に書類提出
提出書類	・入学志願書 ・志望理由書 ・写真票 ・受験票、受付票 ・返信用封筒（切手を貼付）
受験票交付	郵送
受験番号付番	生年月日順　／　月齢考慮　なし
考査日	考査：11月4日 面接：11月11・18日のうち1日
選抜方法	本人面接、保護者面接ほか
考査料	22,000円（クレジットカードまたはコンビニ決済）
合格発表	11月24日　簡易書留速達で通知
倍率（前年度）	約3.0倍
入学手続	12月1日締切
編入学制度	新2・3年生で欠員が生じた場合のみ試験を実施／帰国生はp.209〜参照
復学制度	あり（応相談）
公開行事	学校公開日：6月24日
備考	入試説明会：9月6日　11時〜（年中児対象）

学費

…… 入学手続時納付金 ………

入学金　200,000円

………… 年間納付金 …………

授業料・年額　576,000円
施設設備費・年額　120,000円
ランチ代・年額　約128,000円

※教材費、保護者会会費、制服代など別途納付
※上記金額は諸事情等で変更の場合あり

制服

セキュリティ

警備員常駐／防犯カメラ設置／交通指導員配置／登下校確認システム／防犯ブザー携帯／携帯電話所持可／授業中門施錠／インターホン設置／保護者入校証／避難・防災訓練実施／看護師常駐／緊急通報・安否確認システム／緊急地震速報装置／災害用品備蓄／ＡＥＤ設置

昼食

給食（週5回）

進学情報

[中学校への進学状況]
【南山（男子部・女子部）、聖霊、聖園女学院】希望に基づいて推薦。灘、東海、滝、名古屋、愛知、開成など

[高等学校への進学状況]
【南山（男子部・女子部）、聖霊、聖園女学院】へ内部進学

[大学への進学状況]【南山】、東京、京都、名古屋、九州、慶應など

[系列校]
南山大学・大学院、南山高等学校・中学校（男子部・女子部）、聖霊高等学校・中学校、聖園女学院高等学校・中学校など

愛知／私立／共学／な／南山大学附属小学校

名進研小学校

http://www.meishinken.ed.jp/

●名進研小学校

至上島

ゆとりーとライン

小幡緑地本園

至大曽根

御嶽神社

守山北中

緑ヶ丘住宅

[アクセス]
●ゆとりーとライン【小幡緑地】より徒歩7分
●名古屋市バス【緑ヶ丘住宅】下車徒歩2分
●JRほか【名古屋】などよりスクールバスあり

[所在地]　〒463-0009　愛知県名古屋市守山区緑ヶ丘853-1
TEL 052-758-5558　FAX 052-794-5055

小学校情報

[校　長]　伊東　達矢
[児童数]　男女計525名

沿　革　平成24年、名進研小学校開校。

教育方針　『自律と感謝の気持ちで社会に貢献する』という校訓のもと、「学ぶ楽しさと大切さを感じ、叡智と品格を兼ね備えた児童」「利他の精神で人の役に立つ喜びを感じ、主体的に考え、行動できる児童」「『心技体』を大切にし、自律した明るくたくましい児童」を目指し、学力と人間力の土台を築く。最高レベルの学力のみならず、生命を尊ぶ心や他人を思いやる姿勢を身につけ、リーダーシップを備えた日本の将来を託せる人を育てる。

特　色　進学塾「名進研」のノウハウを結集した独自のカリキュラムで、学校の学習で難関私立中学に合格できる学力を育んでいる。1年生から45分授業を1日6～7時限、土曜日も3時限行い、6年間で公立小学校より約1400時限多い授業時数を確保している。指導体制は小学校での経験が豊富な教員と、塾講師を経験した教員で構成。専門教科教員制できめ細かく、質の高い授業を提供する。英語の授業を1～3年生は週3時間、4～6年生は週2時間実施し、実践力を身につける。独自のテキストを併用する授業や、読書、音読、100マス計算、個別指導、補習などを行う。そのほか、「主屋（おもや）」と呼ばれる学年を超えた縦割りグループを設け、リーダー性や社会性を養っている。サマースクールとして、校内で名進研の夏期講習を開講。6年生の7月までに6年間の学習課程を終え、8月以降は受験対策に専念するなどして、万全の態勢で私立中学受験に備えている。

◆**授業の特色**　思考力、言語活用能力、精神力、学習力を指導するための独自の教科「礎」を1～3年生に設置。また、総合的な学習として茶道、華道、礼法、着付け、狂言教室などを通し豊かな心を育む「伝統文化」や、子どもたちが自ら課題を設定し追究する「プロジェクト」の授業を実施

◆**学習環境**　1クラス30名、普通教室は公立小学校の約1.5倍の広さ。各教室から直接出入りできる広い運動場、最大800名収容できる体育館、各特別教室、能舞台、茶室にもなる和室、ビオトープなども備える

◆**特別授業**　厩舎と馬場があり、特別授業「ポニー倶楽部」で馬やポニーとふれ合い、騎乗体験などを行う

年間行事予定	
月	行　事　名（抜粋）
4	入学式、通学班教室
5	主屋結成式、遠足
6	3～6年前期中間テスト、6年修学旅行
7	4年宿泊学習、サマースクール
8	サマースクール、3～6年夏期講習
9	前期期末テスト、運動会、秋休み
10	社会見学、祖父母参観日、2～5年JET受検
11	1～4年漢検受検、5年宿泊学習
12	2～5年後期中間テスト、2～6年冬期講習
1	書き初め、1～3年算数検定受検
2	学校祭
3	1～5年後期期末テスト、2～5年春期講習、卒業式

入試データ

下記の資料は**2024年度用（2023年秋実施予定）**です

募集要項

募集人員	男女計約90名
学校（入試）説明会	学校説明会：5月20日（体験授業あり） 入試説明会：9月2日
願書配付期間	募集要項配付：9月2日〜
出願期間	Ｗｅｂ出願：9月3〜12日 書類提出：10月6日（必着）　簡易書留で郵送 ※ＨＰの指示に従ってＷｅｂ出願後に書類提出
提出書類	・志願理由書 ・写真票 ・受験票 ※受験票は考査日に持参
受験票交付	考査料決済後、自宅やコンビニエンスストアなどで各自印刷
受験番号付番	生年月日順　　月齢考慮　あり
考査日	考査・面接：10月28・29日のうち1日
選抜方法注1	ペーパーテスト、個別テスト、集団テスト、運動テスト、親子面接
考査料	20,000円（クレジットカード、コンビニまたはペイジー決済）
合格発表	10月30日　簡易書留速達で通知
倍率（前年度）	非公表
入学手続	11月17日締切
編入学制度	欠員が生じた場合に試験を実施／帰国生はp.209〜参照
復学制度	保護者の海外転勤、子女の海外留学の場合に限る。復学可能期間1年
公開行事	学校公開：6月17日 サマーフェスティバル：8月5日
備考	合格者対象：入学説明会…12月2日　入学ガイダンス…3月2日

セキュリティ

警備員常駐／防犯カメラ設置／登下校確認システム／防犯ブザー携帯／携帯電話所持可／授業中門施錠／インターホン設置／保護者入校証／赤外線センサー設置／避難訓練実施／緊急通報・安否確認システム／災害用品備蓄／ＡＥＤ設置

学費

········· 入学手続時納付金 ·········
入学金　　　　　　　　200,000円

·········· 年間納付金 ··········
授業料・年額　　　　　　700,000円
施設設備費・年額　　　　150,000円
教材費（1〜3生）・年額 126,000円
教材費（4〜6生）・年額 132,000円
※給食費、制定品費、タブレット関連費用を別途納付
※上記金額は諸事情等で変更の場合あり

制服

昼食

給食（週5回）

進学情報

[中学校への進学状況] 東海、滝、南山（男子部・女子部）、海陽中等教育、愛知淑徳、名古屋、東大寺学園、西大和学園、同志社、北嶺など
[高等学校への進学状況]

[大学への進学状況]

[系列校]
──

愛知　私立　共学　め　名進研小学校

岐阜聖徳学園大学附属小学校

Gifu Shotoku Gakuen　http://www.shotoku.ac.jp/el/

[アクセス]
●JR東海道本線・高山本線【岐阜】、名鉄名古屋本線・各務原線【名鉄岐阜】などより岐阜バス【岐阜聖徳学園大学】下車

[所在地]　〒501-6122　岐阜県岐阜市柳津町高桑西1-1
　　　　　TEL 058-279-0805

小学校情報

[校　長]　水谷 啓
[児童数]　365名（男子177名、女子188名）

|沿　革|　昭和37年、学校法人聖徳学園設置。昭和38年、岐阜南高等学校開校。昭和41年、岐阜南女子短期大学（同年中に聖徳学園女子短期大学に改称）開学。昭和47年、聖徳学園岐阜教育大学開学。同年、附属中学校、附属小学校開校。昭和60年、聖徳学園岐阜教育大学附属幼稚園開園。平成10年、聖徳学園岐阜教育大学を岐阜聖徳学園大学に改称、併せて各附属校名・園名を改称。

|教育方針|　「仏教（大乗仏教）精神を基調とした学校教育を行う」を学園の設立趣旨とする。浄土真宗の宗祖、親鸞が敬慕した聖徳太子の「以和為貴（和をもって貴しとなす）」を建学の精神の象徴とし、「平等」「寛容」「利他」という大乗仏教の精神の体得を目指す。小学校では「やさしい子—自分を見つめ、仲間に優しくする」「つよい子—できるまで、あきらめない」「かしこい子—自分で感じ、考え、見つけていく」を目標にしている。

|特　色|　独自のカリキュラムで1年生から6時間授業を行う。低学年は基礎・基本を徹底。特に1年生は漢字、計算の反復学習に取り組む。また漢字、算数、英語などの検定を利用し定着度を確認している。中・高学年は発展的な内容も含まれるなど系統的に指導。4年生以上は教科担任制で専門性の高い授業を行い、中学受験もサポートする。仏教精神に基づき宗教教育も実施。毎日始業時と終業時に「みつめの時間」を設け、命への感謝、目的意識、自省の大切さを学ぶ。毎月の法要、花まつり、成道会、報恩講などの宗教行事を通し仏教の教えに親しむ。

◆英語教育　1年生から週2時間。ネイティブ教員による会話中心の授業を実施。スモールステップのカリキュラムで「聞く・話す・読む・書く」の4技能を着実に身につけ、卒業までに全員英検5級以上取得を目指す
◆ICT教育　1年生から週1時間。ローマ字入力からスタートし、中学年からはプレゼンテーションやプログラミングも行う
◆授業の特色　各学年に「伝統の時間」を特設。学年によってかるたや百人一首、日本舞踊、囲碁、茶道、邦楽、礼法を学び、さまざまな体験を通して日本文化のよさを知る
◆校外学習　4年生は日帰りで郡上、5年生は1泊2日で飛騨高山、6年生は2泊3日の修学旅行で沖縄へ

年間行事予定	
月	行　事　名(抜粋)
4	入学式、花まつり
5	遠足
6	運動会
7	―
8	芸術鑑賞、6年西本願寺参拝
9	6年修学旅行
10	4年校外学習、5年宿泊研修
11	社会見学
12	成道会
1	報恩講
2	学習発表会
3	6年生を送る会、卒業式
	毎月：ご命日法要

入試データ

下記の資料は**2024年度用（2024年冬実施予定）**です

募集要項

募集人員	男女計約60名
学校（入試）説明会	8月21日／9月5日
願書配付期間	募集要項配付：8月21日～
出願期間	Ｗｅｂ出願：11月20日～12月6日 書類提出：12月11日（必着）　簡易書留で郵送 ※ＨＰの指示に従ってＷｅｂ出願後に書類提出
提出書類	・写真票、受験票 ・志願者調査書 ※受験票は考査日に持参
受験票交付	考査料決済後、自宅やコンビニエンスストアなどで各自印刷
受験番号付番	願書受付順　　月齢考慮　あり
考査日	考査・面接：1月6日
選抜方法	知能検査、行動観察、本人面接、保護者面接
考査料	15,000円（クレジットカード、コンビニまたはペイジー決済）
合格発表	1月11日　郵送で通知
倍率（前年度）	非公表
入学手続	1月22日締切
編入学制度	欠員が生じた場合のみ試験を実施／帰国生はp.209～参照
復学制度	あり
公開行事	プレスクール（体験入学会）：8月23日 学校公開日：9月26日／10月27日 ※いずれも要申込
備考	――――

学費

……… 入学手続時納付金 ………

入学金	150,000円

………… 年間納付金 …………

授業料・月額	22,000円
教育充実費・月額	10,000円
施設費・月額	4,000円
給食費・月額	7,800円
教材費など・月額	約10,000円

※スクールバス代（利用者のみ）を別途納付
※上記金額は諸事情等で変更の場合あり

制服

セキュリティ

警備員常駐／防犯カメラ設置／防犯ブザー携帯／携帯電話所持可／授業中門施錠／インターホン設置／保護者名札着用／避難・防災訓練実施／災害用品備蓄／ＡＥＤ設置

昼食

給食（週5回）

進学情報

[中学校への進学状況]【岐阜聖徳学園大附属】約50％が内部進学。東海、滝、南山女子部、海陽中等教育、愛知淑徳など
[高等学校への進学状況]
【岐阜聖徳学園】、滝、洛南、県立岐阜、県立岐阜北、県立大垣北など
[大学への進学状況]
【岐阜聖徳学園、岐阜聖徳学園短期】、大阪、愛知教育、岐阜、滋賀など

[系列校]
岐阜聖徳学園大学・大学院・短期大学部、岐阜聖徳学園高等学校、岐阜聖徳学園大学附属中学校・幼稚園

※上記募集要項は小学校公表データです。詳細は小学校ＨＰまたはお電話でご確認ください

岐阜

私立　共学

き

岐阜聖徳学園大学附属小学校

帝京大学可児小学校

TEIKYO　https://www.teikyo-kani-s.ed.jp/

[所在地]　〒509-0237　岐阜県可児市桂ケ丘1-2
TEL 0574-64-5101　FAX 0574-64-5103

[アクセス]
●JR中央本線【多治見】【春日井】、JR太多線【可児】などよりスクールバス

小学校情報

[校　長]　薄井 伸一
[児童数]　168名（男子82名、女子86名）

沿　革　昭和6年、現在の東京都渋谷区に帝京商業学校設立。昭和37年、帝京短期大学、昭和40年、帝京女子短期大学、昭和41年、帝京大学を設立。昭和63年、帝京大学可児高等学校中学校開校。平成24年、帝京大学可児小学校開校。

教育方針　「自分で問題意識をもち、考え、判断し、行動し、それによってもたらされた結果に対して責任をもつ、21世紀のグローバル社会に通用しうる人材の育成に向けた基礎作りを行う」ことを教育方針とする。教育目標である「つよく、やさしく、うつくしく」を具現化し、「たくましい生活力」を身につけるため、「知（基礎学力の定着）、情（ゆたかな心）、意（チャレンジ精神）、体（健康な身体）」の4つの柱を核として指導を進める。

特　色　小学校から高校まで12年一貫教育を「4-4-4制」で行う。小1〜4を前期（豊かな心と基本的な生活習慣を育み、将来に大きく成長するための基礎をつくる年代）、小5〜中2を中期（仲間とかかわりながらより高度な学習に向かい、自己の確立と社会性の向上を図る年代）、中3〜高3を後期（各教科や科目の学びを深め、自分の目標や希望、適性に応じた自己実現を図る年代）とし、各発達段階に応じた教育を行うことが学力向上に最も効果的だと考える。標準以上の授業時間数を確保し、「モジュールタイム」を設け、基礎学力の定着と応用力の伸長を図る。1年生は複数担任制できめ細かく指導し、教科担任制を段階的に導入。日本教育工学協会認定の「学校情報化優良校」としてICT活用にも力を入れている。

◆英語教育　1〜3年生は週3時間、4年生は4時間、5・6年生は週5時間。英語をコミュニケーションツールとして使いこなせるよう、ネイティブ教員から母国語習得と同じ要領で学ぶ。低学年ではイマージョン教育も導入。「多読」を日常的に行い、「話す・聞く・読む・書く」の4技能を伸ばし、実践的な英語力を習得する。卒業時には全員が英検5級以上、そのうち6割が3級以上を取得

◆授業の特色　オリジナル教科の「ぼうけん」「はっけん」を展開。「ぼうけん」では、自然体験や仲間とともに困難な課題に挑戦する体験を通し、自己実現に向かう心を育てる。「はっけん」では、おもに生命尊重や和の心の学習を通し、自分らしさの発見を目指す

年間行事予定	
月	行　事　名（抜粋）
4	入学式、遠足、命を守る訓練
5	授業参観、交通安全教室、1年フリー参観
6	読書週間
7	授業参観、3・4年ぼうけんチャレンジキャンプ
8	国内短期留学（希望者）、夏休み作品展
9	フリー参観、1〜4年社会見学
10	スポーツ大会、5年世界遺産研修、6年語学研修
11	5・6年チャレンジキャンプ
12	授業参観
1	書き初め展、なわとび大会
2	1〜4年スキー研修、5年ぼうけんウインターキャンプ
3	授業参観、4年初志式、卒業式

入試データ

下記の資料は**2024年度用（2023年秋〜2024年冬実施予定）**です

募集要項

募集人員	男女計60名（AO入試、Ⅰ期、Ⅱ期合わせて）
学校（入試）説明会	学校説明会：6月3日／9月16日　9〜11時（公開授業あり） AO入試説明会：7月8日　9〜11時　※いずれも要申込
願書配付期間	募集要項配付：7月〜
出願期間	A（AO入試）：7月18日〜8月25日 B（Ⅰ期）：11月6〜24日 C（Ⅱ期）：12月11日〜1月12日 ※HPの指示に従ってWeb出願
提出書類	・受験票　※考査日に持参
受験票交付	考査料決済後、自宅やコンビニエンスストアなどで各自印刷
受験番号付番	願書受付順　　月齢考慮　　あり
考査日	考査・面接：A…9月2日　B…12月2日　C…1月13日
選抜方法	A：行動観察、親子面接 B・C：学力検査、行動観察、親子面接
考査料	13,000円（クレジットカード、コンビニまたはペイジー決済）
合格発表	A：9月6日　B：12月5日　C：1月17日　郵送で通知
倍率（前年度）	非公表
入学手続	A・B：12月6〜8日　C：1月18日 ※AO入試の合格者は入学金を9月12日までに納入（専願は全額、併願は一部）
編入学制度	随時実施／帰国生はp.209〜参照
復学制度	あり
公開行事	授業体験会：7月8日 個別相談会：7月27日／8月4・16日 プレテスト：10月7日
備考	土曜登校は第2・4土曜日　スクールバスあり

セキュリティ

警備員常駐／防犯カメラ／登下校確認システム／防犯ブザー携帯／携帯電話所持可／授業中門施錠／インターホン／保護者名札着用／避難・防災訓練実施／緊急通報・安否確認システム／緊急地震速報装置／学校110番／災害用品備蓄／AED／引き渡し訓練／交通安全教室

学費

……… 入学手続時納付金 ………
入学金　　　　　　　　120,000円

………… 年間納付金 …………
授業料・月額	25,000円
教育充実費・月額	13,500円
給食費・月額	9,000円
後援会入会金（入学時のみ）	10,000円
後援会会費・月額	1,000円
学年費・月額	10,000円
学校協力費	100,000円

（1口、任意）
※上記金額は諸事情等で変更の場合あり

制服

昼食

給食（週5回）

進学情報

[中学校への進学状況]
【帝京大可児】70〜80%が内部進学
[高等学校への進学状況]
【帝京大可児】ほぼ全員が内部進学
[大学への進学状況]【帝京】、京都、名古屋、名古屋工業、岐阜、同志社、立命館、早稲田、東京理科など

[系列校]
帝京大学・大学院・短期大学、帝京大学可児高等学校中学校、帝京平成大学、帝京科学大学など

岐阜　私立　共学　て　帝京大学可児小学校

加藤学園暁秀初等学校

http://www.katoh-net.ac.jp/Elementary/index.php　E-mail elementary@katoh-net.ac.jp

[アクセス]
●JR東海道本線【沼津】【三島】より伊豆箱根バス【加藤学園前】下車

[所在地]　〒410-0022　静岡県沼津市大岡自由ヶ丘1979
　　　　　TEL 055-922-0720　FAX 055-925-4316

小学校情報

[校　長]　加藤　正秀
[児童数]　505名（男子229名、女子276名）

沿　革　大正15年創立の「至誠（まごころを尽くす）」を建学の精神とする沼津淑徳女学院を源流に、昭和47年、日本初のオープンプランスクールとして加藤学園初等学校開校。昭和58年、加藤学園暁秀初等学校に改称。平成4年、日本で初めて一般教科を英語で学習する「英語イマージョン・プログラム」を開始。平成12年、イマージョン教育が大学英語教育学会賞特別賞を受賞した。

教育方針　『21世紀に生きる創造性豊かなたくましい人間づくり』を教育理念に、「個性の尊重」「自発創造性の涵養」「国際理解教育」を教育目標に掲げる。開校時より教室の壁を取り払った「オープンプラン」を採用。「一人ひとりが主人公」というキーワードのもと、少人数グループでの指導と集団指導を併用し、個性と才能を尊重した独自の教育を行う。個性化教育の徹底により、自主自立の精神を持った子、情感豊かな子、知的好奇心を持ち続け自ら問題解決を図ろうとする子を育成する。

特　色　「オープンプランクラス」と「英語イマージョンクラス」を設置。オープンプランクラスは、子どもたちに合った活動により意欲を引き出す「具体操作」活動が特徴。算数では長さや体積などの量感を豊かにする具体操作などを行い、理解を促す。国語は授業だけでなく学校生活全般を通して指導を行い、「読む・書く・話す・聞く」の基礎・基本を定着させる。英語イマージョンクラスは学校生活の50%以上を英語で過ごす。算数、理科、生活科などを英語で学習し、英語の自然な習得と文化理解を目指す。

◆**日本文化**　3・4年生、週1時間。茶道、華道、武道、書道、箏曲、長唄囃子、日本舞踊などから1講座を選び1年間取り組む
◆**海外研修**　5年生は、カナダ（オープンプラン）、アメリカ（英語イマージョン）で2週間のプログラムを実施。ホームステイをしながら現地の小学校に通い、他国の社会や文化への理解を深める（コロナ禍では中止）
◆**生活科**　オープンプランの1・2年生の生活科は、通称「ブルドッグタイム」。校章のブルドッグのように、一度噛みついたら離さない、主体的でねばり強い子どもを育てる
◆**異年齢集団**　縦割りグループ「ファミリー」で運動会のリレー、七夕、遠足、節分などさまざまな行事を行う

年間行事予定	
月	行　事　名（抜粋）
4	1・2年春探し、6年箱根越え
5	運動会、6年登呂遺跡見学
6	1・2年じゃがいも掘り（オ）、5・6年薬学講座
7	3～6年水泳教室、1・2年島田合宿
8	5年狩野川見学、3・4年八ヶ岳合宿
9	5年カナダ研修（オ）、ファミリー遠足
10	3年仲見世商店街見学、5年U.S.Trip（イ）
11	3年箱根美術館見学（イ）、1・2年みかん狩り（オ）
12	5年SBS放送局見学、芸術祭
1	汗をかこう週間（全校縄跳び）
2	オープンハウス（学習発表会）、6年修学旅行
3	1・2年箱根遠足、卒業式
※（オ）はオープンプラン、（イ）は英語イマージョン	

入試データ

下記の資料は**2024年度用（2023年秋実施予定）**です

募集要項

募集人員	男女計90名 （オープンプランクラス、英語イマージョンクラス合わせて）
学校（入試説明会）	6月23日／9月5日　9時20分〜11時30分
願書配付期間	9月5〜12日　平日9〜16時（土：休み）
出願期間	9月11〜15日　9〜15時　窓口受付
提出書類	・入学願書、受験票 ・報告書
受験票交付	願書受付時に手渡し
受験番号付番	願書受付順　月齢考慮　あり
考査日	考査：10月6日 面接：10月7日
選抜方法^{注1}	個別テスト、集団テスト、親子面接
考査料	10,000円（出願時に窓口で提出）
合格発表	10月18日　郵送で通知
倍率（前年度）	約1.1倍
入学手続	10月25日　14時締切
編入学制度	1〜5年生で欠員が生じた場合のみ試験を実施／帰国生はp.209〜参照
復学制度	あり
公開行事	オープンプラン・英語イマージョンクラス体験教室：6月24日
備考	——

セキュリティ

防犯カメラ設置／登下校確認システム／携帯電話所持可／授業中門施錠／インターホン設置／保護者IDカード／避難・防災訓練実施／看護師常駐／緊急通報・安否確認システム／緊急地震速報装置／災害用品備蓄／AED設置／ネットランチャー設置

学費

……… 入学手続時納付金 ………
入学金　　　　　　　　200,000円

………… 年間納付金 …………
授業料・月額　　　　　42,500円
施設費・月額　　　　　 1,900円
ふじの会会費・月額　　　 500円
後援会会費・月額　　1口200円
（1口以上）
※英語イマージョンクラスはイマージョン維持費30,000円（月額）を別途納付
※兄弟姉妹が加藤学園の各校園に在籍の場合、弟妹の授業料減額
※上記金額は諸事情等で変更の場合あり

制服

昼食

お弁当（週5回）…給食弁当の注文可

進学情報

[中学校への進学状況]【加藤学園暁秀】約80％が内部進学。ラ・サール、攻玉社、頌栄、横浜女学院など
[高等学校への進学状況]【加藤学園暁秀、加藤学園】約90％が内部進学。県立沼津東、県立韮山、県立三島北など
[大学への進学状況]東京、京都、大阪、東京工業、筑波、千葉、お茶の水、北海道、東北、九州、慶應、早稲田、上智、University College Londonなど

[系列校]
加藤学園高等学校、加藤学園暁秀中学校・高等学校、加藤学園幼稚園

※上記募集要項は小学校公表データです（注1：選抜方法については伸芽会教育研究所調査によるデータです）。詳細は小学校HPまたはお電話でご確認ください

静岡

私立　共学　か

加藤学園暁秀初等学校

静岡サレジオ小学校

http://www.ssalesio.ac.jp/primary/

●静岡サレジオ小学校

［アクセス］
●JR東海道本線【草薙】より徒歩1分
●静岡鉄道【草薙】より徒歩4分

［所在地］　〒424-8624　静岡県静岡市清水区中之郷3-2-1
　　　　　　TEL 054-345-9321　FAX 054-357-1613

小学校情報

［校　長］　沼波　岳臣
［児童数］　男女計442名

沿　革　昭和20年、前身の静岡城内高等女学校が戦災により焼失。カトリックのサレジアン・シスターズを設立母体とする東京星美学園が経営を引き継ぐ。昭和22年、静岡星美中学校設置。昭和23年、静岡星美高等学校設置。昭和24年、星美保育園設置。昭和26年、静岡星美小学校設置。昭和29年、保育園を廃止し幼稚園を設置。平成15年、幼稚園から高校までを現校名に改称。平成23年、上智大学と教育提携締結。平成24年、4・4・4制導入。

教育方針　サレジオ会の創立者ドン・ボスコはキリストの教えに基づき、子どもの心に愛情、知性、正しい良心を育む「予防教育法」を確立。これを継承し「誠実な人間、良き社会人」を育てる。「祈りの場」「学習の場」「心身を鍛える場」を大切にし、「温かい思いやりと、活気に満ちた明るい子ども」の育成を目指す。

特　色　国際的な教育プログラムである国際バカロレアPYP・MYP・DP認定校。独自の教育システム4・4・4制を採用し、小1〜4をプライマリーステージ、小5〜中2をミドルステージ、中3〜高3をカレッジステージとする。プライマリーステージは1クラス25名程度できめ細かな指導を行い、学びの基礎力を高める。自己確立への影響が大きいミドルステージでは、対話を大切にしながら自主性と論理的思考力を養う。カレッジステージでは、上智大学の特別推薦枠を目指すソフィア、難関大学を目指すエグゼ、さまざまな進学先に対応するフロンティアの3コースに分かれ、目標に向けてじっくりと取り組む。

◆授業の特色　国際バカロレアPYP認定校として、教科の枠を超えた探究学習により国際的な視野の育成と深い学びの実践に取り組む。「読むとくメソッド（国語）」「英検Jr.オンライン（英語）」「ウィークリーテスト（算数）」などのメソッドも導入
◆英語教育　1年生から開始。5年生からはネイティブ教員による朝学習も行う。5年生は2泊3日のEnglish Camp、6年生はオーストラリア修学旅行もある
◆ボランティア活動　1〜6年生の縦割りグループでボランティアをする「星の子活動」を、地域社会やNGOと連携しながら行う
◆課外活動　3年生以上。スクールバンド、課外体育などがある

年間行事予定	
月	行　事　名（抜枠）
4	入学式、1年生歓迎会
5	聖母祭、ミドル運動会、4年宿泊学習
6	サレジオ祭、1・2年歩行教室
7	3・6年宿泊学習、5年English Camp
8	
9	水泳記録会
10	1〜5年遠足、6年修学旅行
11	静岡サレジオ公開研究会、プライマリー運動会
12	創立記念日、クリスマス会
1	聖ドン・ボスコ祝日、ドン・ボスコフェスティバル
2	キッズ・Art・サレジオ、4〜6年スキー教室
3	PYP学習発表会、感謝ミサ・謝恩会、卒業式

入試データ

下記の資料は**2024年度用（2023年秋実施予定）**です

募集要項

募集人員	男女計約70名
学校（入試）説明会	学校説明会：5月13日／7月1日／9月2日 （施設見学、授業参観あり） Ｗｅｂ説明会：6月3日〜（要申込）
願書配付期間	5月13日〜
出願期間	9月3〜10日 ※ＨＰの指示に従ってＷｅｂ出願
提出書類	・面接票 ・受験票 ※すべて考査日に持参
受験票交付	考査料決済後、自宅やコンビニエンスストアなどで各自印刷
受験番号付番	願書受付順　　月齢考慮　あり
考査日	考査：10月2日 面接：9月16・19〜21・25・26日のうち1日 （日時は願書受付時に選択）
選抜方法	生活能力、集団適応力、運動能力、親子面接など
考査料	5,000円（クレジットカード、コンビニまたはペイジー決済）
合格発表	10月3日発送　郵送で通知
倍率（前年度）	約1.5倍
入学手続	10月10日締切
編入学制度	欠員が生じた場合に試験を実施／帰国生はp.209〜参照
復学制度	県外・海外転出など特別な場合に限る
公開行事	学校体験会：7月1日 オープンスクール：7月29日
備考	スクールバスあり（登校時は全学年、下校時は1〜4年生対象）

学費

……… 入学手続時納付金 ………

入学金	75,000円
施設設備費	20,000円

………… 年間納付金 …………

授業料・月額	27,000円
施設充実費・月額	10,000円
父母の会会費・月額	1,700円
オーストラリア海外学習渡航積立金・月額	4,000円
積立金・月額	6,000円
学年費・月額	1,000円
児童会会費など・月額	約500円
建設協力費1口	30,000円
（1口以上、任意）	

※学校健康金掛金やバザー資金など諸経費を別途納付
※上記金額は諸事情等で変更の場合あり

制服

セキュリティ

警備員常駐／防犯カメラ設置／登下校確認システム／授業中門施錠／インターホン設置／保護者ＩＤカード／避難・防災訓練実施／緊急通報・安否確認システム／緊急地震速報装置／災害用品備蓄／ＡＥＤ設置

昼食

お弁当（週5回）…希望者には給食（週2回または週5回）を実施。パンの注文も可

進学情報

［中学校への進学状況］
【静岡サレジオ】約90％が内部進学
［高等学校への進学状況］
【静岡サレジオ】ほぼ全員が内部進学
［**大学への進学状況**］東京、大阪、名古屋市立、浜松医科、同志社、関西学院、慶應、早稲田、上智、東京理科、立教、青山学院、法政など

［系列校］
静岡サレジオ高等学校・中学校・幼稚園

※上記募集要項は小学校公表データです。詳細は小学校ＨＰまたはお電話でご確認ください

常葉大学教育学部附属橘小学校

https://www.tokoha.ac.jp/fuzoku/

[所在地] 〒420-0911　静岡県静岡市葵区瀬名1-22-1
TEL 054-263-1080　FAX 054-263-1049

●常葉大学教育学部附属橘小学校

[アクセス]
●JR【静岡】【草薙】より静鉄バス【東瀬名町】下車徒歩5分
●JR【清水】より静鉄バス【鳥坂営業所】下車徒歩3分

小学校情報

[校　長] 勝俣 元雅
[児童数] 男女計300名

沿　革
昭和21年、常葉大学の前身、静岡女子高等学院開校。昭和23年、常葉学園設置、常葉中学校開校。昭和26年、静岡女子高等学院を常葉高等学校に改称。昭和38年、橘高等学校開校。昭和40年、橘中学校開校。昭和41年、常葉女子短期大学開学、短大附属とこは幼稚園開園。昭和45年、短大附属たちばな幼稚園開園。昭和53年、常葉学園橘小学校開校。平成25年、現校名に改称。

教育方針
学園名は万葉集の『橘は　実さへ花さへその葉さへ　枝に霜ふれど　いや常葉の樹』に由来。橘を学園の教育理念の象徴とし、小学校では「たちばなの花のように清らかで素直な子」「たちばなの葉のように生き生きと希望に輝く子」「たちばなの実のように心温かい豊かな子」「たちばなの木のように我慢強くやり抜く子」を創立の精神に掲げる。教育方針は「自分よし・相手よし・みんなよし」の「三方よし」とし、自己肯定感と思いやりの心を育む。

特　色
常葉大学教育学部の研究実践校であり、大学教授による授業や先進的な授業を展開。1クラス約20名の少人数制できめ細かい指導を行い、学びの基本を徹底。隔週の土曜授業と中学年からの7時間授業実施により、公立小学校に比べ6年間で1713時間も多く授業を行う。教科担任制や専門家による指導を取り入れ、質の高い授業を実現。1年生から毎日日記を書き、文章力や自己表現力を高める。司書による読書指導で国語力も強化。全学年で週1時間、専門教員による情報の授業を実施し、ICT教育にも力を入れる。社会科見学、野外活動など体験活動の機会も豊富に設けている。

◆**オーケストラ学習**　全学年、週2時間。創立当初から続く学習で、専門家が指導する。入学時にヴァイオリンかチェロを選択。3年生から管・打楽器が加わる。楽器は学校が用意。年1回、全校児童による発表会を行う

◆**書写指導**　全学年、週1時間。専門家が指導する。文字の書き方だけでなく、その背景や漢字の成り立ちなども学ぶ

◆**英語学習**　1～4年生は週2時間、5・6年生は週3時間。ネイティブと日本人教師によるチームティーチングで、コミュニケーション活動、フォニックス、リーディングの3つを柱にしたカリキュラムを展開。修学旅行は福島のブリティッシュヒルズへ。夏休みにはオーストラリア研修も実施

年間行事予定	
月	行　事　名（抜粋）
4	入学式、1年生を迎える会、学年遠足
5	緊急時児童引き渡し訓練
6	創立記念日
7	1～5年校外活動、6年修学旅行
8	オーストラリア英語体験研修（希望者）
9	6年国会体験プログラム
10	運動会
11	橘ふれあいまつり
12	オーケストラ学習発表会
1	書初め会
2	持久走記録会、4年スキースクール
3	6年お別れ遠足、6年生を送る会、卒業式

入試データ

下記の資料は**2024年度用（2023年秋〜2024年冬実施予定）**です

募集要項

募集人員	前期：男女計60名　中期：男女計約15名　後期：男女若干名
学校(入試)説明会	学校説明会：5月27日 入試説明会：9月9日
願書配付期間	5月27日〜
出願期間	前期：9月8〜15日　中期：12月6〜11日　後期：1月18〜26日 平日9〜16時（9月9日：〜12時。12月9日、1月20日：休み） 窓口受付 ※いずれも郵送可（必着）
提出書類	・入学願書、受験票 ・受験者写真 ・振替払込請求書兼受領証 ・返信用定形封筒（郵送出願の場合のみ。切手を貼付）
受験票交付	簡易書留で郵送または願書受付時に手渡し
受験番号付番	願書受付順　　月齢考慮　　なし
考査日	考査・面接：前期…10月2日　中期…12月16日　後期…1月31日
選抜方法^{注1}	ペーパーテスト、集団テスト、保護者面接
考査料	5,000円
合格発表	前期：10月5日　中期：12月19日　後期：2月2日　郵送で通知
倍率（前年度）	非公表
入学手続	前期：10月6〜13日　中期：12月20〜22日　後期：2月3〜6日
編入学制度	欠員が生じた場合のみ試験を実施／帰国生はp.209〜参照
復学制度	あり
公開行事	個別学校見学会：6月13〜16日／7月11〜14日 入試個別相談会：7月4〜6日／9月5〜7日 オープンスクール：8月5日
備考	土曜登校は隔週　スクールバスあり

セキュリティ

警備員常駐／防犯カメラ設置／交通指導員配置／防犯ブザー携帯／携帯電話所持可／授業中門施錠／インターホン設置／保護者入校証／避難・防災訓練実施／緊急通報・安否確認システム／緊急地震速報装置／災害用品備蓄／AED設置／不審者対応訓練実施

学費

……… 入学手続時納付金 ………
入学金	50,000円
施設設備費	50,000円
ＰＴＡ入会金	5,000円

………… 年間納付金 …………
授業料・月額	40,000円
給食費・月額	5,600円
学年費・月額	1,500円
ＰＴＡ会費・月額	1,500円
後援会会費・月額	1,200円
校外活動費・月額	2,300円

※スクールバス利用者は維持費協力金を別途納付
※上記金額は諸事情等で変更の場合あり

制服

昼食

給食（週5回）

進学情報

[中学校への進学状況]【常葉大附属】約30％が系列校に内部進学。静岡大附属静岡、静岡大附属島田、静岡雙葉、静岡聖光、静岡学園、県立清水南など
[高等学校への進学状況]
【常葉大附属】約40％が系列校に内部進学
[大学への進学状況]
名古屋、静岡、東京都立、早稲田、東京理科など

[系列校]
常葉大学・大学院・短期大学部、常葉大学附属常葉中学校・高等学校、常葉大学附属橘中学校・高等学校、常葉大学附属菊川中学校・高等学校など

静岡

私立　共学　と　常葉大学教育学部附属橘小学校

※上記募集要項は小学校公表データです（注1：選抜方法については伸芽会教育研究所調査によるデータです）。詳細は小学校ＨＰまたはお電話でご確認ください

愛知教育大学附属岡崎小学校

http://www.op.aichi-edu.ac.jp　　E-mail aoi@op.aichi-edu.ac.jp

[所在地]　〒444-0072　愛知県岡崎市六供町八貫15
　　　　　TEL 0564-21-2237　FAX 0564-21-2937

[アクセス]
●名鉄バス【梅園学校前】下車徒歩5分

小学校情報

[校　長]　大槻 真哉
[児童数]　男女計558名

沿　革　明治34年、愛知県第二師範学校附属小学校創設。大正12年、愛知県岡崎師範学校附属小学校と改称。昭和16年、愛知県岡崎師範学校附属国民学校と改称。昭和18年、愛知県第二師範学校附属国民学校と改称。昭和22年、愛知第二師範学校附属小学校と改称。昭和24年、愛知学芸大学愛知第二師範学校附属小学校と改称。昭和41年、現校名に改称。令和3年、創立120周年を迎えた。

教育方針　徳川家ゆかりの地・岡崎の学校として三河武士の気風を受け継ぎ、質実剛健を校風とする。校訓は、開校時に初代主事・蟹江虎五郎が制定した『本気デ アレ キマリヨクセヨ ヤッカイニナルナ タメニナルコトヲセヨ』。児童一人ひとりが質実剛健の校風の担い手となり、将来一人の人間として社会で生き抜くことを求めている。教育目標は「生活のなかから問題を見つけ、自ら生活を切り拓いていくことのできる児童の育成」「経験や体験を重視し、事実をもとに問題の解決を図ろうとする児童の育成」「友だちの気持ちを思いやり、互いに磨き合おうとする児童の育成」とする。

特　色　教員は三河地区の代表で構成。教育研究のパイロット校として、5～10年先を見据えた教育を展開。愛知教育大学と連携し、子どもの個性と生活経験を大切にした「生活教育」を研究、実践している。児童一人ひとりの理解度の違いを大切にした授業づくりを目指し、子どもたちの生活意識の掘り起こしをするなどして興味・関心を引き出し、意欲の向上を図る。教員育成の役割も担っており、愛知教育大学の学生が春と秋に教育実習を行う。

◆**授業の特色**　他者とのかかわりを通して自分たちで問題を解決し、互いに高め合える力を培うためにアクティブラーニングを積極的に取り入れている。生活科と総合的な学習を総称した「くすのき学習」の時間も特徴
◆**クラブ活動**　男女ソフトボール部、陸上部、水泳部、音楽部など
◆**特別活動**　異年齢の交流活動が盛ん。1年生は入学すると、なかよし会で2～6年生からプレゼントを贈られる。学校生活では1・6年生、2・5年生、3・4年生がペアになる遠足、お別れ音楽会などを実施
◆**国際理解教育**　愛知教育大学の姉妹校であるアメリカの大学の附属校と交流。子どもたちの異文化理解の推進を図る

年間行事予定	
月	行　事　名（抜粋）
4	入学式、ペア遠足
5	運動会
6	──
7	──
8	5年林間学校
9	6年修学旅行
10	おかざきっ子展、アメリカ・バリス校交流
11	マラソン大会
12	──
1	書き初め展
2	お別れ音楽会
3	卒業式

入試データ

下記の資料は**2023年度用（2023年冬実施済み）**です

募集要項 ※下記は前年度のデータです

募集人員	男女計90名
学校(入試)説明会	10月17日　9時30分〜（授業公開あり） くすのきアリーナにて
願書配付期間	10月17日〜11月15日　平日9〜16時 （11月15日：〜12時。土：休み）　事務室にて
出願期間	11月1〜15日　平日9〜16時（15日：〜12時。土：休み） 窓口受付
提出書類	・入学願書 ・入学検定料受付証明書貼付票
受験票交付	願書受付時に手渡し
受験番号付番	11月1日9時30分抽選　　月齢考慮　　—— 以降は願書受付順
選抜方法	教育テスト、行動観察、本人・保護者面接
考査の流れ	選考1日目（教育テスト、行動観察）：1月11日▶選考2日目（本人・保護者面接）：1月12日
考査料	3,300円
合格発表	1月14日　Web発表および掲示発表
入学手続	指定日
編入学制度	なし。附属間交流は実施
復学制度	あり
出願資格	通学区域制限あり
備考	公開行事：学校公開…6月28日

セキュリティ

警備員常駐／防犯カメラ設置／携帯電話所持可（届出制）／避難訓練実施／緊急時メール配信

通学の範囲

入学時および在学中において岡崎市内に保護者とともに居住する者

制服

昼食

給食（週5回）

進学情報

[中学校への進学状況]
【愛知教育大附属岡崎】内部進学可能
[高等学校への進学状況]
【愛知教育大附属】内部進学可能
[大学への進学状況]
【愛知教育】、静岡、三重、同志社、立命館、関西学院、東京理科など

[系列校]
愛知教育大学・大学院、愛知教育大学附属高等学校・附属岡崎中学校など

愛知

国立

共学

あ

愛知教育大学附属岡崎小学校

愛知教育大学附属名古屋小学校

http://www.np.aichi-edu.ac.jp

[アクセス]
●地下鉄名城線・ゆとりーとライン【砂田橋】より徒歩3分
●名古屋市バス【砂田橋】下車

[所在地] 〒461-0047 愛知県名古屋市東区大幸南1-126
TEL 052-722-4616 FAX 052-722-3690

小学校情報

[校 長] 阿部 健一
[児童数] 男女計589名

沿 革 明治8年、教員養成学校附属小学校創立。明治9年、愛知県師範学校附属小学校と改称。明治32年、愛知県第一師範附属小学校と改称。大正12年、愛知県女子師範学校附属小学校創立。第一師範附属小学校、女子師範学校附属小学校の両校は、戦時中の国民学校など名称変更を経て、学制改革により昭和26年、愛知学芸大学附属名古屋小学校、愛知学芸大学附属春日井小学校と改称。昭和28年、両校を合併し愛知学芸大学附属名古屋小学校と改称。昭和41年、現校名に改称。令和6年、創立150周年を迎える。

教育方針 国立大学附属小学校として、教育目標の達成、教育の理論的・実践的研究、大学生の教育実地研究の指導、公立学校との教育技術の交流、の4点を使命とする。教育目標には「健康で心の豊かな子」「まことを求め正しいことを守る子」「よく考え実践する子」「人を敬い助け合う子」を掲げ、答えのない問題に答えを生み出すことができる、創造力を備えた子どもの育成を目指す。

特 色 令和2年度からの新学習指導要領が目指す、主体的・対話的で深い学びや新しい時代に必要な資質・能力の育成に向け、「わくわく つながる 授業デザイン」をテーマに研究を進めている。各教科指導では主体的な活動や協働的な学びに重点を置き、多角的な考え方や問題解決力の獲得を図る。総合学習は全学年で実施。探究的な見方・考え方を働かせ、課題を解決し、自己の生き方について考えられるようになることを目標に、町や地域の人・もの・こととかかわる体験学習などを行う。

◆**英語教育** 全学年。1・2年生は独自のカリキュラムを編成。3～6年生は「聞く・話す・読む・書く」の4技能を中心に、実用的なコミュニケーション能力も培う
◆**授業の特色** 毎朝10分間の「朝学」を設け、計算や漢字などの反復練習を行う。総合学習では、プログラミング、福祉体験、将来の姿を描くドリームマップ作りなどを実施
◆**給食活動** 学級活動の時間に食育を行い、給食時に栄養教諭が指導。また、異学年混合の会食会などで豊かな人間関係を育む
◆**帰国児童教育** 5・6年生を対象とした帰国児童クラスを設置。一般学級との合同行事や言語保持活動など帰国生としての特性を生かしながら日本の生活に適応できるよう指導

年間行事予定

月	行 事 名 (抜粋)
4	入学式
5	遠足
6	――――
7	5年山の生活、附小っ子まつり
8	――――
9	不審者対応避難訓練
10	6年古都の旅、運動会
11	――――
12	――――
1	――――
2	――――
3	お別れ音楽会、6年生を送る会、卒業式

入試データ　下記の資料は**2023年度用（2023年冬実施済み）**です

募集要項　※下記は前年度のデータです

募集人員	男女各20名程度、計40名程度
学校（入試）説明会	Ｗｅｂ説明会：11月1日（9時）〜16日（17時）
願書配付期間	11月16〜18日　9〜12時、13〜17時（18日：〜12時）　事務室にて ※質問受付：11月16日　15〜17時　体育館にて
出願期間	12月14〜16日　9〜12時、13〜14時 （16日：〜12時）　窓口受付
提出書類	・入学願書
受験票交付	願書受付時に手渡し
受験番号付番	―――　月齢考慮
選抜方法	第一次：教育テスト、本人・保護者面接 第二次：抽選
考査の流れ	第一次選考（教育テスト、本人・保護者面接）：1月10・11日▶第一次選考発表：1月13日▶第二次選考（抽選：入学対象者数が募集人員を上回る場合のみ行う）：同日
考査料	3,300円
合格発表	1月13日　第二次選考（抽選）後決定
入学手続	指定日
編入学制度	なし。附属間交流は実施／帰国生はp.209〜参照
復学制度	あり
出願資格	通学区域制限あり
備考	―――

セキュリティ

警備員常駐／保護者入構許可証／避難・防災訓練実施／緊急連絡メール配信／不審者対応訓練実施

通学の範囲

本校通学指定地域内に居住する者（小学校区を単位とする）

名古屋市内：千種区全域、東区全域、北区全域、中区全域、昭和区全域、瑞穂区全域、熱田区全域、守山区全域、中川区愛知・玉川・露橋・常磐・広見・八熊、天白区植田南・大坪・表山・天白・平針北・八事東など
名古屋市外：尾張旭市全域、瀬戸市效範・水南・長根・東山、小牧市小牧南、清須市古城・西枇杷島、長久手市市ガ洞・長久手・北・西・南など
※一部抜粋。詳細はＨＰなどで要確認

制服

昼食

給食（週5回）

進学情報

［中学校への進学状況］
【愛知教育大附属名古屋】内部進学可能
［高等学校への進学状況］
【愛知教育大附属】内部進学可能
［大学への進学状況］
【愛知教育】、静岡、三重、同志社、立命館、関西学院、東京理科など

［系列校］
愛知教育大学・大学院、愛知教育大学附属高等学校・附属名古屋中学校・附属幼稚園など

※上記募集要項は小学校公表データです。詳細は小学校ＨＰまたはお電話でご確認ください

愛知　国立　共学　あ　愛知教育大学附属名古屋小学校

静岡大学教育学部附属静岡小学校

http://fzk.ed.shizuoka.ac.jp/shizusho/

[所在地] 〒420-0856　静岡県静岡市葵区駿府町1-94
TEL 054-254-4666　FAX 054-254-4668

[アクセス]
●JR東海道本線ほか【静岡】より徒歩11分
●静岡鉄道静岡清水線【新静岡】より徒歩7分

小学校情報

[校　長] 山田 卓
[児童数] 616名（男子306名、女子310名）

沿　革　明治8年、静岡師範学校創設。明治9年、静岡師範学校附属小学校開校。明治35年、静岡県師範学校附属第二小学校を設置し、明治39年、静岡県女子師範学校附属小学校に改称。昭和18年、2校を併せ静岡第一師範学校附属小学校に改称。昭和24年、静岡大学教育学部設置、静岡大学静岡第一師範学校附属小学校に改称。昭和26年、静岡大学教育学部附属静岡小学校に改称。

教育方針　40年以上にわたり「自らをきりひらく子」を教育目標に掲げている。「自らの道、自らの将来、自らの運命などを自らの手、自らの力できりひらくこと」を教育の本質と見なし、いつの時代でも目指すべき子どもの姿と考える。そのため、子どもの可能性を信じ能動的な活動を見守る「まず子どもありき」の教育観を重視。失敗や試行錯誤を認め、議論などを通して子どもたち自身が発見し、生み出すものに価値を置いている。附属幼稚園、附属静岡中学校と目指す児童像を共有し、幼・小・中一貫教育にも取り組む。

特　色　国立大学の附属学校として、教育の実証的・実験的研究の推進、教育学部の学生に対する教育実習を実施している。大学および附属幼稚園・中学校・特別支援学校との連携強化、県内各地の公立学校への有益な研究情報の提供も任務とする。長年にわたってアクティブラーニングを追究しており、「学びとは、学ぶとは何か」を根幹として授業を展開。令和4年度からは「その子らしく学ぶ」を主題として掲げ、子どもの能動的な学びについての教育研究に取り組んでいる。

◆**異年齢集団活動**　4〜6年生の異年齢集団による「グループ活動」を実施。7月の「朝霧本キャンプ」に向け、15グループに分かれ6年生のグループ長を中心に活動を進める
◆**つどい**　3〜6年生による集会活動。学級単位で全校児童に向け、自分たちの思いを発表する。20分程度で、劇、音楽、運動などを子どもたち自身が企画する。1・2年生は学年内で、学年つどいを開催
◆**宿泊体験**　3年生は焼津青少年の家にて1泊2日の宿泊体験を行う。ハイキングなどを企画、実施
◆**相棒活動**　1・6年生、2・5年生、3・4年生がペアを組み、年間を通して活動する
◆**日記活動**　テーマも長さも自由。毎日書く

年間行事予定	
月	行　事　名（抜粋）
4	入学式、相棒手つなぎ遠足
5	運動会
6	グループ活動、6年つどい
7	6年つどい、朝霧本キャンプ
8	夏休み
9	5年つどい
10	3年宿泊体験学習
11	芸術鑑賞教室、土曜授業参観、4年つどい、6年修学旅行
12	3年つどい
1	―――
2	6年生を送る会
3	卒業式

入試データ

下記の資料は**2023年度用（2023年冬実施済み）**です

募集要項　※下記は前年度のデータです

募集人員	男女計105名
学校(入試)説明会	10月24日（校内見学、授業参観あり）
願書配付期間	10月24日〜11月11日　平日9〜12時、13〜16時（土：休み）事務室にて
出願期間	12月5〜8日　9〜12時、13〜14時　窓口受付 ※出願日はＷｅｂまたは電話で要申込
提出書類	・入学願書 ・住民票 ・入学検定料納付証明書 ・返信用封筒（切手を貼付）
受験票交付	願書受付時に手渡し
受験番号付番	抽選順　　　　月齢考慮　なし
選抜方法	試問
考査の流れ	選考（試問）：1月12日
考査料	3,300円
合格発表	1月16日　15〜17時　掲示発表および郵送で通知
入学手続	2月20日
編入学制度	なし。附属間交流は実施
復学制度	2年以上在学し、海外へ転出後3年以内で、6年生の12月までに限る
出願資格	通学時間制限：所要時間60分以内 ※通学時にバス、電車を利用する場合は、11月14日16時までに「通学方法申告書」を提出
備考	公開行事：学校公開…10月31日／11月1日 出願日に保護者面談を実施

通学の範囲

「通学方法申告書」の内容が実際と異なる場合や、通学時間が60分を超える場合は入学できない。バス、電車の所要時間は実際の運行時刻表に基づく。待ち時間を必ず4分以上加える。徒歩の時間は時速3kmで計算する。JR静岡駅から学校までは徒歩15分とする。自家用車、新幹線、東名を利用するバスでの通学は認めない。JRホームライナー、静岡鉄道通勤急行等は利用しない、などの制限がある
※一部抜粋。詳細はHPなどで要確認

制服

制服なし

セキュリティ

防犯カメラ設置／防犯ブザー携帯／携帯電話所持可／授業中門施錠／保護者入構証／赤外線センサー設置／避難・防災訓練実施／緊急通報・安否確認システム／災害用品備蓄／ＡＥＤ設置

昼食

給食（週4回）、お弁当（週1回、金曜日）

進学情報

［中学校への進学状況］
【静岡大教育学部附属静岡】内部進学可能
［高等学校への進学状況］
非公表
［大学への進学状況］
──

［系列校］
静岡大学・大学院、静岡大学教育学部附属静岡中学校、附属幼稚園、附属浜松中学校・小学校、附属島田中学校など

※上記募集要項は小学校公表データです。詳細は小学校ＨＰまたはお電話でご確認ください

静岡大学教育学部附属浜松小学校

https://fzk.ed.shizuoka.ac.jp/hamasho/

[アクセス]
●遠州鉄道バス【浜松学院大学】下車
●遠州鉄道バス【浜松北高】下車徒歩5分

[所在地]　〒432-8012　静岡県浜松市中区布橋3-2-1
　　　　　TEL 053-455-1441　FAX 053-457-3583

小学校情報

[校　長]　大村　高弘
[児童数]　男女計412名

沿　革　大正4年、静岡県浜松師範学校創設。大正5年、静岡県浜松師範学校附属小学校開校。昭和22年、静岡第二師範学校附属小学校に改称。昭和24年、静岡大学教育学部設置、静岡大学静岡第二師範学校附属小学校に改称。昭和26年、静岡大学教育学部附属浜松小学校に改称。令和2年、創立105周年を迎えた。

教育方針　「温かさと活力のある楽しい学校」を基本理念とし、それを実現するために「『豊かな学び』を積み重ねていく授業」と「『自律』『協同』の両立に向けた心と行為の指導」に努める。現在の教育目標は、「自己を磨き 他とともによりよい未来を創造する子」の育成。「自立・自律」「共生・協同」「創造」を重点課題に据え、カリキュラムの編成やモジュール学習などを行う。

特　色　教育の源流は開校時の大正自由主義教育。その流れをくみ、子どもの個性や創造性を重視する姿勢が根底にある。伝統的に、子どもの事実から出発する教育、体験活動や問題解決を軸にした学習を大切にしている。現在は教育課程特例校として、カリキュラムを「教科」「総合」「生活創造」の3領域で構成。これらを有機的に関連させ、厳しい挑戦の時代に対応できる生きる力の育成を目指す。近隣に位置する静岡大学浜松キャンパスとの連携を積極的に進めるとともに、同じ敷地内にある附属浜松中学校との小・中一貫校化を開始した。9年間の学びや成長を見通した、連続的な教育実践を目指している。保護者や卒業生のかかわりも活発で、ゲストティーチャーや学習ボランティアなど、幅広く教育活動を支える。

◆**自然体験**　5・6年生が夏に朝霧野外活動センターで2泊3日の林間学校を行い、キャンプ、登山などに挑戦。3・4年生は秋に観音山少年自然の家で1泊2日の自然学校を実施。冒険ラリー、沢登りなどを体験
◆**体験旅行**　5・6年生が秋に2泊3日で京都・奈良または広島・宮島方面へ。2日目は子どもたちが計画を立てグループ行動をする
◆**くらた祭**　3・4年生が秋に開催。大正から昭和にかけて農業実習の指導に尽力した倉田宇之吉氏にちなみ、野菜を栽培、収穫し、かまどで調理する
◆**学習の特色**　生活創造課程では、自分たちの生活の中から課題を見つけ出し、話し合いやプロジェクト活動を行う

年間行事予定	
月	行　事　名(抜粋)
4	入学式
5	運動会
6	わくわく旅行①、芸術鑑賞教室
7	5・6年林間学校
8	夏休み
9	防災訓練
10	芸術鑑賞教室、研究発表会
11	3・4年自然学校、5・6年体験旅行、くらた祭、わくわく旅行②
12	持久走大会
1	──
2	音楽会
3	6年生を送る会、卒業式

入試データ

下記の資料は**2023年度用（2023年冬実施済み）**です

募集要項　　※下記は前年度のデータです

募集人員	男女各35名程度、計70名
学校（入試）説明会	11月8・11日　9時30分～11時40分（校内見学あり。要申込） ※入学希望者は「通学方法申告書」を提出
願書配付期間	11月14～25日　平日9～12時、13～16時（土：休み） 事務室にて ※出願資格（通学条件）を満たす入学希望者の保護者のみに配付
出願期間	11月29日～12月2日　9～12時、13～16時　窓口受付 ※郵送可（必着）
提出書類	・入学志願票、選考結果通知票、受検票 ・住民票謄本　・入学志願者健康診断書 ・入学検定料受付証明書 ・受検票送付用封筒（切手を貼付） ・選考結果通知票送付用封筒（切手を貼付）
受験票交付	郵送
受験番号付番	出願順　　月齢考慮　なし
選抜方法 注1	行動観察、運動テスト
考査の流れ	選考（行動観察、運動テスト）：1月12日　8時40分～（女子）／13時10分～（男子）
考査料	3,300円
合格発表	1月13日発送　郵送で通知
入学手続	3月1日
編入学制度	2～5年生で欠員が生じた場合、附属間交流を実施
復学制度	原則なし（状況により応相談）
出願資格	通学区域制限あり
備考	学校説明会申込期間：9月7日～10月26日

通学の範囲

静岡県西部地域内（袋井市以西）に保護者と同居し、徒歩または公共交通機関を利用して60分以内で通学できること
※詳細はHPなどで要確認

制服

セキュリティ

警備員常駐／防犯カメラ設置／交通指導員配置／防犯ブザー携帯／携帯電話所持可／授業中門施錠／保護者名札着用／避難・防災訓練実施／緊急通報・安否確認システム／緊急地震速報装置／災害用品備蓄／AED設置

昼食

給食（週4回）、お弁当（週1回、水曜日）

進学情報

[中学校への進学状況]
【静岡大教育学部附属浜松】原則として内部進学
[高等学校への進学状況]
非公表
[大学への進学状況]
───

[系列校]
静岡大学・大学院、静岡大学教育学部附属浜松中学校、附属静岡中学校・小学校、附属島田中学校、附属幼稚園など

※上記募集要項は小学校公表データです（注1：選抜方法については伸芽会教育研究所調査によるデータです）。詳細は小学校HPまたはお電話でご確認ください

静岡　国立　共学　し　静岡大学教育学部附属浜松小学校

2024 学校別過去入試問題集

広島県 私立・国立小学校入試情報ガイド ✳

✳ 掲載の入試情報は、2024 年度用（2023 年秋〜2024 年冬実施予定）ですが、一部、2023 年度用（2022 年秋〜冬実施済み）のものがあります。新しい情報を掲載していますが、新型コロナウイルスの影響などにより、行事や考査関連の日程が変更になる可能性があります。最新の情報は直接学校窓口にお問い合わせいただくか、各学校のホームページなどでご確認ください。

なぎさ公園小学校

http://www.nagisa.ed.jp/elementary/

[アクセス]
●JR山陽本線【五日市】、広島電鉄宮島線【広電五日市】より徒歩10分

[所在地] 〒731-5138　広島県広島市佐伯区海老山南2-2-30
TEL 082-943-0001　FAX 082-943-0004

小学校情報

[校 長] 渡邊 あけみ
[児童数] 426名（男子195名、女子231名）

沿 革　昭和32年、学校法人鶴学園設置認可。昭和33年、広島電波工業高等学校開校。昭和36年、広島工業短期大学開学、広島工業短期大学附属中学校開校、広島電波工業高等学校を広島工業短期大学附属工業高等学校と改称。昭和40年、広島高等学校開校。平成15年、なぎさ公園小学校開校。平成20年、広島工業大学附属中学校と附属広島高等学校を広島なぎさ中学校・高等学校に改称。

教育方針　建学の精神『教育は愛なり』、教育方針「常に神と共に歩み社会に奉仕する」に基づき、「子どもたちの可能性の『芽』を大切に育てていきたい」を教育理念に掲げる。子どもたちの知的好奇心を大切にし、深い学びにつなげる。本物にふれて五感を開き、感覚を駆使して気づきを得られるように導く。教育目標として、①21世紀型「高学力」を育てたい、②グローバル生活人を育てたい、③ふるえる心（感性）を育てたい、④たくましいリーダーを育てたい、の4つの柱を軸に子どもたちの未来を育む。

特 色　21世紀型高学力とは、興味の対象を考察し、創造・表現につなげられる力。すべての学習の基礎といえる論理的思考力と言語力を高めるために、言語「にほんご」と文学「ものがたり」の授業を行う。教科横断的なプロジェクト学習も行い、確かな基礎学力と新しい時代が求める学力の土台を築いていく。英語教育は異なる文化や価値観を認め合い、多様性を尊重する共生感を重視。コミュニケーション力や表現力が自然と身につくような仕掛けや遊び心が盛り込まれた授業を通し、豊かな国際感覚を身につける。

◆**英語教育**　1年生から週4時間。ネイティブ教師と日本人教師の2名体制で「聞く」「話す」「読む」「書く」の4つの力を伸ばす
◆**授業の特色**　一つのテーマを教科ごとの視点でとらえ、発展的・多面的に学ぶ「プロジェクト学習」を行う。季節や行事と関連づけて展開し、学年が進むごとに内容が深化する
◆**校外学習**　1年生から宿泊学習を実施。1〜3年生は自然体験宿泊学習、4年生はサマーアドベンチャー、5年生はミュージアム（博物館）学習、6年生は修学旅行がある
◆**国際教育**　5・6年生の希望者を対象に、ニュージーランド、タイ、台湾で異文化体験ツアーを実施。現地の学校への体験入学、ホームステイなどを通し共生感覚を高める

年間行事予定	
月	行 事 名（抜粋）
4	入学式、穀雨祭、1年生を迎える会、遠足
5	布ぞうり開始（立夏）
6	芒種祭、平和集会、「わ食」弁当の日
7	異文化体験ツアー、音楽会
8	自然体験宿泊学習、サマーアドベンチャー
9	修学旅行、干潟観察、ピースウォーク、リーダーズシアター
10	運動会、レシテーションコンテスト、English Camp
11	遊びの世界旅行、English Week、読書週間
12	おもちつき会、アートの世界旅行
1	ミュージアム学習、野鳥観察
2	なぎさ祭、学園創立記念日
3	長なわ・マラソン大会、卒業式

入試データ　下記の資料は**2023年度用（2022年秋実施済み）**です

募集要項　※下記は前年度のデータです

募集人員	ＡＯ入試Ⅰ期：男女計70名 ＡＯ入試Ⅱ期、グローバル入試Ⅰ期・Ⅱ期：各男女若干名
学校（入試）説明会	学校説明会：6月25日 入試説明会：9月3日
願書配付期間	9月3日〜　平日9〜17時 （第1・3・5土：〜12時。第2・4土：休み）
出願期間	10月3〜5日（消印有効）　書留速達で郵送
提出書類	・入学志願書①、誓約書　・入学志願書② ・入学試験検定料振込金受取書 ・受験票返信用封筒（切手を貼付）
受験票交付	郵送
受験番号付番	生年月日順　　月齢考慮　あり
考査日	考査・面接：10月31日〜11月2日のうち1日
選抜方法注1	適性検査Ａ（個別テスト）、適性検査Ｂ（集団テスト）、親子面接
考査料	12,000円
合格発表	11月2日発送　郵送で通知
倍率	約1.2倍
入学手続	11月4〜10日
編入学制度	欠員が生じた場合のみ試験を実施／帰国生はp.209〜参照
復学制度	応相談
公開行事	学校見学会ＮＯＷ：4〜7・9・11〜1月（年長児対象） 　　　　　　　　　5〜7・9・11・12・2・3月 　　　　　　　　　（年中・年少児対象） 学校体験会：12月3日
備考	ＡＯ入試Ⅱ期、グローバル入試Ⅰ期・Ⅱ期の詳細はＨＰを確認 土曜登校は原則第1・3・5土曜日　スクールバスあり

学費

……… 入学手続時納付金 ………
入学金	140,000円
入学手続金	60,000円
施設充実費	80,000円

……… 年間納付金 ………
授業料・月額	34,000円
施設設備資金・月額	10,000円
教育諸費・月額	5,200円
なぎさ会会費・月額	400円
児童会会費・月額	400円
宿泊学習積立金・月額	5,000円

※上記金額は諸事情等で変更の場合あり

制服

セキュリティ

防犯カメラ設置／交通指導員配置／登下校確認システム／防犯ブザー携帯／携帯電話所持可／授業中門施錠／インターホン設置／保護者ＩＤカード／赤外線センサー設置／避難・防災訓練実施／緊急通報・安否確認システム／災害用品備蓄／ＡＥＤ設置／防災ヘルメット配付

昼食

お弁当（週5回）…お弁当注文システムあり

進学情報

[中学校への進学状況]
【広島なぎさ】80〜90％が内部進学
[高等学校への進学状況]
【広島なぎさ】ほぼ全員が内部進学
[大学への進学状況]【広島工業】、東京、京都、大阪、九州、広島、北海道、同志社、立命館、関西学院、慶應、早稲田、上智、国際基督教、東京理科など

[系列校]
広島工業大学・大学院、広島なぎさ中学校・高等学校、広島工業大学高等学校

※上記募集要項は小学校公表データです（注1：選抜方法については伸芽会教育研究所調査によるデータです）。詳細は小学校ＨＰまたはお電話でご確認ください

広島三育学院小学校

https://www.hiroshima-saniku.ed.jp/

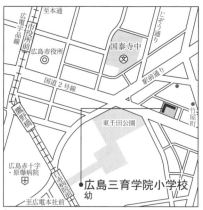

[所在地] 〒730-0048 広島県広島市中区竹屋町4-8
TEL 082-243-4526 FAX 082-245-4431

[アクセス]
● 広島電鉄宇品線【鷹野橋】より徒歩９分
● JR山陽本線・芸備線・呉線・可部線ほか【広島】より広島バス【竹屋町】下車徒歩２分

小学校情報

[校 長] 落合 均
[児童数] 男女計105名

沿 革 明治31年、アメリカに本部を置くプロテスタントのセブンスデー・アドベンチスト教会の宣教師W・C・グレンジャーが東京・芝に芝和英聖書学校を創立。大正8年、現在の東京都杉並区に天沼学院小学部・中学部・高等部開校。大正15年、千葉県に男子部を移転し、日本三育学院に改称。天沼学院は日本三育女学院に改称。昭和28年、同じ教育方針のもと広島三育学院幼稚園開園。昭和31年、広島三育学院小学校開校。昭和52年、広島三育学院大和キャンパス（小学校・中学校・高等学校）開校。

教育方針 校訓はマタイによる福音書7章12節の『だから、何事でも人々からしてほしいと望むことは人々にもそのとおりにせよ』。人格の完成を目指す聖書の教えを基に、個性を重んじて知育・徳育・体育の発達を図り、社会に貢献する人間性豊かな人材を育成する。知育は「豊かな感性を養い自らを生かすこども」をイメージ。個性を尊重して子どもの能力を最大限に伸ばし、創造性を育む。徳育は「神を敬い人を愛するこども」。善い行いができるように優しい愛の心を育む。体育は「たくましい個性と健全な身体を培うこども」。他者への奉仕を支える健やかな体力づくりに励む。

特 色 基礎的な言語運用能力と数理運用能力の獲得は小学校教育の大切な目標であるとの考えから、全学年、毎学期の始めに漢字力テスト、計算力テストを行うなどして基礎学力の充実に努めている。学校生活では、1～6年生からなる縦割りグループ「ファミリー」での活動を通し、社会性やリーダーシップなどを養う。

◆**宗教教育** 全学年、聖書の授業を週3時間と毎週土曜日には礼拝プログラムを実施。加えて毎学期の祈祷週、クリスマス会などを通し健全な人格の育成を図る
◆**英語教育** 1年生から独自のカリキュラムによる英語教育を導入。外国人教員による授業を週3回行い、英語力の向上とともに異文化への理解を深め国際性を培う
◆**表現教育** 毎朝全校一斉に10分間読書を実施。多様な言語表現にふれることで、自分の思いを人に伝えられるようにする。音楽や図工でも表現する機会を多く設けている
◆**環境教育** 教室の整理整頓や校舎の清掃だけでなく、学校周辺の花壇の手入れ、河川敷の植樹活動など地域の環境整備にも取り組む

年間行事予定	
月	行 事 名（抜粋）
4	入学式
5	歓迎ピクニック、運動会、食事会
6	祈祷週、暗唱聖句大会
7	体験学習
8	―
9	祈祷週、写生大会、暗唱聖句大会、宿泊学習
10	映写会、秋のピクニック、幼小交歓会
11	スポーツデー、音楽鑑賞会、食事会
12	クリスマスの集い
1	暗唱聖句大会
2	食事会、スキー教室、学習発表会
3	卒業祈祷週、お別れ音楽会、卒業式

入試データ

下記の資料は**2024年度用（2023年秋～2024年冬実施予定）**です

募集要項

募集人員	第1次：男女計30名　第2次：男女若干名		
学校(入試)説明会	6月11日　10時～ 9月17日　10時～（公開授業あり）		
願書配付期間	7月3日～1月20日 平日9～16時（土：休み）　※郵送可		
出願期間	第1次：10月24～27日　第2次：1月15～19日 9～16時　窓口受付		
提出書類	・入学願書 ・健康診断書 ・試験結果通知用封筒		
受験票交付	願書受付時に手渡し		
受験番号付番	願書受付順	月齢考慮	なし
考査日	考査・面接：第1次…11月7日 　　　　　　第2次…1月28日		
選抜方法	ペーパーテスト、親子面接		
考査料	10,000円		
合格発表	第1次：11月8日　第2次：1月29日　郵送で通知		
倍率（前年度）	約1.1倍		
入学手続	第1次：11月10日　第2次：2月2日　9～16時		
編入学制度	欠員が生じた場合のみ試験を実施／帰国生はp.209～参照		
復学制度	応相談		
公開行事	プレプライマリースクール：6月21・28日／9月6・13日／ 　　　　　　　　　　　　　10月18・25日 ※入学個別相談、学校見学は随時		
備考	――――		

学費

……… 入学手続時納付金 ………

入学金	80,000円
施設拡充費	80,000円

………… 年間納付金 …………

授業料・月額	21,000円
施設設備費・月額	2,000円
教育充実費・月額	4,000円
旅行積立・月額	1,500円
アルバム積立・月額	500円

※上記金額は諸事情等で変更の場合あり

制服

セキュリティ

防犯カメラ設置／登下校確認システム／防犯ブザー携帯／携帯電話所持可／インターホン設置／保護者名札着用／避難・防災訓練実施／看護師常駐／災害用品備蓄／AED設置

昼食

お弁当（週5回）…希望者には給食（週2回、火・金）を実施

進学情報

[中学校への進学状況]【広島三育学院】約4％が内部進学。広島学院、ノートルダム清心、AICJ、広島女学院など

[高等学校への進学状況]
【広島三育学院】90%以上が内部進学

[大学への進学状況]
【三育学院】、広島、千葉、同志社、関西学院、早稲田、国際基督教、東京女子など

[系列校]
三育学院大学・大学院、広島三育学院高等学校・中学校・大和小学校・幼稚園、三育学院中学校、沖縄三育中学校、東京三育小学校、横浜三育小学校・幼稚園など

※上記募集要項は小学校公表データです。詳細は小学校ＨＰまたはお電話でご確認ください

広島三育学院 大和小学校

https://www.saniku.ac.jp/hiroshima/daiwa/

[アクセス]
●JR山陽本線【河内】より車で約20分

[所在地]　〒729-1493　広島県三原市大和町下徳良296-2
TEL 0847-33-0311　FAX 0847-33-1451

小学校情報

[校　長]　北林 聡
[児童数]　男女計11名

沿　革　明治31年、プロテスタントのセブンスデー・アドベンチスト教会の宣教師が東京・芝に芝和英聖書学校を創立。大正8年、現在の東京都杉並区に天沼学院小学部・中学部・高等部開校。昭和23年、財団法人日本三育学院に改組し、日本三育学院神学校と称する。中学校・高等学校を併設。昭和25年、小学校併設。昭和52年、中学校・高等学校が広島県賀茂郡大和町へ移転。広島三育学院大和キャンパス（小学校・中学校・高等学校）開校。

教育方針　聖書の教えを基礎とし、『何事でも人々からしてほしいと望むことは、人々にもそのとおりにせよ』という、新約聖書マタイによる福音書7章12節の言葉を校訓とする。教育方針は、すべての児童は神の子どもであるという認識のもと、神と人を愛する人格を完成させること、および神と人に仕えることを最高の目標とする人材を育成すること。育てたい子ども像として、①神の存在を認め、神を敬う子ども、②物事をよく考え、実行できる子ども、③ねばり強く、頑張る子ども、を掲げる。

特　色　豊かな自然に囲まれた広島三育学院高等学校・中学校のキャンパス内に位置し、幼稚園から大学までの一貫教育を行っている。少人数制で一人ひとりの個性を尊重し、知育・徳育・体育の調和を目的とする三育教育を展開。調べ学習、グループ学習や1～6年生の縦割りグループ「ファミリー」での活動なども行う。総合的な学習の時間「三育タイム」では、他者とのかかわり方などに思いをめぐらせ奉仕の心を育む。土曜日は聖書の教えを学ぶ。

◆**宗教教育**　全教員がクリスチャン。礼拝や聖書の授業を通して神を敬い、人を愛する豊かな心を育てる。年数回、テーマに合わせた牧師の話などを聞いて過ごす祈祷週を設けている。毎週土曜日は、全児童が最寄りのSDA教会の礼拝に出席することを推奨している

◆**英語教育**　1年生から英語を導入。毎日行う英語の授業を通して、国際社会に貢献できる人材を育てる。アメリカ、イギリスをはじめとする世界各地に姉妹校があり、留学する児童も多い

◆**校外学習**　動物園への遠足、野菜作りやブドウ狩りなど、生き物や自然に親しむ活動が中心。広島市竹屋町にある姉妹校と交流会も行っている

年間行事予定

月	行　事　名（抜粋）
4	入学式
5	祈祷週、ピクニック
6	―
7	夏祭り
8	―
9	体育祭、祈祷週
10	社会科見学
11	感謝祭
12	クリスマス会
1	―
2	卒業祈祷週、縄跳び大会
3	卒業式、卒業礼拝

School Information

始業／制服／2学期制／土曜登校／クラス替／給食／アレルギー対応／ICT教育／英語コマ数5／通学時間制限／アフタースクール／幼稚園／中学・高校／大学／プロテスタント

※濃い色で示したアイコンはこの小学校に該当するものです

■ 入試データ

下記の資料は**2023年度用（2022年秋実施済み）**です

募集要項　※下記は前年度のデータです

募集人員	男女計5名
学校（入試）説明会	随時
願書配付期間	10月1日〜11月1日　平日9〜16時（土：休み）
出願期間	10月19日〜11月1日 郵送（必着）、または持参（平日9〜16時。金：〜14時30分）
提出書類	・入学願書 ・健康診断書
受験票交付	郵送
受験番号付番	願書受付順　　月齢考慮　あり
考査日	考査・面接：11月5日
選抜方法^{注1}	集団テスト、運動テスト、親子面接
考査料	5,000円
合格発表	11月7日　郵送で通知
倍率	非公表
入学手続	11月8〜14日　平日9〜16時（金：〜14時30分。土：休み）
編入学制度	欠員が生じた場合に試験を実施／帰国生はp.209〜参照
復学制度	応相談
公開行事	――――
備考	――――

セキュリティ

避難・防災訓練実施／看護師常駐／緊急通報・安否確認システム／災害用品備蓄／AED設置

学費

……… 入学手続時納付金 ………
入学金　　　　　　　　　70,000円

……… 年間納付金 ………
授業料・年額　　　　　365,500円
※学習費など別途納付
※上記金額は諸事情等で変更の場合あり

制服

制服なし

昼食

給食（週5回）

■ 進学情報

［中学校への進学状況］
【広島三育学院、三育学院、沖縄三育】ほぼ全員が内部進学
［高等学校への進学状況］
【広島三育学院】90%以上が内部進学
［大学への進学状況］
【三育学院】、広島、千葉、同志社、関西学院、早稲田、国際基督教、東京女子など

［系列校］
三育学院大学・大学院、広島三育学院高等学校・中学校・小学校・幼稚園、三育学院中学校、沖縄三育中学校、東京三育小学校、横浜三育小学校・幼稚園など

※上記募集要項は小学校公表データです（注1：選抜方法については伸芽会教育研究所調査によるデータです）。詳細は小学校HPまたはお電話でご確認ください

広島　私立　共学　ひ　広島三育学院　大和小学校

安田小学校

https://www.yasuda-u.ac.jp/es/　　E-mail yasuda-es@yasuda-u.ac.jp

写真／川村剛弘

［アクセス］
●JR山陽本線・アストラムライン【新白島】より徒歩6分
●アストラムライン【白島】より徒歩2分

［所在地］　〒730-0001　広島県広島市中区白島北町1-41
　　　　　　TEL 082-221-5472　FAX 082-221-7699

小学校情報

［校　長］　世羅田 慎治
［児童数］　男女計517名

沿　革　大正4年、安田学園創立。昭和22年、安田女子中学校、昭和23年、安田女子高等学校開校。昭和28年、安田幼稚園開園。昭和30年、安田女子短期大学開学。昭和31年、安田小学校開校。昭和41年、安田女子大学開学。昭和56年、安田女子大学付属幼稚園（現・安田幼稚園安東園舎）開園。令和2年、安田学園創立105周年を迎えた。

教育方針　創立以来、学園訓『柔（やさ）しく剛（つよ）く』を受け継ぐ。豊かな心と優しさを持つ子どもを育てる「徳育」、進んで学び頑張る子を育てる「知育」、丈夫な体の明るい子を育てる「体育」で基礎力を築き、すべてにおいてよく考えて、ねばり強くやり抜く実践力を育てることを基本方針としている。問題解決力を培う中で学力の伸長を図り、21世紀に生きるための力を養う。

特　色　60年以上積み重ねてきた教育実践の成果を踏まえ、独自のカリキュラムを設定。その一環として、グローバル人材育成、国語力、独自教科・くすのき、チャレンジからなる「安田式4つの教育プロジェクト」を進めている。授業では、子どもたちの素朴な疑問を大切に、主体的に課題を見つけて解決できるよう促す。1・2年生は1クラス27名の少人数制できめ細かく指導。一人ひとりが活躍できる場をつくり、体験を中心とした学習を通して中学年以降の応用・発展学習につながる基礎を身につける。5・6年生は全教科専科制になり、専門性の高い授業を実施。専科教員は担任やほかの教員と連携し、子どもたちの意欲や態度、能力を育てる。

◆**英語教育**　1・2年生は週3時間、3～6年生は週2時間。グローバル人材育成プロジェクトでは、人間理解、自己の確立、英語力を柱に、語学と文化について理解を深める。5年生は全員で1泊2日のグローバル・イングリッシュ・キャンプを行う。また希望者を対象に、3・4年生はEnglish Day Camp、4・5年生はオーストラリア海外学習を実施

◆**ICT教育**　コンピュータ室にパソコンとタブレット端末を1人1台ずつ用意。調べ学習、まとめ学習などに活用している

◆**図書館教育**　毎週、図書の時間を設定。朝読書、子ども同士で読み聞かせをする読み合い、読書まつり、与えられた課題に沿って読書をするアニマシオンなどを行う

年間行事予定

月	行　事　名（抜粋）
4	入学式、1年生を迎える会
5	4年社会科見学
6	3・4・6年山の学習、5年グローバル・イングリッシュ・キャンプ
7	1・2年たなばた会
8	――
9	3～5年社会科見学
10	運動会、5年まほろば学習
11	図工作品展、音楽会
12	4年スケート教室、5年安田女子大学見学
1	1・2年カルタ大会、5年スケート教室
2	マラソン大会、6年スノーボード教室
3	6年生を送る会、卒業式

入試データ

下記の資料は**2024年度用（2023年秋実施予定）**です

募集要項

募集人員	男女計105名（内部進学者含む）		
学校(入試)説明会	9月9日　10時〜11時30分		
願書配付期間	9月9日〜		
出願期間	Ｗｅｂ登録：9月9日（12時）〜10月7日（12時） 郵送出願：10月10〜13日（消印有効）書留で郵送 ※ＨＰの指示に従ってＷｅｂ登録後に郵送出願		
提出書類	・入学願書 ・受験票 ・選考料振替払込受付証明書 ・受験票返送用封筒（切手を貼付）		
受験票交付	郵送		
受験番号付番	願書受付順	月齢考慮	なし
考査日	考査：11月1・2日のうち1日 面接：10月26・27日のうち1日		
選抜方法[注1]	ペーパーテスト、個別テスト、保護者面接		
考査料	6,000円		
合格発表	11月4日　12時〜　Ｗｅｂ発表		
倍率（前年度）	約1.5倍		
入学手続	指定日		
編入学制度	1〜4年生で欠員が生じた場合のみ試験を実施／帰国生はp.209〜参照		
復学制度	なし		
公開行事	学校公開week：6月5〜10日／2月13〜17日 個別学校説明会：月1回程度		
備考	土曜登校は第1・3・5土曜日		

セキュリティ

警備員常駐／防犯カメラ設置／交通指導員配置／登下校確認システム／携帯電話所持可／授業中門施錠／インターホン設置／保護者名札着用／避難・防災訓練実施／看護師常駐／緊急通報・安否確認システム／災害用品備蓄／ＡＥＤ設置

学費

…… 入学手続時納付金 ……
入学金	100,000円

……… 年間納付金 ………
授業料・月額	45,000円
施設設備費・月額	3,000円
保護者会会費・月額	400円
学習費等積立金・月額	5,000円

※給食費を別途納付
※上記金額は諸事情等で変更の場合あり

制服

昼食

給食（週5回）…食物アレルギーがある場合などはお弁当持参・注文可

進学情報

[中学校への進学状況]
男子：広島大附属、広島学院、修道、ラ・サール、西大和学園、愛光、麻布など
女子：【安田女子】約20％が内部進学。広島大附属、ノートルダム清心など
[高等学校への進学状況]【安田女子】へ内部進学
[大学への進学状況]
【安田女子】、大阪、同志社、立命館、早稲田、東京理科、立教など

[系列校]
安田女子大学・大学院・短期大学・高等学校・中学校、安田幼稚園、安田幼稚園安東園舎

※上記募集要項は小学校公表データです（注1：選抜方法については伸芽会教育研究所調査によるデータです）。詳細は小学校ＨＰまたはお電話でご確認ください

広島大学附属東雲小学校
しののめ

https://www.hiroshima-u.ac.jp/fu_shino　E-mail eleshino@hiroshima-u.ac.jp

［所在地］　〒734-0022　広島県広島市南区東雲3-1-33
　　　　　　TEL 082-890-5111　FAX 082-890-5114

［アクセス］
●JR山陽本線・芸備線・呉線・可部線ほか【広島】
より広島電鉄バス【東雲二丁目】下車徒歩9分
●JR山陽本線【向洋】より徒歩24分

小学校情報

［校　長］　松浦　武人
［児童数］　423名（男子213名、女子210名）

沿　革　明治8年、広島県公立師範学校附属小学校として創立。数度の改称を経て昭和24年、広島大学広島師範学校附属小学校、昭和26年、広島大学教育学部附属東雲小学校に改称。昭和47年、複式学級開設。昭和53年、広島大学附属東雲小学校に改称。令和2年、創立145周年を迎えた。

教育方針　広島大学の附属学校として、大学と連携した有効性の高い教育活動・教育実践、新しい教育の創造や社会貢献のための教育研究、有為な教員育成のための教育実習を行うという3つの使命を担う。また学校教育目標に「共生社会に生きる主体として、自立的・協働的に学び育つ児童の育成」を掲げ、国際社会でたくましく生き抜く人間力豊かな人材の育成に取り組む。目指す学校像は「落ち着き・安心・信頼の中でエネルギーが発揮できる学校」、目指す子ども像は「自分から行動する」「工夫する」などを掲げる。

特　色　通常の単式学級のほか、小規模の教育研究を行うための複式学級、知的障害児の教育研究を行うための特別支援学級という3種の学級形態を設置する唯一の国立大学附属学校。各学級の特性を生かし、協働・共同教育を展開している。授業はもちろん、あらゆる場面で児童一人ひとりの自主性や主体性を尊重しつつ、多様な集団活動を通してコミュニケーション力やリーダーシップ性を養う。教科学習では対話を通した学び合いを大切にしている。自立や異文化理解を促す宿泊学習、運動力や表現力を高める行事、マナーや社会性が身につく自力登下校なども重視している。

◆**縦割り活動**　全学年で縦割り班を編成し、昼食、清掃、遊びなどを行う。1年生は入学すると、6年生との顔合わせや縦割りのお迎え遠足などを経て学校生活に慣れていく

◆**複式学級**　2学年で1クラス。低学年から異年齢同士でかかわり合い主体的に学習を進められるよう、教師はサポート役に回る

◆**校外学習**　1・2年生は「元宇品探検」で海辺の生物を観察。3・4年生は「太田川探検」にて川の自然や生物への理解を深める。4年生以上は宿泊学習を実施。4年生は「海の学習」で瀬戸内海の自然や生活文化を学習。5年生は「山の学習」でキャンプやハイキングを体験。6年生は「旅の学習」で沖縄の自然や歴史、文化にふれる

年間行事予定

月	行　事　名（抜粋）
4	入学式、お迎え遠足
5	運動会
6	ウェルカムデー、複式教育授業座談会、6年旅の学習
7	4年海の学習、5年山の学習
8	――――
9	――――
10	秋休み、しののめ祭り
11	東雲教育研究会
12	リズム縄跳び大会
1	――――
2	東雲発表会
3	卒業式

入試データ　下記の資料は**2024年度用（2024年冬実施予定）**です

募集要項

募集人員	男女各36名（単式学級32名、複式学級4名）、計72名
学校（入試）説明会	10月2日　10時～
願書配付期間	10月2日～12月1日　平日9～17時（土：休み） ※県外のみ郵送可
出願期間	11月24日～12月1日（消印有効）　簡易書留で郵送
提出書類	・入学願書 ・住民票 ・返信用封筒（切手を貼付）
受験票交付	郵送
受験番号付番	願書受付順　／　月齢考慮　／　――――
選抜方法注1	第一次：ペーパーテスト、個別テスト、集団テスト 第二次：抽選
考査の流れ	第一次選考（ペーパー・個別・集団テスト）：1月17日（男子）／18日（女子）▶第一次選考発表：1月19日　17時～（Ｗｅｂ発表および校内掲示）▶第二次選考（抽選）：1月20日　10時～
考査料	3,300円
合格発表	1月20日　第二次選考（抽選）後決定
入学手続	2月21日
編入学制度	なし。附属間交流は実施（5年生まで）
復学制度	5年生までに限る
出願資格	通学区域制限あり
備考	特別支援学級の募集あり

セキュリティ

警備員常駐／防犯カメラ設置／防犯ブザー携帯／携帯電話所持可（届出制）／保護者名札着用／避難・防災訓練実施／緊急通報・安否確認システム／学校110番／災害用品備蓄／ＡＥＤ設置

通学の範囲

定められた区域に保護者と居住している者、および4月1日までに居住する者

広島市：中区、東区、南区、西区、安佐南区、安芸区の指定の小学校区
安芸郡：指定の小学校区
※詳細はＨＰなどで要確認

制服

昼食

給食（週5回）

進学情報

［中学校への進学状況］
【広島大附属東雲】約30％が内部進学
［高等学校への進学状況］
――――

［大学への進学状況］
――――

［系列校］
広島大学・大学院、広島大学附属東雲中学校、附属高等学校・中学校・小学校・幼稚園、附属三原中学校・小学校・幼稚園、附属福山高等学校・中学校

広島　国立　共学　ひ　広島大学附属東雲小学校

広島大学附属三原小学校

https://www.hiroshima-u.ac.jp/fu_mihara　E-mail fmihara@hiroshima-u.ac.jp

［所在地］　〒723-0004　広島県三原市館町2-6-1
　　　　　　TEL 0848-62-4238　FAX 0848-60-0121

［アクセス］
●JR山陽本線・呉線・山陽新幹線【三原】より徒歩5分

小学校情報

［校 長］柳澤 浩哉
［児童数］376名（男子184名、女子192名）

沿 革　明治7年、広島県が広島県師範学校の前身となる白島学校を創立。明治42年、広島県三原女子師範学校創立。明治44年、附属小学校、大正2年、附属幼稚園を設置。昭和18年、広島県師範学校が官立となり、広島県三原女子師範学校を広島師範学校女子部に改称。昭和22年、広島師範学校女子部附属中学校設置。昭和24年、広島師範学校女子部に広島大学教育学部三原分校を創立。昭和26年、広島師範学校女子部廃校、広島大学教育学部附属三原小学校・中学校に改称。昭和53年、現校名に改称。平成23年、創立百周年記念式典挙行。令和3年、創立110周年を迎えた。

教育方針　教育研究、教育実習、地域教育への貢献を使命とする。教育理念は『自ら伸びよ』。大正13年に制定された自伸会（児童会・生徒会）の信条「私たちは私たちの力で伸びていこう」「私たちは人のためにつくして感謝しよう」「私たちは私たちのきまりを尊重しよう」を掲げ、人格の調和的・総合的発達を目指す。

特 色　同一敷地内に幼稚園、小学校、中学校があり、12年間一貫教育を行っている。幼稚園年少～小学2年生を「幼小接続期」、3・4年生を「転換期」、5年生から中学1年生にあたる7年生を「小中接続期」、中学2・3年生にあたる8・9年生を「義務教育完成期」と設定。文部科学省の研究開発学校指定を受け、グローバル化した多様性社会に適応するために求められる3つの次元（躍動する感性・レジリエンス・横断的な知識）の基礎となる資質・能力を育成するカリキュラムの研究開発に取り組んでいる。

◆**授業の特色**　総合的な学習の時間、道徳、特別活動を合わせた新領域「光輝（かがやき）」を設置。1年生は年間102時間、2年生は105時間、3～6年生は140時間授業を行う。教科学習とも関連させ、学力向上も図る。一例として、4年生と年長児の年間を通した交流活動、英語を用いた6・7年生の合同授業などを実施している

◆**一貫教育**　平成10年より「幼小中一貫教育研究会」を開始。12年間完全連絡入学制で最先端の幼小接続、小中接続を目指す

◆**縦割り活動**　縦割りグループの「さわやか班」を編成し、春と秋の遠足、集会、遊びなどを行っている。幼・小・中合同の運動会も縦割りの種目がある

年間行事予定	
月	**行 事 名（抜粋）**
4	入学式、さわやか班遠足
5	5年野外活動
6	運動会
7	減災の日
8	やっさ祭り
9	
10	秋休み、さわやか班秋の行事
11	ＰＴＡバザー、6年修学旅行
12	
1	駅伝大会
2	6年生を送る会
3	卒業式

入試データ

下記の資料は**2023年度用（2022年冬実施済み）**です

募集要項　※下記は前年度のデータです

募集人員	男女各32名、計64名（内部進学者含む）
学校（入試）説明会	10月26日　10時〜11時15分
願書配付期間	10月3日〜　平日8時30分〜17時（土：休み） 事務室にて　※郵送可
出願期間	11月4〜11日（消印有効）　簡易書留で郵送
提出書類	・入学志願票 ・受検票、入学検定料振込証明書貼付票 ・受検票返信用封筒（切手を貼付）
受験票交付	郵送
受験番号付番	願書受付順　　月齢考慮　なし
選抜方法注1	第一次：個別テスト、運動テスト 第二次：抽選
考査の流れ	第一次選考（個別テスト、運動テスト）：12月12日▶第一次選考発表：12月27日　8時30分〜（校内掲示およびＷｅｂ発表）▶第二次選考（抽選）：同日　9時45分〜
考査料	3,300円
合格発表	12月27日　第二次選考（抽選）後決定
入学手続	1月10〜13・16日　8時30分〜17時
編入学制度	欠員が生じた場合のみ附属間交流を実施
復学制度	海外または院内学級に転出した場合に限る
出願資格	通学区域制限あり
備考	——

通学の範囲

定められた区域に保護者と居住し、通学可能な者

三原市内および付近市町

制服

セキュリティ

警備員常駐／防犯カメラ設置／防犯ブザー携帯／保護者入構証／避難・防災訓練実施／緊急通報・安否確認システム／緊急地震速報装置／災害用品備蓄／ＡＥＤ設置

昼食

給食（週5回）

進学情報

［中学校への進学状況］
【広島大附属三原】原則として内部進学
［高等学校への進学状況］
広島大附属、広島大附属福山、近畿大附属東広島、県立広島、県立尾道北など
［大学への進学状況］
——

［系列校］
広島大学・大学院、広島大学附属三原中学校・幼稚園、附属高等学校・中学校・小学校・幼稚園、附属東雲中学校・小学校、附属福山高等学校・中学校

※上記募集要項は小学校公表データです（注1：選抜方法については伸芽会教育研究所調査によるデータです）。詳細は小学校ＨＰまたはお電話でご確認ください

好評発売中！

改訂版　私立・国立
小学校入試類似問題集

私立・国立小学校の入試に合格するためには、学校ごとの出題傾向を知り、対策を立てることが大切です。この『私立・国立 小学校入試類似問題集』は、私立・国立小学校に合格された多くの方々から伸芽会に寄せられた情報を基に問題を作成し、項目別に分類してまとめています。問題ごとに難易度や所要時間の目安も示してありますので、志望校の出題傾向に合わせてご活用ください。

受験準備が初期の方はこう使う！

実際の入試問題になれることに主眼を置き、時間を制限せずにじっくり取り組みましょう。

受験準備が進んでいる方はこう使う！

項目別の実力テストとしてご使用ください。徐々にスピードを上げて、最終的には所要時間内に解き終われるようにしましょう。

定価 1210円（本体1100円＋税10%）　80ページ／A4判／2023年1月以降順次刊行予定

全国の書店・伸芽会出版販売部にお問い合わせください。

お問合せ　伸芽会出版販売部　TEL03-6914-1359（月〜金10:00〜18:00）

九州圏 私立小学校入試情報ガイド

麻生学園小学校
敬愛小学校
福岡雙葉小学校
明治学園小学校
精道三川台小学校
長崎精道小学校
長崎南山小学校

麻生学園小学校

http://www.el.aso.ac.jp/　E-mail info@el.aso.ac.jp

[アクセス]
- ●JR鹿児島本線【けやき台】より徒歩8分
- ●JR【原田】【久留米】【弥生が丘】、西鉄【大橋】【三国が丘】【小郡】【久留米】などよりスクールバス

[所在地]　〒838-0107　福岡県小郡市希みが丘3-1-2
　　　　　TEL 0942-75-8840　FAX 0942-75-8841

小学校情報

[校　長] 水上　雅義
[児童数] 男女計105名

沿　革　昭和29年、無料奉仕の幼稚園を福岡市に開園。昭和39年、麻生学園創立。平成16年、東明館小学校開設。平成27年、東明館小学校を麻生学園小学校に改称。現在は全国に5つの学校法人と20の学校園を有する学園グループになっている。

教育方針　「至心をもって事にあたる人づくり」という学園の基本理念をベースに教育活動を展開。「英知的文化人たる前に温かい人間性を、学生・児童・園児たる前に豊かな人間性を」をモットーに、習得した技能や知識、思考力や判断力などを社会で生かせる人材を育成する。教育の基本方針を「鍛え→認め→褒める」と定め、個々に応じた学習指導や教科担任制による高度な指導などで、難関中学に進学できる学力を培う。

特　色　月〜金曜日は、1〜3年生は6時間、4〜6年生は7時間、土曜日は全学年4時間授業を実施。1〜3年生は学級担任と補助教員の2名体制できめ細かく指導し、基礎・基本の定着を図る。4〜6年生は、教師の専門性を生かした教科担任制による高度な学習指導を行う。5・6年生の国語、算数、理科はクラスを2つに分け、2名の専科教員がついて、個々に応じた少人数指導を徹底。朝と放課後もビフォースクール、アフタースクールを開設し、指導の時間を確保する。また、チャレンジスポーツ、全校遊び、スキー・スケート教室、歌声集会、宿泊学習、知のオリンピック、英語集会など多数の行事や体験活動を行い、子どもたちの心を磨き、体を鍛え、仲間づくりを充実させている。

◆**授業の特色**　中学受験に対応した国語、算数、理科、社会の学習を、4年生は週6時間、5・6年生は週12時間行う

◆**情操教育**　生活習慣の基礎をつくる3つの伝統である「立ち止まり挨拶」「静々歩き」「黙々掃除」を実践する

◆**行事の特色**　児童自らの希望で、全校児童の前でステージに立ち、主に1人で歌唱や楽器演奏、ダンスなどを披露する「ハッピーコンサート」を行う。「宿泊学習」では6年生が学校に宿泊し、仲間と絆を深めながら学習に取り組む

◆**キャリア教育**　「麻生キャリアガイダンス」として、企業などの出前授業や有名私立中学校の学校説明会を実施

年間行事予定	
月	行　事　名 (抜粋)
4	入学式、フレンドシップフェスタ
5	4・5年自然教室、ハッピーコンサート、6年修学旅行
6	──
7	1〜3年自然体験、6年宿泊学習
8	サマースクール
9	知のオリンピック、縦割り集会
10	運動会
11	全校遠足
12	ウィンターコンサート
1	漢字検定、知のオリンピック
2	スキー・スケート教室、算数検定、学習発表会、持久走大会
3	英語集会、お別れ集会、卒業式

入試データ　下記の資料は**2024年度用（2023年秋実施予定）**です

募集要項

募集人員	男女計60名
学校(入試)説明会	8月20日（オープン模擬テスト会あり）
願書配付期間	6月16日〜
出願期間	10月16〜31日 郵送（必着）、または持参（平日9〜17時。土：〜12時）
提出書類	・入学願書、振込領収書 ・受験票 ・返信用封筒（切手を貼付） ・自己申告票
受験票交付	郵送または願書受付時に手渡し
受験番号付番	願書受付順　　月齢考慮　なし
考査日	考査：11月5日 面接：10月17日〜11月1日のうち1日
選抜方法注1	ペーパーテスト、集団テスト、親子面接
考査料	18,000円
合格発表	11月7日発送　速達で通知
倍率（前年度）	非公表
入学手続	11月22日締切
編入学制度	随時試験を実施
復学制度	要相談
公開行事	運動会：10月22日
備考	スクールバスあり 教員のサポートのもと、自主学習を行うアフタースクールを実施

セキュリティ

防犯カメラ設置／交通指導員配置／携帯電話所持可／授業中門施錠／避難・防災訓練実施／緊急通報・安否確認システム／ＡＥＤ設置

学費

……… 入学手続時納付金 ………
入学金　　　　　　　　150,000円

……… 年間納付金 ………
授業料・年額　　　　　480,000円
施設充実維持費・年額　120,000円
学園教育振興費・年額　114,000円
進路指導費・年額　　　 42,000円
給食費・年額　　　　　115,000円
修学旅行積立金、各種検診料など・年額
　　　　　　　　　　約90,000円
※上記金額は諸事情等で変更の場合あり

制服

昼食

給食（週6回）…月1回、お弁当の日あり

進学情報

[中学校への進学状況]
久留米大附設、福岡大附属大濠、西南学院、上智福岡、西大和学園、愛光、早稲田佐賀、青雲、弘学館など
[高等学校への進学状況]
——
[大学への進学状況] ———

[系列校]
九州情報大学・大学院、山口短期大学、宮竹幼稚園、日佐幼稚園、さくら幼稚園、千早幼稚園、下山門幼稚園、藤ヶ丘幼稚園、麻生学園アスター幼稚園、西福岡幼稚園など

※上記募集要項は小学校公表データです（注1：選抜方法については伸芽会教育研究所調査によるデータです）。詳細は小学校ＨＰまたはお電話でご確認ください

敬愛小学校

http://www.keiai.net/syo/　E-mail info_e@keiai.net

[アクセス]
●JR鹿児島本線・山陽本線【門司】より徒歩15分／西鉄バス【新町】下車徒歩3分

[所在地]　〒800-0057　福岡県北九州市門司区大里新町11-7
　　　　　TEL 093-381-0611　FAX 093-381-0601

小学校情報

[校　長]　龍 達也
[児童数]　男女計254名

沿　革　大正14年、鎮西高等女学校設立認可。昭和18年、本願寺派立校となる。学制改革により昭和22年、鎮西女子中学校、昭和23年、鎮西女子高等学校設置認可。昭和53年、敬愛幼稚園開園。昭和62年、敬愛中学校開校。平成15年、敬愛小学校開校。令和5年、小学校創立20周年を迎える。

教育方針　浄土真宗本願寺派の宗門校。親鸞聖人のみ教えを建学の精神とし、教育活動を通して、「いのち」を大切にする心や、豊かな人間性を育むことを目指している。また、教科指導では、知識の享受にとどまらず学ぶプロセスを大切にし、自ら主体的に学び他者と協力・協働しながら問題解決できるスキルを育成し、将来を見据えた指導を行っている。

特　色　豊富な授業時間で真の学力をつけるために週6日制を採用。1・2年生は週29時間、3〜6年生は週34時間と、標準時数より約1000時間多い授業時数を確保している。学ぶプロセスを重視し、「4C（Creativity,Critical thinking,Communication,Collaboration）」の育成を目指す。英語は実社会で役立つ英語力をつけるために週3時間実施し、日本で初めて「OXFORD QUALITY」の認定を受けている。授業のほか、タブレット端末を使ったレコーディングの宿題や、2ヵ国語の校内放送、英語キャンプなど、アウトプットの場面を数多く設定し、読む・聞く・話す・書くの4技能を定着させる。仏教による心の教育も充実。週1時間の宗教の授業や宗教行事を通して、豊かな人間性を育む。

◆**英語教育**　全学年、週3時間。ネイティブの教員と日本人の専科教員、担任の3名体制で授業を実施。「OXFORD UNIVERSITY PRESS」が発行する世界基準の教科書を使用し、独自の指導を展開している

◆**ICT教育**　情報の授業を1年生から週1時間実施。ローマ字入力からスタートし、エクセルやプログラミング、Keynote、動画編集などを学習。また、1人1台タブレット端末を使用し授業で活用

◆**宗教教育**　週1時間、宗教・道徳の授業と月1時間、法話を聞く「報恩の日」がある。毎日始業前に「誓いの言葉」を、給食時に「食事のことば」を唱和。花祭りや宗祖降誕会、報恩講などさまざまな宗教行事を実施

年間行事予定	
月	行　事　名（抜粋）
4	入学式、花祭り、歓迎遠足
5	運動会、宗祖降誕会、6年修学旅行
6	水泳教室
7	盆法要
8	英語キャンプ
9	夏休み作品展
10	Keiai EXPO
11	―
12	お茶会
1	マラソン大会、報恩講
2	学習発表会
3	卒業式

入試データ

下記の資料は**2024年度用（2023年秋実施予定）**です

募集要項

募集人員	男女計60名
学校(入試)説明会	学校説明会：6月10日／9月21日（授業見学会あり） 入試説明会：8月26日（模試あり）
願書配付期間	8月26日〜10月24日　平日9〜16時（土：〜12時） 事務室にて　※郵送可
出願期間	10月19〜24日 郵送（書留速達・必着）、または持参（平日9〜16時。土：〜12時）
提出書類	・入学志願票 ・面接資料 ・合否通知用封筒（切手を貼付） ・受験票送付用封筒（郵送出願の場合のみ。切手を貼付）
受験票交付	郵送または願書受付時に手渡し
受験番号付番	願書受付順　　月齢考慮　　あり（参考程度）
考査日	考査：11月11日 面接：10月28・29日のうち1日
選抜方法^{注1}	ペーパーテスト、集団テスト、親子面接
考査料	10,000円
合格発表	11月16日　郵送で通知
倍率（前年度）	非公表
入学手続	11月27日締切
編入学制度	3月に試験を実施／帰国生はp.209〜参照
復学制度	応相談
公開行事	オープンスクール：7月1日 1日小学生体験：8月5日
備考	――

学費

……… 入学手続時納付金 ………
入学金	100,000円
施設費	100,000円

………… 年間納付金 …………
授業料・月額	25,000円
教育充実費・月額	6,000円

※保護者会会費、給食費など別途納付
※上記金額は諸事情等で変更の場合あり

制服

セキュリティ

警備員常駐／防犯カメラ設置／交通指導員配置／携帯電話所持可／インターホン設置／保護者名札着用／赤外線センサー設置／避難・防災訓練実施／緊急通報・安否確認システム／災害用品備蓄／AED設置

昼食

給食（週6回）

進学情報

[中学校への進学状況]
【敬愛】ほぼ全員が内部進学
[高等学校への進学状況]
【敬愛】ほぼ全員が内部進学
[大学への進学状況]
大阪、九州、九州工業、筑波、東京学芸、山口、青山学院、法政など

[系列校]
敬愛高等学校・中学校・幼稚園

福岡　私立　共学　け　敬愛小学校

※上記募集要項は小学校公表データです（注1：選抜方法については伸芽会教育研究所調査によるデータです）。詳細は小学校HPまたはお電話でご確認ください

福岡雙葉小学校

http://www.fukuokafutaba.ed.jp/

[所在地] 〒810-0027　福岡県福岡市中央区御所ヶ谷7-1
TEL 092-531-1215　FAX 092-531-1245

[アクセス]
● 地下鉄七隈線【薬院大通】【桜坂】より徒歩15分
● JR鹿児島本線ほか【博多】より西鉄バス【雙葉学園入口】【教会前】下車徒歩5分

小学校情報

[校　長]　河野 千春
[児童数]　女子約500名

沿　革　明治5年、フランスのサンモール修道会（現・幼きイエス会）のシスターが来日。昭和8年、福岡女子商業学校開校。昭和21年、福岡雙葉高等女学校に改称。昭和22年、福岡雙葉中学校、昭和23年、福岡雙葉高等学校開校。昭和26年、福岡雙葉幼稚園開園。昭和29年、福岡雙葉小学校開校、幼稚園を福岡雙葉小学校附属幼稚園に改称。幼・小・中・高の総合学園となる。平成28年、小学校新校舎完成。

教育方針　キリスト教精神に基づき、①神に生かされている人間の神秘に気づくように、②イエス・キリストの似姿として成長していけるように、③地球社会の一員であることを自覚して生きることができるように、という教育目標に従って、児童の人間としての成長を助ける。また、これらを小学生にもわかるように、「祈る子ども」「学ぶ子ども」「援（たす）け合う子ども」と表現している。校訓は『徳においては純真に　義務においては堅実に』。

特　色　地球の未来を担う「グローバルシティズン」を育成するため、心の教育、志の教育、コミュニケーション教育、教科教育を実践。雙葉コースとグローバルコミュニケーションコース（GCコース）を設け、GCコースでは日本人の担任と外国人の担任による2名体制で、算数、生活、理科などを英語で学ぶ。あいさつや清掃活動など雙葉の校風の中で気品を磨き、学ぶ楽しさを味わいながら学力を高める。安全面では、交通安全教室、避難訓練、情報教育などを通して、危険から身を守るための知識や技能を身につける。

◆**クラブ活動**　4年生以上。習字、ハンドベル、演劇、プログラミング、Danceなど
◆**宗教教育**　宗教の時間が週1時間あり、お祈りの集い、ミサ、練成会などの宗教行事を行っている。平成28年に完成した校舎内には、ステンドグラスが配された祈りの部屋を備えるほか、校内にマリア像や宗教画などが飾られ厳かな雰囲気が漂う
◆**英語教育**　1～4年生は週2時間、5・6年生は週2.5時間
◆**情報教育**　3年生から1人1台のタブレット端末を導入。学習道具の一つとして授業で活用する
◆**奉仕活動**　4年生以上、月1回実施。6年生はクリスマスの時期に老人福祉施設を訪問

年間行事予定

月	行　事　名（抜粋）
4	入学式、春の遠足
5	運動会、聖母月ミサ
6	4年社会科見学
7	国際交流の集い
8	5年イングリッシュサマーキャンプ、3～6年GCキャンプ
9	3・4年林間学校、3・6年練成会、雙葉祭
10	6年修学旅行、3年社会科見学、4年福祉教室
11	持久走記録会、5年社会科見学
12	クリスマスお祝い会・クリスマスミサ、奉仕活動
1	揮毫会
2	親子の集い、4年博多人形教室
3	卒業感謝ミサ、6年感謝の集い、卒業式

入試データ　下記の資料は**2024年度用（2023年秋実施予定）**です

募集要項

募集人員	雙葉コース：女子約70名　GCコース：女子約35名		
学校（入試）説明会	6月24日／9月30日　9時30分～12時 （いずれもオープンスクールあり）		
願書配付期間	募集要項配付：6月24日～		
出願期間	Web出願：10月17日（9時）～24日（23時59分） 書類提出：10月25日（消印有効）簡易書留で郵送 ※HPの指示に従ってWeb出願後に書類提出		
提出書類	・入学願書 ・志願書 ・受験票 ※受験票は考査日に持参		
受験票交付	考査料決済後、自宅やコンビニエンスストアなどで各自印刷		
受験番号付番	願書受付順	月齢考慮	あり
考査日	考査：11月11日 面接：指定日に実施		
選抜方法	雙葉コース：総合テスト、親子面接 GCコース：総合テスト、英語による口頭試問、親子面接		
考査料	18,000円（クレジットカード、コンビニまたはペイジー決済）		
合格発表	11月13日　速達で通知		
倍率（前年度）	非公表		
入学手続	11月21日締切		
編入学制度	1～5年生で欠員が生じた場合のみ試験を実施／帰国生はp.209～参照		
復学制度	海外への転出に限る		
公開行事	授業公開ウィーク：6月28～30日／10月4～6日		
備考	スクールバスあり（1・2年生）		

セキュリティ

警備員常駐／防犯カメラ設置／交通指導員配置／登下校確認システム／防犯ブザー携帯／携帯電話所持可／授業中門施錠／インターホン設置／保護者名札着用／避難・防災訓練実施／AED設置

学費

……… 入学手続時納付金 ………
入学金	100,000円
施設拡充費	200,000円

……… 年間納付金 ………
授業料・月額（雙葉コース）	30,000円
（GCコース）	40,000円
教育充実費・月額	4,000円
施設維持費・月額	8,000円
児童会会費・月額	200円
後援会会費・月額	1,500円

※上記金額は諸事情等で変更の場合あり

制服

昼食

お弁当（週5回）…希望者はお弁当の注文可

進学情報

[中学校への進学状況]
【福岡雙葉】約90％が内部進学
[高等学校への進学状況]
【福岡雙葉】ほぼ全員が内部進学
[大学への進学状況]
大阪、九州、同志社、関西学院、慶應、早稲田、上智、立教、西南学院など

[系列校]
福岡雙葉高等学校・中学校、福岡雙葉小学校附属幼稚園、雙葉中学校・高等学校、雙葉小学校・附属幼稚園、田園調布雙葉中学高等学校、田園調布雙葉小学校・附属幼稚園など

福岡

私立

女子

ふ

福岡雙葉小学校

※上記募集要項は小学校公表データです。詳細は小学校HPまたはお電話でご確認ください

明治学園小学校

https://meijigakuen.ed.jp/elementary/　E-mail sho@meijigakuen.ed.jp

[アクセス]
●JR鹿児島本線【戸畑】、JR日豊本線【南小倉】より西鉄バス【明治学園前】下車

[所在地]　〒804-8558　福岡県北九州市戸畑区仙水町5-1
TEL 093-881-2861　FAX 093-881-2863

小学校情報

[校　長]　佐藤　一成
[児童数]　男女計582名

沿　革　安川敬一郎・松本健次郎により明治43年、明治専門学校（現・九州工業大学）附属尋常小学校として創立。明治44年、私立明治尋常小学校として独立。大正10年、明治尋常小学校となる。昭和22年、学制改革により明治学園小学校となり、明治学園中学校併設。昭和24年、コングレガシオン・ド・ノートルダム修道会に経営移管。昭和25年、明治学園高等学校（女子）を併設。昭和26年、学校法人明治学園に組織変更。平成4年、高校男子受け入れ。令和2年、創立110周年を迎えた。

教育方針　安川敬一郎の「祖国に奉仕する有能高潔な人材を育成する」という教育方針を受け継ぎ、小学校から高校までの一貫教育を行っている。また、カトリックの普遍的な価値観を基に、学校目標に「はい　イエスさま　わたしがします　あなたのため　みんなのため」を掲げ、「人々のための人」になることを目指す。

特　色　教科学習を通して学ぶ喜びを感じる子どもを、英語教育や総合的な学習の時間「明小タイム」などでグローバル意識を持った国際人を、宗教教育・保健体育・立腰教育で豊かな人間性を、特別活動などを通し自立した子どもを育てる。授業の前には立腰・黙想をし、心を整える。主体的に学習に取り組むことが学力の確かな向上につながると考え、学び合いの中で鍛える教育を実践。体験的な学習や協働的な学びに力を入れている。カトリックの学校らしい宗教行事やコンテストなど英語の行事、縄跳び、クロスカントリーなど体を鍛える活動が特徴的。

◆**クラブ活動**　5年生以上、月1回。陸上、サッカー、ソフトボール、テニス、バドミントン、和太鼓、吹奏楽、コーラス、英語、美術、オセロ、将棋。ほかに特別クラブもある
◆**英語教育**　1～4年生は週2時間、5・6年生は週3時間。発達段階に応じた積み上げ式のメソッドで、実践力を養う。2年生は英語劇、学年ごとにスピーチや暗唱コンテスト、小グループに分かれて外国人講師と英語でコミュニケーションを図る「グローバルスクール」なども実施。4年生以上は各学期に1冊、英語の物語を読む
◆**読書教育**　毎朝「十分間読書」の時間がある。加えて低学年は週1時間、読書の授業があり、2年生は年間100冊以上を目指す

年間行事予定	
月	行　事　名（抜粋）
4	入学式、夜宮ウォーク
5	大運動会、ロザリオの祈り、聖母の集い
6	芸術鑑賞会、授業参観
7	七夕競書会、水泳実習
8	──
9	6年修学旅行、5年グローバルスクール、5年緑の教室
10	ロザリオの祈り、文化祭・バザー
11	創立者記念日の集い、遠足、慰霊週間
12	待降節の集い、クリスマスの集い
1	クロスカントリー大会
2	学習発表会・鼓笛引き継ぎ式、卒業感謝の集い
3	卒業式

入試データ　下記の資料は**2024年度用（2023年秋実施予定）**です

募集要項

募集人員	男女各約60名、計約120名
学校（入試）説明会	学校説明会：6月24日　10時〜11時30分（校舎見学あり） 入試説明会：9月16日　14〜15時（校舎見学あり） 　　　　　　10月1日　10〜11時（校舎見学あり）
願書配付期間	9月16日〜（郵送可）
出願期間	Ｗｅｂ出願：10月12〜25日 郵送出願：10月12〜25日（消印有効）　簡易書留で郵送 ※ＨＰの指示に従ってＷｅｂ出願後に郵送出願
提出書類	・入学願書　・受験票 ・合否通知用封筒（切手を貼付） ※受験票は考査日に持参
受験票交付	考査料決済後、自宅やコンビニエンスストアなどで各自印刷
受験番号付番	願書受付順　｜　月齢考慮　｜　なし
考査日	考査：11月19日 面接：11月1〜11日のうち1日
選抜方法^{注1}	ペーパーテスト、集団テスト、親子面接
考査料	10,000円（クレジットカード、コンビニまたはペイジー決済）
合格発表	11月21日　郵送で通知
倍率（前年度）	非公表
入学手続	12月1日締切
編入学制度	欠員が生じた場合のみ3月に試験を実施。県外からの転入は随時試験を実施／帰国生はp.209〜参照
復学制度	あり
公開行事	文化祭・バザー：10月7・8日 クリスマスの集い：12月16日　学習発表会：2月17日
備考	土曜登校は月2回　自家用車送迎用ロータリーあり

セキュリティ

警備員常駐／防犯カメラ設置／交通指導員配置／登下校確認システム／授業中門施錠／保護者入校証／避難・防災訓練実施／緊急通報・安否確認システム／災害用品備蓄／ＡＥＤ設置／ＧＰＳ端末所持／メール配信システム

学費

```
……… 入学手続時納付金 ………
入学金　　　　　　　　　60,000円
施設費　　　　　　　　140,000円


………… 年間納付金 …………
授業料・月額　　　　　　21,000円
教育充実費・月額　　　　 5,000円
児童会会費・月額　　　　　 700円
後援会会費・月額　　　　 1,800円
安全対策費・月額　　　　 1,330円
```
※上記金額は諸事情等で変更の場合あり

制服

昼食

給食（週2、3回）、お弁当（週2、3回）…時期および学年により異なる

進学情報

［中学校への進学状況］
【明治学園】 ほぼ全員が内部進学
［高等学校への進学状況］
【明治学園】 ほぼ全員が内部進学
［大学への進学状況］
東京、京都、九州、名古屋、九州工業、熊本、広島、山口、慶應、早稲田など

［系列校］
明治学園中学高等学校

福岡　私立　共学　め　明治学園小学校

精道三川台小学校

https://www.seido.ed.jp　E-mail mikawadai.sho@seido-gakuen.net

[アクセス]
●JR長崎本線【長崎】【浦上】より県営バス【三原団地】下車徒歩5分
●JR長崎本線【諫早】などよりスクールバス

[所在地]　〒852-8121　長崎県長崎市三川町1234-1
　　　　　TEL&FAX 095-845-6846

小学校情報

[校　長]　廣田 悠二
[児童数]　男子125名

沿　革　昭和53年2月、精道教育促進協会を母体とし、学校法人精道学園設立。同年4月、長崎精道小学校開校。昭和56年、男女別学教育を開始。昭和59年、長崎精道中学校開校。昭和63年、男子校が精道学園三川台小・中学校として独立。平成5年、精道三川台小・中学校に改称。平成21年、精道三川台高等学校開校。

教育方針　ローマ・カトリック教会の組織「オプス・デイ」の創立者、聖ホセマリア・エスクリバー神父を学園の精神的な創立者とし、神父の理念「人種や身分や年齢に関係なく、すべての人間が聖性に呼ばれている」に従って子どもたちに全人格的な成長を促す。校訓・モットーは、『ポスムス』『自由と責任』『英雄的瞬間』。『ポスムス』とはラテン語で「わたしたちはできます」という意味。『自由と責任』には、無数の選択肢の中からよりよい善を選ぶことが本当の自由であり責任であるという思いが、『英雄的瞬間』にはやるべきことを即実行に移せるように、との思いが込められている。

特　色　全国に3校しかない男子小学校の一つ。男子の特性を踏まえ、高校まで12年間の一貫教育を行う。小学校では、人間形成の土台となる徳育の中に知育・体育が含まれると考え、徳育に力を入れている。学習は担任と個人指導教師がつき、マンツーマンで指導。個人指導教師は複数年持ち上がり、家庭とのコミュニケーションを図るために、面談や家族懇親会の企画も行う。また、食を生活の大切な一部ととらえ、給食は全児童と教職員がランチルームで一斉にとりマナー指導も行う。

◆**授業の特色**　朝は読書をし、心を落ち着けて一日の学習に備える。国語では「雨ニモマケズ」「日本国憲法前文」などの名文や百人一首を暗唱。体育では全校で縄跳びに取り組む。6年生は1年かけて卒業論文をまとめる

◆**英語教育**　全学年、週3時間。1・2年生はうち2時間を20分×4回の授業にし、ほぼ毎日英語活動を行う。授業に加え、タブレット端末を使ったデジタル英語教材「Raz-Plus」にも各自のペースで取り組む

◆**行事の特色**　体育祭は小・中・高合同。縦割りで競技と応援を行う。あじさい劇場では1～4年生は劇を、5・6年生は合奏を披露。夏休みは5・6年生の希望者を対象に、オーストラリア海外研修を実施している

年間行事予定

月	行　事　名(抜粋)
4	入学式、体育祭
5	歓迎遠足、6年修学旅行、ロザリオ巡礼
6	あじさい劇場
7	1～3年親子レクリエーション
8	5・6年海外研修（希望者）
9	夏休み作品展、名文暗唱
10	4・5年野外教室、1～3年秋の鍛錬遠足
11	かもめ祭り
12	クリスマス会
1	百人一首大会
2	なわとび大会、児童会役員選挙
3	送別集会、卒業論文発表会、卒業式

入試データ　下記の資料は**2024年度用（2023年秋～2024年冬実施予定）**です

募集要項

募集人員	第1回：男子25名 第2回：男子若干名		
学校(入試)説明会	5月27日（公開授業あり） 7月29日（体験授業あり） 9月16日（公開授業あり）		
願書配付期間	5月27日～		
出願期間	第1回：10月5～11日 第2回：1月18～24日 平日9～16時（土：～12時）　窓口受付 ※第1回は7月29日、9月16日も受付（9時20分～12時）		
提出書類	・入学願書		
受験票交付	願書受付時に手渡し		
受験番号付番	願書受付順	月齢考慮	あり
考査日	考査・面接：第1回…10月14日 　　　　　　第2回…1月27日		
選抜方法	総合問題、集団観察、保護者面接		
考査料	10,000円（出願時に窓口で提出）		
合格発表	第1回：10月18日発送　第2回：1月30日発送 郵送で通知		
倍率（前年度）	非公表		
入学手続	第1回：10月21・23日 第2回：2月3・5日		
編入学制度	欠員が生じた場合のみ試験を実施／帰国生はp.209～参照		
復学制度	要問い合わせ		
公開行事	――――		
備考	土曜登校は隔週		

セキュリティ

防犯ブザー携帯／携帯電話所持可／避難・防災訓練実施／看護師常駐／学校110番／ＡＥＤ設置

学費

……… 入学手続時納付金 ………
入学金　　　　　　　80,000円

………… 年間納付金 …………
授業料・月額　　　　19,800円
教育充実費・月額　　 4,400円
施設拡充費・月額　　 3,900円
児童会会費・月額　　 1,000円
給食費・月額　　　　 7,150円
教材費・月額　　　　 3,700円

※スクールバス利用者は協力費を別途納付
※精道学園に兄弟姉妹が在籍の場合、3人目より授業料を減額
※上記金額は諸事情等で変更の場合あり

制服

昼食

給食（週5回）

進学情報

[中学校への進学状況]
【精道三川台】約80％が内部進学
[高等学校への進学状況]
【精道三川台】約80％が内部進学
[大学への進学状況]
東京、京都、大阪、九州、長崎、慶應、早稲田、上智、立教、明治など

[系列校]
精道三川台中学高等学校、長崎精道小学校・中学校

長崎精道小学校

https://www.nagasaki-seido.ed.jp

[アクセス]
- JR長崎本線【長崎】【浦上】より県営バス【三原小学校前】下車徒歩5分
- JR長崎本線【諫早】などよりスクールバス

[所在地]　〒852-8123　長崎県長崎市三原2-23-33
TEL 095-848-4766　FAX 095-848-4750

小学校情報

[校　長]　牧山 涼子
[児童数]　女子103名

沿　革　昭和53年2月、精道教育促進協会を母体とし、学校法人精道学園設立。同年4月、長崎精道小学校開校。昭和56年、男女別学教育を開始。昭和59年、長崎精道中学校開校。昭和63年、男子校が精道学園三川台小・中学校として独立。平成5年、男子校が精道三川台小・中学校に改称。令和5年、創立45周年を迎える。

教育方針　カトリックの精神に基づき、人間の心の働きである知・情・意のバランスを図りつつ、全人格的な成長を促す。そのため知識の習得だけでなく道徳性も育み、自己の責任で義務を果たし、正当な権利を自由に行使することができるよう導いていく。さらに勤勉、正直、誠実、単純、素直、自然さ、寛容さなどの「徳」を身につけて人間性を豊かにし、人としての価値を高めることを教える。教育目標は「そだてよう『剛い心』『寛い心』」。あいさつの習慣と自己管理力を重点課題とし、学校と家庭での学習と生活を通して、良心に従って判断し、自由と責任を持って行動する女性、自らと人を愛して幸せに生きる女性の育成を目指す。

特　色　男女別学教育で学習効果を高め、独自の基礎学力定着カリキュラムで指導する。小・中一貫教育を行い、小1〜4を1stステージ（基本の習得期）、小5〜中1を2ndステージ（鍛錬と自立期）、中2・3を3rdステージ（創造と自律期）として、それぞれの特性に合ったプログラムを構成。国際理解教育の一環として英語教育に力を入れ、中学校では全国レベルの英語スピーチ大会に連続出場。児童一人ひとりと向き合う個人指導制度も導入している。

◆**クラブ活動**　1〜3年生はスポーツ、絵手紙、百人一首、茶道、4〜6年生はパソコン、編み物、スポーツ、音楽がある

◆**英語教育**　全学年、週3時間授業を行う。そのうち1時間はネイティブのスタッフが1クラスに3名つき、発音や対話などを中心に学習。英詩や物語を暗唱するレシテーションコンテストも開催

◆**特別活動**　牛乳パック、古着のリサイクル、海ゴミ問題への取り組みなどSDGsにかかわる活動や、老人ホーム訪問や募金などのボランティア活動、食育「元気野菜作り」を実施する

◆**授業の特色**　基礎学力の定着を目指して、各学期に校内漢字検定や計算大会を実施

年間行事予定	
月	行　事　名（抜粋）
4	入学式、遠足
5	ファミリースポーツデイ（運動会）
6	水泳教室
7	1・2年七夕まつり
8	――――
9	1st・2ndステージチャレンジ合宿
10	みじょ娘祭（文化祭、バザー）
11	6年修学旅行
12	なわとび・持久走大会、クリスマスセレモニー
1	校内年賀状抽選会、学力テスト
2	レシテーションコンテスト（英語暗唱発表会）
3	卒業式

入試データ

下記の資料は**2023年度用（2022年秋～2023年冬実施済み）**です

募集要項　※下記は前年度のデータです

募集人員	女子30名（第1回、第2回合わせて）
学校（入試）説明会	6月4日　9時30分～11時30分 9月24日　9時30分～11時30分（公開授業あり）
願書配付期間	9月1日～
出願期間	第1回：9月24日～11月8日 第2回：1月16～25日 平日8時15分～16時30分 （土：～12時）窓口受付
提出書類	・入学願書 ・返信用封筒（切手を貼付）
受験票交付	願書受付時に手渡し
受験番号付番	願書受付順　月齢考慮　あり
考査日	第1回：考査…11月12日　面接…11月9～11日のうち1日 第2回：考査…1月28日　面接…1月26・27日のうち1日
選抜方法注1	集団テスト、本人面接、保護者面接
考査料	10,000円（出願時に窓口で提出）
合格発表	第1回：11月12日発送　第2回：1月28日発送　郵送で通知
倍率	非公表
入学手続	第1回：11月21日　第2回：2月6日
編入学制度	新2～6年生で2月に試験を実施／帰国生はp.209～参照
復学制度	保護者が転勤などの場合に限る
公開行事	ファミリースポーツデイ：5月15日 学校見学会：5月7日／6月28日／11月1日／12月2日／1月21日 オープンスクール：7月30日 みじょ娘祭：10月22・23日　英語暗唱発表会：2月28日
備考	土曜登校は隔週

セキュリティ

防犯カメラ設置／防犯ブザー携帯／携帯電話所持可（届出制）／授業中門施錠／保護者入構証／避難・防災訓練実施／緊急通報・安否確認システム／AED設置

学費

…… 入学手続時納付金 ……
入学金　70,000円

……… 年間納付金 …………
授業料・月額	18,000円
教育充実費・月額	3,800円
施設拡充費・月額	3,300円
給食費・月額	7,000円
教材費・月額	3,500円
制服・制定品代など	約120,000円

※児童会費、スクールバス利用者は協力費を別途納付
※精道学園に兄弟姉妹が在籍の場合、3人目より授業料を減額
※上記金額は諸事情等で変更の場合あり

制服

昼食

給食（週5回）

進学情報

[中学校への進学状況]
【長崎精道】約90%が内部進学
[高等学校への進学状況]
青雲、長崎日本大、海星、活水、県立長崎西、県立長崎北陽台、県立長崎東など
[大学への進学状況]
——

[系列校]
長崎精道中学校、精道三川台中学高等学校、精道三川台小学校

※上記募集要項は小学校公表データです（注1：選抜方法については伸芽会教育研究所調査によるデータです）。詳細は小学校HPまたはお電話でご確認ください

長崎　私立　女子　な　長崎精道小学校

長崎南山小学校

https://www.nagasakinanzan2.ed.jp/es/

[アクセス]
- ●JR長崎本線【西浦上】より徒歩5分
- ●長崎電気軌道【千歳町】より徒歩7分

[所在地]　〒852-8044　長崎県長崎市音無町9-34
　　　　　TEL 095-844-2978　FAX 095-847-1582

小学校情報

[校　長]　山田　幸男
[児童数]　男女計304名

沿　革　昭和32年、原爆で被災した日本のキリスト教布教の聖地を復興させるために、オランダの男子修道会であるカトリック神言修道会のH・J・ウイゼン神父が長崎に派遣される。信仰のともしびを輝かせるには、幼少期からの教育が大切との考えから、教会と一体となった小学校・幼稚園の設立準備を開始。昭和34年、カトリック西町教会設立とともに長崎南山小学校開校。昭和35年、長崎南山幼稚園開園。昭和43年、長崎南山第二学園設立。平成27年、幼稚園が幼保連携型認定こども園に移行。令和6年、小学校創立65周年を迎える。

教育方針　「人間の尊厳のために」が教育目標。子どもたちに聖書の人間観に基づく尊厳に目覚めさせ、すべての人間は神様からただいた唯一無二の存在であることを自覚させる。また『愛徳』『努力』を校訓とし、家庭的な雰囲気の中、優しさと奉仕の精神に富む円満な人格形成に努めつつ活気に満ちた教育環境を整え、時代の要請に応える知恵と生きる力を体得できるよう指導する。

特　色　目指す子ども像は「静かに祈り思いやりのある行動のできる子」「よく聞きよく考え最後まで集中して学習のできる子」「よく遊び体をきたえる元気な子」。その達成のために、宗教教育によって心を育み、自己実現に向けて新しいことに挑戦しながら知恵を磨き、仲間との遊びやスポーツを通して体を鍛える。1クラス約30名の少人数制で、一人ひとりの個性を大切にしながら成長を支え、協調性や社会性を育成する。

◆**課外クラブ**　サッカー部とコーラス部があり、1年生から入部可。サッカー部は市内から全国までの各種大会に参加。コーラス部は教会のミサでの聖歌奉仕、国内外の演奏家との共演、チャリティーコンサートなどを行う

◆**英語教育**　1・2年生は週1時間、3・4年生は週2時間、5・6年生は週3時間。1・2年生は専科教員が歌や遊びを通して英語に慣れさせ、中学年からは2名の外国人講師も加わって英語の基礎力を養う。また、日常的にさまざまな国の神父と交流し、自然と国際感覚を身につける

◆**南山パートナー**　1年生と6年生でペアを組み、6年生が一年を通してパートナーとなった1年生のお世話をする

年間行事予定

月	行　事　名 (抜粋)
4	入学式
5	歓迎遠足、聖母行列、運動会
6	6年修学旅行、チャリティーバザー
7	――――
8	平和集会
9	――――
10	スマイル交流会、鍛錬遠足
11	南山バザー
12	持久走記録会、クリスマス会
1	なわとび大会
2	日本二十六聖人朗読劇、学習発表会
3	お別れ球技大会、卒業感謝ミサ、卒業式

入試データ　下記の資料は**2024年度用（2023年秋実施予定）**です

募集要項

募集人員	男女計約60名		
学校(入試)説明会	学校説明会：6月24日（公開授業あり） 7月29日（体験授業あり）		
願書配付期間	6月1日〜11月10日		
出願期間	10月2日〜11月10日 平日9〜17時（土：休み）　窓口受付		
提出書類	・入学願書 ・返信用封筒（切手を貼付）		
受験票交付	願書受付時に手渡し		
受験番号付番	願書受付順	月齢考慮	なし
考査日	考査：11月18日 面接：10月16日〜11月13日のうち1日		
選抜方法	個人テスト、集団観察、親子面接		
考査料	5,000円（出願時に窓口で提出）		
合格発表	11月20日までに発送　簡易書留で通知		
倍率（前年度）	約1.2倍		
入学手続	11月24日　14〜17時		
編入学制度	随時実施／帰国生はp.209〜参照		
復学制度	試験の結果により決定		
公開行事	——		
備考	スクールバスあり 土曜登校は第1土曜日		

学　費

……… 入学手続時納付金 ………

入学金	50,000円

………… 年間納付金 …………

授業料・月額	12,000円
給食費・月額	6,800円
育友会会費・月額	500円
安全対策費・月額	500円
設備費・月額	1,000円
施設費・月額	1,000円

※兄弟姉妹が在学の場合、2人目より授業料を減額
※上記金額は諸事情等で変更の場合あり

制　服

セキュリティ

警備員常駐／防犯カメラ設置／交通指導員配置／防犯ブザー携帯／携帯電話所持可（届出制）／授業中門施錠／避難・防災訓練実施／緊急通報・安否確認システム／学校110番／ＡＥＤ設置／保護者安全パトロールカード

昼　食

給食（週5回）

進学情報

[中学校への進学状況]
長崎大教育学部附属、青雲、海星、活水、純心、長崎南山、県立長崎東など

[高等学校への進学状況]
——

[大学への進学状況]
——

[系列校]
長崎南山認定こども園

長崎　私立　共学　な　長崎南山小学校

アフタースクール情報

✳ 放課後の預かり実施校 ✳

✳掲載の情報は、放課後や長期休暇中の児童預かりを実施しているおもな小学校です。学校がアフタースクールと位置づけし、学校の施設で実施している有料の学童保育（預かり）、講座などを掲載しています。内容は変更される場合があります。詳しくは学校窓口やホームページなどでご確認ください。
✳🏃は学童（預かり）、🎬は講座（習い事）です。

充実した放課後教室がそろう！
四條畷学園小学校

　四條畷学園小学校のアフタースクールは、学童と習い事の2本立て。学童の「放課後クラブ」はスポット利用もできるため、1日だけの預かりも可能です。習い事の「放課後教室」は、大阪随一ともいえるほど充実しています。その数は、文化系、運動系、学習系など計15。子どもたちは自分の好きなことに打ち込み、学びを深め、可能性を広げていきます。放課後教室の中でも、特徴的なのが少年少女合唱団。昭和60年に結成され、ほぼ毎年単独コンサートを開催するなど本格的です。音楽教室も、ほかでは見られない多彩なコースときめ細かな教育システムを導入。全学年を対象とした総合コースでは、個人レッスンを行うピアノ、習熟度別クラス編成の授業スタイルで指導するソルフェージュを開講しています。さらに、全学年を対象にバイオリン、4年生以上を対象に声楽、トランペット、マリンバ、打楽器の専攻科目も開講。学園の短大でも指導している演奏家が個人レッスンを行っています。

四條畷学園小学校　🏃🎬
放課後クラブ／放課後教室

- ● 対象　全学年
- ● 日時　月〜金　〜18:00
　　　　　長期休暇中は9:00〜
- ● 料金　学童　1日500円　月9,000円
　　　　　放課後教室は教室により異なる

放課後教室

- ・音楽教室
- ・少年少女合唱団
- ・そろばん教室
- ・漢字教室
- ・算数国語教室（塾）
- ・英語発音訓練教室（ATR）
- ・科学教室（ロボット教室）
- ・英会話教室
- ・ストリートダンス教室
- ・水泳教室
- ・スポーツチャンバラ教室
- ・体操教室
- ・伝統文化こども教室（華道・茶道）
- ・囲碁教室
- ・書道教室

①囲碁教室では基本ルールを覚え、対局を楽しむ。②音楽教室の演奏会。③各自のレベルに合った指導を行う水泳教室。④そろばん教室で集中力も養う。⑤伝統文化こども教室では華道や茶道を通して、行儀作法も身につける。⑥1・2年生対象の英会話教室

アサンプション国際小学校 メアリーズクラス

- 対象　全学年
- 日時　月〜金　〜18:00（延長〜19:00）
　　　　長期休暇中は8:30〜17:00
- 料金　月8,250円〜　スポット可
　　　　講座　月3,960円〜
- 特色　宿題などの学習支援や自由遊びを行う。またアフタースクールとして、学び（速読、ロボットプログラミングなど）、文化（書道、礼法・茶道など）、スポーツ・表現（体操、サッカーなど）の講座を開講

追手門学院小学校 ピロティクラブ

- 対象　全学年
- 日時　月〜金　〜18:45
　　　　夏・冬休みは8:20〜16:30
- 料金　1回700〜2,800円
　　　　講座　月6,380〜9,680円
- 特色　専任指導者のサポートのもと、宿題や読書などを行う。1〜4年生（1年生は3学期から）を対象に放課後活動として、ネイティブ講師による英会話、ロボットプログラミング、サッカー、体操の教室を開講

大阪信愛学院小学校 ベルナルディヌ・クラブ

- 対象　全学年
- 日時　月〜金　〜18:30
　　　　長期休暇中は8:00〜
- 料金　月8,000円〜　スポット可
　　　　講座　月5,000円〜
- 特色　宿題のサポートをはじめ、科学実験、ハンドボールなどのオリジナルプログラムを実施。「スクールプラス」として、外部講師による英会話、料理、生け花、体操、マリンバ、プログラミングなどの教室を開講

関西大学初等部 ミューズっ子クラブ

- 対象　全学年
- 日時　月〜水・金
　　　　1コマ目　15:00〜15:45
　　　　2コマ目　16:00〜16:45
- 料金　1コマ900〜3,500円
- 特色　専門家が指導し、サッカー、チアダンス、体操、茶道、囲碁、プログラミングなどの講座を開講。16時45分から1時間、1〜3年生を対象に「アフターミューズっ子クラブ」（預かり）を実施

賢明学院小学校 アフタースクールプラス

- 対象　全学年
- 日時　月〜金　〜19:30
　　　　長期休暇中は8:30〜
- 料金　学童保育　月19,800円〜　スポット可
　　　　講座　月4,400円〜
- 特色　「トレジャーキッズクラブ」（学童保育）、理数系、芸術系、スポーツ系、学習系の講座を実施。講座にはロボット、アート、バレエ、書道、サッカー、ストリートダンス、作文添削指導、個別指導などがある

香里ヌヴェール学院小学校 学童保育プチパ

- 対象　全学年
- 日時　月〜金　〜18:30
　　　　長期休暇中、行事代休日は8:00〜
- 料金　月23,000円〜　スポット可
　　　　講座　月3,800〜8,000円
- 特色　指導員が宿題や持参学習をサポートし、アート、サイエンス、季節行事などの体験プログラムを実施。またアフタースクールとして、英語、科学実験、フルート、プログラミング、サッカーなどの教室を展開

四天王寺小学校 アフタースクール

- 対象　全学年
- 日時　月〜金　〜19:00
- 料金　宿題・自主学習タイムは無料
　　　　講座　1回1,500円
- 特色　講座開始までは教員のサポートのもと、宿題や自主学習を行う。講座は1日2コマあり、英語、書道、茶道、囲碁、マナー、バドミントン、チアリーディング、剣道、クラシックバレエ、学習塾、e-トレーニングなどを実施。講座後も預かり可

城星学園小学校 城星オラトリオ

- 対象　全学年
- 日時　月〜金　〜18:30
　　　　長期休暇中は8:30〜18:00
- 料金　月21,000円〜　スポット可
- 特色　学校と密に連携を取り、情報を共有しながら学童保育を実施。指導員のサポートのもと、宿題や自主学習に取り組む。また、学園内の施設を利用し、異学年との交流、自由遊びやスポーツなどの活動を展開。クリスマス会などの季節のイベントも実施

城南学園小学校 TKC城南学園小学校アフタースクール

- 対象　全学年
- 日時　月〜金　〜18:30
　　　　長期休暇中は8:30〜
- 料金　月10,000円〜　スポット可
　　　　講座　月3,000円
- 特色　宿題などの学習指導のほか、創作系や運動系のオリジナルプログラムを実施。また「城南クラブ」として英語、プログラミング、サッカー、体操、クラシックバレエ、キッズダンスの6つの課外活動を展開

帝塚山学院小学校 TASC（帝塚山放課後クラブ）

- 対象　全学年
- 日時　月〜金　〜17:45（延長〜18:30）
　　　　長期休暇中は9:00〜17:30
　　　　（延長8:00〜、〜18:00）
- 料金　1回2,000円〜
- 特色　1〜3年生は宿題や自由遊びのほか、理科実験、パソコン・アートなど多彩なプログラムを体験。4〜6年生は宿題や自主学習を行い、6年生はオリジナル教材を中心に学習。長期休暇中はイベントも実施

はつしば学園小学校 預かり学習／課外教室

- 対象　全学年
- 日時　月〜金　〜18:30
　　　　長期休暇中は9:00〜17:00
- 料金　預かり学習　1日1,100円〜
　　　　課外教室は講座により異なる
- 特色　預かり学習は専門スタッフのサポートのもと、宿題、自主学習、自由遊びなどを行う。課外教室はロボットプログラミング、かきかた、茶道、そろばん、体操、ダンス、絵画を開講。専門講師が指導する

箕面自由学園小学校 わくわくHOME

- 対象　全学年
- 日時　月〜金　〜19:00（土曜登校日も実施）
　　　　長期休暇中は9:00〜
- 料金　月11,000円〜　スポット可
　　　　アフタースクールは講座により異なる
- 特色　宿題サポートのほか、制作、運動、料理、英語活動など多彩なプログラムを実施。またアフタースクールとして、英語道場、英会話、プログラミング、進学発展演習、書道教室、絵画教室などの講座を開講

京都女子大学附属小学校 アフタースクール 👧

- ● 対象　全学年
- ● 日時　月〜金　〜18:00
- ● 料金　1回1,800円
- ● 特色　宿題のほか、国語や算数のプリント学習、新聞を使った読み書き（ＮＩＥ学習）、作文などを指導。児童約5人に対して1人のチューター（京都大、京都女子大などの学生）を配置し、きめ細かく対応する。おやつや自由遊びの時間もある。1年生の利用はGW明けから

京都聖母学院小学校 学童保育プチパ 👧🏫

- ● 対象　全学年
- ● 日時　月〜金　〜19:00
  長期休暇中は8:30〜
- ● 料金　1日1,400円〜
  講座　月5,500〜6,050円
- ● 特色　指導員がサポートし、学習支援のほか、スポーツやサイエンスなどのプログラムを実施。また1〜4年生を対象にアフタースクールとして、サッカー、絵画造形（1〜3年生）、体操、英会話の4講座を開講

京都文教短期大学付属小学校 文教アフタースクール 👧🏫

- ● 対象　全学年
- ● 日時　月〜金　〜17:00（延長〜18:00）
  長期休暇中、行事代休日は8:30〜
- ● 料金　1回1,100円　月16,500円など
  英語教室　月6,930円など
- ● 特色　教育カウンセラーらがサポートし、宿題や自主学習、自由遊びなどを行う。また、ロボット教室と英語教室を開講。長期休暇中は学習タイムのほか、造形や音楽などの体験プログラムも実施

光華小学校 ひかりっこ 👧🏫

- ● 対象　1〜3年生
- ● 日時　月〜金　〜18:00
  長期休暇中は9:00〜15:00
- ● 料金　1日100円（長期休暇中は1,000円）
  講座　月5,000円〜
- ● 特色　宿題のサポート、自主学習、読書、図工、自由遊びなどを実施。また、全学年を対象にアフタースクールとしてＥＣＣ英語教室、ピアノ教室、日本舞踊、茶道教室、ランニングクラブ、バレエ教室などの講座を展開

ノートルダム学院小学校 ＡＳＣ（アスク） 👧🏫

- ● 対象　1〜3年生
- ● 日時　月〜金　〜18:30
  土　8:30〜17:00
  長期休暇中、行事代休日は8:30〜18:30
- ● 料金　月28,000円など　スポット可
  講座　1回2,000〜4,000円
- ● 特色　宿題や自由遊びをして過ごす。全学年を対象に17時までの「ショートＡＳＣ」、「アフタースクールアクティビティ」として英語、体操、ピアノ、和太鼓など多彩な講座を開講

洛南高等学校附属小学校 洛南タイム 👧🏫

- ● 対象　全学年
- ● 日時　月〜金　〜18:00
- ● 料金　レギュラーコース（週5回）　月30,000円
  セレクトコース（週3回）　月20,000円
  講座　月3,000〜4,000円
- ● 特色　専門スタッフが宿題のサポートやさまざまなアクティビティーなどを行う。オプション講座としてサッカー教室、体操教室、野球教室、将棋教室、囲碁教室、お菓子教室を実施。専門講師が指導する

立命館小学校 アフタースクール 👧🏫

- ● 対象　全学年
- ● 日時　月〜木　16:00〜17:00
- ● 料金　講座により異なる
- ● 特色　スポーツ、芸術、伝統文化など、各分野の専門講師を迎えて約18講座を開講。サッカー、チアリーディング、合気イングリッシュ、茶道、華道、能楽、日本舞踊、琴、書道、囲碁、絵画造形、そろばん、バイオリン、英語、中国語など。アフタースクール後、18時まで預かりを実施

近畿大学附属小学校 Kid's Club 👧🏫

- ● 対象　全学年
- ● 日時　月〜金　〜18:30
  長期休暇中、行事代休日は8:30〜
- ● 料金　月34,000円〜
- ● 特色　宿題を済ませ、応援プログラムや自由遊びなどで過ごす。応援プログラムは体操、サッカー、そろばん、異文化コミュニケーションがあり、専門講師やネイティブの先生が指導するなど、学校では体験できない活動を行う　※提携民間学童あり

智辯学園奈良カレッジ小学部 キッズアフターカレッジ 👧🏫

- ● 対象　全学年
- ● 日時　月〜金　〜18:30
  長期休暇中は8:30〜
- ● 料金　月16,000円〜　スポット可
  そろばん教室　月5,000円など
- ● 特色　宿題・読書タイムのほか、学習サポートとして無学年進級式テキストを使った国語・算数・英語の学習教室を実施。季節行事など多様なプログラムも行う。習い事としてそろばん教室、硬筆習字教室、サッカー教室を開講

帝塚山小学校 学園前アフタースクール 👧🏫

- ● 対象　1〜4年生（原則）
  参加児童の兄姉（5・6年生）
- ● 日時　月〜金　〜18:30（延長〜19:30）
  長期休暇中は9:00〜
- ● 料金　要問い合わせ
- ● 特色　学園前駅近くのビルで運営。宿題や課題のサポートのほか、専門講師が国語、算数、英語、ロボット科学、体操などの講座を実施。土曜日や長期休暇中はサッカー教室、ＪＡＸＡ宇宙科学教室などの特別講座も開講

奈良育英グローバル小学校 アフタースクール 👧🏫

- ● 対象　全学年
- ● 日時　月〜金　〜18:00（延長〜18:30）
  長期休暇中は8:00〜18:00
- ● 料金　1回1,000円　月10,000円
  習い事は講座により異なる
- ● 特色　同校の教員が指導し、宿題や自由遊びなどを行う。課外クラブとの組み合わせも可能。長期休暇中にはプール開放やクッキング教室も実施。習い事コースとしてピアノ、ダンス、玉井式そろばん、ＥＣＣ英語を開講

奈良学園小学校 ならとみアフタースクール 👧🏫

- ● 対象　1〜4年生
- ● 日時　月〜金　〜18:15（延長〜19:15）
  長期休暇中は9:00〜18:00
- ● 料金　預かり　1時間800円〜
  講座　1回1,400円〜
- ● 特色　預かりでは宿題や自由遊びを行う。講座はチアダンス、体操、バレエ、国語、算数、パズル道場、囲碁、書道、珠算、プログラミングを実施。専門講師らが指導する。また土曜講座として不定期でイベントを開催

愛徳学園小学校 アフタースクール

- **対象** 全学年
- **日時** 月〜金 〜18:30
  長期休暇中は7:30〜
- **料金** 〜18:00 1回500円
  〜18:30 1回900円
- **特色** 令和3年11月にリニューアルした学園内のキッズクラスルームで実施。専門スタッフのサポートのもと、愛徳幼稚園の園児も含めた家庭的な雰囲気の中で宿題を済ませ、自主学習や自由遊びなどをして過ごす

小林聖心女子学院小学校 マイヤークラブ

- **対象** 全学年
- **日時** 月〜金 〜18:30
- **料金** 月12,000円
- **特色** 学院内の緑豊かなロザリオヒルにある、畳敷きのみこころ道場で実施。家庭的な環境の中で宿題を済ませ、おやつを食べた後は広い芝生の庭で遊ぶ。規則正しい生活習慣を身につけ、思いやりや社会性を育むことに重きを置く。下校時は保護者のお迎えが必要（自家用車可）

関西学院初等部 関西学院クレセントスクール

- **対象** 全学年
- **日時** 月〜金 〜19:00（延長〜20:00）
  長期休暇中、行事代休日は8:30〜
- **料金** 月19,000円〜 スポット可
  プログラムは講座により異なる
- **特色** 同校をはじめ、地域の小学生が対象。学習支援や自由遊びのほか、外国人講師とゲームや読書をするなど、日常的に英語に慣れ親しむ。オプションとして芸術やスポーツなど多彩なプログラムを展開し、専門家が指導

甲南小学校 アフタースクール

- **対象** 全学年
- **日時** 月〜金 〜17:30（延長〜18:00）
- **料金** 1時間500円
  講座 月4,500円〜
- **特色** 元教員のサポートのもと、宿題を済ませ、自主学習や自由遊びなどをして過ごす。おけいこは、和太鼓、将棋、茶道、書道、華道、英語、絵画、ロボット教室、体操、サッカー、陸上競技、ドッジボールなどを実施（ドッジボール以外は月謝制）

神戸海星女子学院小学校 ステラマリスクラブ

- **対象** 1〜3年生
- **日時** 月〜金 〜18:00
  課外レッスン 15:40〜16:30
- **料金** 1日1,000円
  講座 1回500円
- **特色** 敷地内にある大学の教室で実施し、専任講師が担当。宿題や自主学習、自由遊びなどをして過ごす。課外レッスンは曜日により異なり、英語活動、プログラミング教育（別料金）、書写（毛筆）を行う

須磨浦小学校 児童預かり／アフタースクール

- **対象** 全学年 ・
- **日時** 月〜金 〜18:00
- **料金** 預かり 〜16:30 1回700円
  〜18:00 1回1,500円
  英語 月9,000円〜など
- **特色** 児童預かりは同校教員らが担当し、補習、宿題、読書、自主学習などを行う。アフタースクールは全学年を対象に英語、ピアノ、体操、1〜4年生を対象にサッカー、スナッグゴルフなどを開講し、専門講師らが指導

仁川学院小学校 アフタースクール

- **対象** 全学年
- **日時** 月〜金 〜18:00
  長期期間中は8:30〜
- **料金** 学童 1時間550円
  講座 月6,080円〜
- **特色** 学童は元教員を中心としたスタッフがサポートし、宿題や自学自習、読書などを行う。講座は速読聴英語、英語資格支援、英会話、パズル道場、プログラミング、アート、バイオリン、サッカー、スイミング、卓球などを開講

雲雀丘学園小学校 やってみなはれ塾

- **対象** 全学年
- **日時** 月〜金 〜18:30
  長期休暇中、行事代休日は8:30〜
- **料金** 預かり 月10,000円〜 スポット可
  講座 月1,000〜12,000円
- **特色** 学習支援や自由遊び、英語やアートなどのプログラムを実施する「TKC雲雀丘学園小学校アフタースクール」（預かり）と、ピアノ、絵画、GKS（グローバル・キッズ・スクール）、サッカーなどの教室がある

百合学院小学校 ナザレトクラブ／課外レッスン

- **対象** 全学年
- **日時** 月〜金 〜19:00
  長期期間中は8:00〜17:00
- **料金** 預かり 1時間500円〜
  ピアノ 月5,500円など
- **特色** 「ナザレトクラブ」（預かり）では宿題や自由遊びのほか、華道・茶道、プログラミング、書道、英語、フラダンス、体操などの曜日指定プログラムに参加可能。課外レッスンはピアノ、声楽、チアダンスを開講

暁小学校 あかつきアフタースクール

- **対象** 全学年
- **日時** 月〜金 〜18:00
- **料金** 16:30〜 1回500円
  英語教室 月12,000円など
- **特色** 16時30分までは自学自習形式の放課後学習会を実施（無料）。16時30分以降は算数教室、国語教室、宿題や日記に取り組む寺子屋教室のほか、eラーニングやプリント教材で個別指導を行う英語教室、外部コーチによるサッカースクールを展開

津田学園小学校 アフタースクール

- **対象** 全学年
- **日時** 月〜金 〜18:00
- **料金** 16:00まで無料
  16:00〜 30分150円など
  講座 月6,050円など
- **特色** 専任スタッフのサポートのもと、宿題、自学自習、自由遊び、自然観察、工作、スポーツなどをして過ごす。課外教室としてサッカー、水泳、新体操、テニス、体操、バレエ、書道、音楽、キッズパソコンなどを実施

兵庫教育大学附属小学校 アフタースクール

- **対象** 全学年
- **日時** 月〜金 〜18:00
  長期休暇中、行事代休日は8:00〜
- **料金** 月6,100円（夏休みは15,300円）
- **特色** 働く保護者らの子育てを支援し、児童の生活・学習指導を行うとともに、異学年の児童を一緒に活動させることで社会性を育むことを目的とする。小学校に隣接する「やまくにプラザ」で実施。児童は原則として毎日通所する

椙山女学園大学附属小学校
椙山女学園アフタースクール

- **対象** 全学年
- **日時** 月〜金 〜18:00（延長〜18:30）
  長期休暇中、行事代休日は8:00〜
- **料金** 学童クラブ 月10,000円〜
  講座 年20,000円〜
- **特色** 宿題や自由遊びを行う「学童クラブ」と、英語、書道、プログラミング、サッカーなどの講座を展開する「クリプトメリアンセミナー」がある。学童クラブでは、企業・地域・達人の講師によるスペシャルプログラムも実施

南山大学附属小学校
アフタースクール

- **対象** 全学年
- **日時** 月〜金 〜18:00
- **料金** 預かり 前期27,700円〜
  後期24,800円〜
  サッカー 前期18,900円など
- **特色** 宿題や自由遊びなどを行う「南山っ子スクール」（預かり）のほか、2年生以上はサッカー、フラダンス、チアリーディング、スナッグゴルフ、タグラグビー、リコーダー、華道、茶道、箏、能、聖歌隊などの講座を実施

名進研小学校
アフタースクール

- **対象** 全学年
- **日時** 月〜金 〜18:30
- **料金** 預かり 月3,850円〜 スポット可
  講座 月7,700円〜
- **特色** 「キッズクラブ」（預かり）では宿題を済ませた後、読書や自由遊びなどをして過ごす。講座はロボット科学教育、英語総合学習、パズル道場、将棋などの学習プログラムと、サッカー、チアダンス、野球、バスケットボールなどの運動プログラムを実施

岐阜聖徳学園大学附属小学校
学童保育／アフタースクール

- **対象** 全学年
- **日時** 月〜金 〜18:00
- **料金** 学童保育 1回800円
  アフタースクール 1回1,500円〜
- **特色** 教員や教育学部学生の指導のもと、宿題などの学習を中心に行う学童保育と、サッカー、フラダンス、フットサル、スイミング、チャレンジ体育、英語レプトン、作文、日本舞踊、書道（硬筆・毛筆）などの講座を実施するアフタースクールがある

帝京大学可児小学校
SUT（Step-Up Time）

- **対象** 全学年
- **日時** 月〜金 〜17:30（延長〜19:00）
  土 〜17:00
  長期休暇中は7:45〜19:00
- **料金** 1〜4年生 月16,000円
  5・6年生（HLL）月20,000円
  5・6年生（ILT）月10,000円
- **特色** 1〜4年生は宿題をするほか、書道などの講座を受講。5・6年生の「HLL」は英語や算数などをより深く学習。「ILT」は自主学習を行う

加藤学園暁秀初等学校
パンダクラス

- **対象** 1〜3年生
- **日時** 月〜金 〜18:00
  長期休暇中は8:30〜
- **料金** 年間契約者 月15,000円
  期間契約者 月により異なる
  日契約者 3時間1,000円〜
- **特色** 教員1人、補助指導員3人が担当し、時間内に宿題が終わるようにサポートする。そのほか、自由遊び、おやつタイム、集団での活動、好きな勉強をする時間などを実施

静岡サレジオ小学校
ドポ・スコーラ

- **対象** 1〜3年生（継続の4〜6年生）
- **日時** 月〜金 〜18:30
  長期休暇中は8:00〜
- **料金** 月2,400円〜 スポット可
  講座 月8,000円
- **特色** レギュラーコースと英語コースがあり、教員やスタッフが宿題や読書、自由遊びなどをサポート。全学年を対象に習い事として、課外音楽教室（ピアノ、バイオリン、フルート、ソルフェージュ）、水泳、テコンドー教室を開講

常葉大学教育学部附属橘小学校
放課後児童クラブ（ASクラブ）

- **対象** 1〜4年生（原則）
  参加児童の兄姉（5・6年生）
  ※スポット利用は全学年
- **日時** 月〜金 〜18:00（延長〜18:30）
  長期休暇中は8:00〜
- **料金** 月13,200円 スポット可
- **特色** 4、5人の専任指導員が中心となり、教員や学生ボランティアが支援する。宿題や自主学習をサポートするほか、体育活動や工作なども実施。長期休暇中は校外活動も行う

なぎさ公園小学校
AST／ASC

- **対象** 全学年
- **日時** 月〜金 〜19:00／土 〜18:00
  長期休暇中、行事代休日は8:00〜19:00
- **料金** 基本コース 月16,500円
  レプトン併用コース 月25,870円など
  習い事は講座により異なる
- **特色** AST（After School Time）は学童保育で、基本コースやレプトン（英語教育）併用コースなどがある。ASC（After School Club）は習い事で、プログラミングやサッカーなどを実施

安田小学校
アフタースクール

- **対象** 全学年
- **日時** 月〜金 〜19:00
  長期休暇中は7:30〜
- **料金** 預かり 1回1,000円〜
  （長期休暇中は500円〜）
  講座 月3,000円〜
- **特色** 1〜4年生対象に、スタッフのサポートのもと宿題や自由遊びを行う「ホームクラス」（預かり）、英語、科学実験、サッカーなど16講座を実施する「スタディコース」がある

敬愛小学校
English Kid's Room

- **対象** 全学年
- **日時** 月〜金 〜18:00
- **料金** 月5,000円
  サッカー 要問い合わせ
- **特色** 専門スタッフのサポートのもと、宿題や自主学習などをしながら過ごす。英語のアクティビティーを行う「English Time」を設けるなど、英語活動も取り入れている。また、課外教室として週1回、サッカースクールを実施。専門講師が指導する

福岡雙葉小学校
マーガレットルーム

- **対象** 全学年
- **日時** 月〜金 〜19:00
  長期休暇中、行事代休日は8:30〜
- **料金** 月33,000円（8月は46,000円）
- **特色** 学校が委託する保育士がサポート。宿題や自主学習に取り組む学習の時間、おやつの時間のほか、活動の時間には季節の行事、英語、手芸、工作、ゲーム、神様のお話会、運動遊び、集団ゲーム遊びなど多彩なカリキュラムを実施する

アフタースクール情報

※⌂は学童（預かり）、⊛は講座（習い事）です

明治学園小学校 アフタースクール ⌂ ⊛

- ● 対象　1～4年生（5・6年生は要相談）
- ● 日時　月～金　～18:30（延長～19:00）
　　土　～17:30
　　長期休暇中は8:30～
- ● 料金　月9,500円～　スポット可
　　右脳強化コース　月6,500円など
- ● 特色　自主学習や自由遊びのほか、「＋Time」の時間は外国人講師による「English Time」、工作、イベント、特別レッスンなどを実施。漢字、計算、右脳強化、英語のオプションコースもある

精道三川台小学校 セイドーアフタースクール ⌂ ⊛

- ● 対象　全学年
- ● 日時　月～金　～18:00
- ● 料金　預かり　1回300円
　　講座　月1,000円～
- ● 特色　宿題や自主学習を行う「セイドープラス」、校内の自然の中で活動する「どろんこ」（以上、預かり）のほか、TOEIC600点を目標にした英語プログラム「レプトン」、囲碁、習字、ソフトテニス、ピアノ、サッカー、ミニバスケットなどの講座を実施

長崎精道小学校 セイドーアフタースクール ⌂ ⊛

- ● 対象　全学年
- ● 日時　月～金　～18:00（延長～19:00）
　　長期休暇中は8:30～17:30
- ● 料金　学童　月6,000円など
　　課外クラブ　各学期2,000～6,500円
- ● 特色　「セイドークラブ」（学童）では宿題や自由遊びを行う。課外クラブは書道、茶道、日本舞踊、スポーツ空手、新体操などがある。長期休暇中は分教室で英語、絵画、囲碁などを専門講師から学ぶ「グレースクラブ」を実施

長崎南山小学校 南山のびのび教室 ⌂

- ● 対象　全学年
- ● 日時　月～金　～18:00
　　長期休暇中は8:10～
- ● 料金　1回200円（長期休暇中は300円）
- ● 特色　図書室で実施。希望者に担当職員がつき、職員の指導のもと宿題に取り組んだり、不得意科目を克服したりするほか、読書や自由遊びなどをしながら過ごす。夏休みや冬休みも学校を開放。担当職員が学習指導や遊びのサポートを行う

学習指導要領の改訂で英語とプログラミングの講座が人気

　アフタースクールで習い事や塾などの講座を開講している学校では、利用者の増加やニーズの変化を反映して、年々新しい講座を増やしているところもあります。サッカーや書道、そろばん、ピアノといった定番の習い事に加え、近年はチアダンスやヒップホップダンスなどのダンス教室、理科・科学実験などのサイエンス教室を開講する学校が目立ちました。

　ここ数年、増えているのは、英語とプログラミングに関する講座です。令和2年度実施の新学習指導要領で、小学校の外国語教育とプログラミング教育が強化されたのを反映したものでしょう。英語に親しむだけでなく、ネイティブが教える英会話や英検・TOEIC対策を目的にした講座もあります。プログラミング教室では、自分でプログラミングし、ロボットを動か

す講座が人気のようです。

　小学校の学習内容に結びつく講座が受講できるのもアフタースクールの魅力です。希望する学校のアフタースクールではどのような講座が開講されているのか、説明会などで確認しておくのもよいでしょう。

帰国生の編入学情報

✳ 帰国生を受け入れる小学校 ✳

✳掲載の情報は、帰国生の募集を行っている西日本のおもな小学校です。帰国生に対する特別な考慮はなく、一般の編入希望児童と同じ日程、同じ試験で行う学校もありますが、帰国生枠や随時募集として別日程で試験を行ったり、試験科目や内容、使用言語などにおいて特別な考慮があったりする学校もあります。出願資格なども学校によって異なりますので、早めに情報を集めるように心掛けましょう。詳しくは学校窓口やホームページなどでご確認ください。

私立 大阪

アサンプション国際小学校

〒562-8543
大阪府箕面市如意谷1-13-23
TEL 072-723-6150　FAX 072-722-9757
http://www.assumption.ed.jp/primary/

- ● 募集人員　1〜5年生　男女若干名
- ● 出願期間　学期中随時
- ● 考査日　相談のうえ決定
- ● 合格発表　郵送で通知
- ● 選抜方法※1　国語、算数、運動テスト、本人面接（英語・日本語）、保護者面接

- ● 出願資格
- ・該当学年相当の日本語力を有する児童
- ※1：特別考慮あり（国内生と同じ編入試験）

追手門学院小学校

〒540-0008
大阪府大阪市中央区大手前1-3-20
TEL 06-6942-2231　FAX 06-6946-6022
https://www.otemon-e.ed.jp/

- ● 募集人員　1〜4年生　男女若干名
- ● 出願期間※1　欠員時実施（年1回）
- ● 考査日　2月
- ● 合格発表　郵送で通知
- ● 選抜方法※2　国語、算数、面接

- ● 出願資格
- ・該当学年相当の日本語力（日常会話、読み書き）を有する児童
- ※1：詳細は12月ごろHPで要確認
- ※2：特別考慮なし（国内生と同じ編入試験）

大阪信愛学院小学校

〒536-8585
大阪府大阪市城東区古市2-7-30
TEL 06-6939-4391　FAX 06-6939-7141
http://el.osaka-shinai.ed.jp/

- ● 募集人員　1〜4年生　男女若干名
- ● 出願期間　欠員時実施（随時）
- ● 考査日　──────
- ● 合格発表　郵送で通知
- ● 選抜方法※1　作文、運動テスト、親子面接

- ● 出願資格
- ・該当学年相当の日本語力（読み書き）を有する児童
- ・海外の小学校（現地校・インターナショナルスクール・日本人学校）に1年以上在学し、帰国後1年以内の児童
- ※1：特別考慮あり（国内生と同じ編入試験）

賢明学院小学校

〒590-0812
大阪府堺市堺区霞ヶ丘町4-3-27
TEL 072-241-2657　FAX 072-241-5059
https://kenmei.jp

- ● 募集人員　1〜5年生　男女若干名
- ● 出願期間　学期中随時
- ● 考査日　相談のうえ決定
- ● 合格発表　郵送で通知
- ● 選抜方法※1　国語、算数、本人・保護者面接、親子面接

- ● 出願資格
- ・該当学年相当の日本語力（読み書き）を有する児童
- ・帰国後1年以内の児童
- ・本人または保護者のどちらかが日本語でコミュニケーションがとれること
- ※1：特別考慮あり（国内生と同じ編入試験）

香里ヌヴェール学院小学校

〒572-8531
大阪府寝屋川市美井町18-10
TEL 072-831-8451　FAX 072-834-7944
http://www.seibo.ed.jp/nevers-es/

- ● 募集人員　1〜4年生　男女若干名
- ● 出願期間　欠員時実施（随時）
- ● 考査日　──────
- ● 合格発表　郵送で通知
- ● 選抜方法※1　国語、算数、英語、親子面接

- ● 出願資格
- ・該当学年相当の日本語力（読み書き）を有する児童
- ・保護者の転勤に伴い海外に在住していた児童
- ・海外の小学校に1年以上在学し、帰国後1年以内の児童
- ・自宅より片道60分以内で通学可能な児童
- ※1：特別考慮なし（国内生と同じ編入試験）。スーパーイングリッシュコースのみ「算数」は英語で出題

四天王寺小学校

〒583-0026
大阪府藤井寺市春日丘3-1-78
TEL 072-937-4811　FAX 072-937-4813
https://www.shitennoji.ac.jp/

- ● 募集人員　1〜3年生　男女若干名
- ● 出願期間※1　欠員時実施（年1回）
- ● 考査日　2月
- ● 合格発表　郵送で通知
- ● 選抜方法※2　国語、算数、行動観察、親子面接

- ● 出願資格
- ・該当学年相当の日本語力（読み書き）を有する児童
- ※1：編入希望者は要事前面談
- ※2：特別考慮なし（国内生と同じ編入試験）。面接は保護者のみ英語でも可

	学校	募集要項	出願資格
私立　大阪	**城星学園小学校** 〒540-0004 大阪府大阪市中央区玉造2-23-26 TEL 06-6941-5977　FAX 06-6944-2662 http://www.josei.ed.jp	● **募集人員**※1　2〜4年生　男女若干名 ● **出願期間**　不定期 ● **考査日**　相談のうえ決定 ● **合格発表**　郵送および電話で通知 ● **選抜方法**※2　国語、算数、親子面接	● **出願資格** ・該当学年相当の日本語力を有する児童 ・保護者の転勤に伴い海外に在住していた児童 ・海外の小学校に1年以上在学し、帰国後1年以内の児童 ・個別に要事前相談 ※1：詳細は要問い合わせ ※2：特別考慮あり（国内生と同じ編入試験）
	城南学園小学校 〒546-0013 大阪府大阪市東住吉区湯里6-4-26 TEL 06-6702-5007　FAX 06-6702-5330 https://www.jonan.jp/es/	● **募集人員**　全学年　男女若干名 ● **出願期間**　学期中随時 ● **考査日**　── ● **合格発表**　── ● **選抜方法**※1　国語、算数、作文、面接	● **出願資格** ・特に定めず ※1：特別考慮なし（国内生と同じ編入試験）
	帝塚山学院小学校 〒558-0053 大阪府大阪市住吉区帝塚山中3-10-51 TEL 06-6672-1151　FAX 06-6672-3290 http://www.tezukayama.ac.jp/grade_school	● **募集人員**　1〜5年生　男女若干名 ● **出願期間**　欠員時実施（年1回） ● **考査日**　7月 ● **合格発表**　掲示発表 ● **選抜方法**※1　国語、算数、本人・保護者面接	● **出願資格** ・該当学年に相当する学齢の児童 ※1：特別考慮なし（国内生と同じ編入試験）
	はつしば学園小学校 〒599-8125 大阪府堺市東区西野194-1　北野田キャンパス TEL 072-235-6300　FAX 072-235-6302 http://www.hatsushiba.ed.jp/primary/	● **募集人員**※1　1〜4年生　男女若干名 ● **出願期間**　学期中随時 ● **考査日**※2　相談のうえ決定 ● **合格発表**　郵送およびe-mailで通知 ● **選抜方法**※3　国語、算数、親子面接	● **出願資格** ・該当学年相当の日本語力（読み書き）を有する児童 ※1：一般入試（p.61）で新1年生の募集あり ※2：帰国時期が編入試験の日程に合わない場合、保護者と相談のうえ、考査日等を決定 ※3：特別考慮なし（国内生と同じ編入試験）
	箕面自由学園小学校 〒560-0056 大阪府豊中市宮山町4-21-1 TEL 06-6852-8110　FAX 06-6843-3764 https://mino-jiyu.ed.jp/ps/	● **募集人員**　2・4・5年生　男女若干名 ● **出願期間**※1　定期的に実施（各学期末） ● **考査日**　7月／12月／3月 ● **合格発表**　郵送で通知 ● **選抜方法**※2　国語、算数、体育、口頭試問、親子面接	● **出願資格** ・該当学年相当の日本語力（日常会話、読み書き）を有する児童 ・保護者の転勤に伴い海外に在住していた児童 ・海外の小学校（現地校・日本人学校）に1年以上在学し、帰国後1年以内の児童 ※1：編入希望者には出願前に個別相談を行う ※2：特別考慮あり（国内生と同じ編入試験）
私立　京都	**京都女子大学附属小学校** 〒605-8501 京都府京都市東山区今熊野北日吉町6-3 TEL 075-531-7387（事務室）　FAX 075-531-7381 http://fusho.kyoto-wu.ac.jp/	● **募集人員**　全学年　男女若干名 ● **出願期間**　学期中随時 ● **考査日**　相談のうえ決定 ● **合格発表**　電話で通知 ● **選抜方法**※1　国語、算数、作文、運動テスト、親子面接	● **出願資格** ・日本国籍を有し、該当学年に相当する学齢の児童 ・帰国後2年以内の児童 ※1：特別考慮なし（国内生と同じ編入試験）
	京都聖母学院小学校 〒612-0878 京都府京都市伏見区深草田谷町1 TEL 075-645-8102　FAX 075-642-9586 http://www.seibo.ed.jp/kyoto-es/	● **募集人員**※1　全学年　男女若干名 ● **出願期間**　欠員時実施（随時） ● **考査日**　── ● **合格発表**　郵送で通知 ● **選抜方法**※2　国語、算数、親子面接	● **出願資格** ・該当学年相当の日本語力（読み書き）を有する児童 ・海外在住期間が1年以上で、帰国後2年以内の児童（帰国後、国内の小学校へ編入した児童も、帰国後2年以内であれば出願可） ※1：対象学年はコース（総合／国際）によって受け入れ不可の場合もあるので、編入希望者は要問い合わせ ※2：国際コース希望者のみ、本人に英語での面接を実施
	京都文教短期大学付属小学校 〒606-8344 京都府京都市左京区岡崎円勝寺町50 TEL 075-752-1411　FAX 075-771-4848 https://kyotobunkyo-sho.ed.jp/	● **募集人員**　全学年　男女若干名 ● **出願期間**　欠員時実施（随時） ● **考査日**　── ● **合格発表**　── ● **選抜方法**※1　国語、算数、音楽、運動テスト、親子面接	● **出願資格** ・該当学年に相当する学齢の児童 ※1：特別考慮なし（国内生と同じ編入試験）

私立 京都	**光華小学校** 〒615-0861 京都府京都市右京区西京極野田町39 TEL 075-325-5250 FAX 075-313-5122 https://ps.koka.ac.jp/	● **募集人員** 全学年 男女若干名 ● **出願期間** 学期中随時 ● **考査日** 相談のうえ決定 ● **合格発表** 郵送で通知 ● **選抜方法** 国語、算数、運動テスト、本人・保護者面接	● **出願資格** ・該当学年相当の日本語力（読み書き）を有する児童
	同志社国際学院初等部 〒619-0225 京都府木津川市木津川台7-31-1 TEL 0774-71-0810 FAX 0774-71-0815 http://www.dia.doshisha.ac.jp/	● **募集人員**※1 1～5年生 男女若干名 ● **出願期間** 欠員時実施（年2回） ● **考査日** 6月／2月 ● **合格発表** Web発表 ● **選抜方法**※2 ペーパーテスト（英語・日本語）、本人面接（英語・日本語）、保護者面接	● **出願資格** ・該当学年に相当する学齢の児童 ・海外の小学校（現地校・インターナショナルスクール・日本人学校）に1年以上在学し、帰国後1年以内、もしくは6歳の誕生日以降に2年以上海外生活を経験している児童 ・国内のインターナショナルスクールに1年以上在学している児童 ※1：5年生は6月のみの募集 ※2：ペーパーテストに算数、短作文（いずれも英語・日本語）を含む。保護者面接は日本語で実施
	ノートルダム学院小学校 〒606-0847 京都府京都市左京区下鴨南野々神町1-2 TEL 075-701-7171 FAX 075-712-6170 http://www.notredame-e.ed.jp/	● **募集人員** 全学年 男女若干名 ● **出願期間** 学期中随時 ● **考査日** 相談のうえ決定 ● **合格発表** 郵送で通知 ● **選抜方法**※1 国語、算数、親子面接	● **出願資格** ・該当学年相当の日本語力（読み書き）を有する児童 ※1：特別考慮あり（国内生と同じ編入試験）
	立命館小学校 〒603-8141 京都府京都市北区小山西上総町22 TEL 075-496-7777 FAX 075-496-7770 http://www.ritsumei.ac.jp/primary/	● **募集人員**※1 2～5年生 男女若干名 ● **出願期間** 欠員時実施（年2回） ● **考査日** 7月／2月 ● **合格発表** Web発表 ● **選抜方法**※2 国語、算数、親子面接	● **出願資格** ・該当学年相当の日本語力（日常会話）を有する児童 ・帰国後1年以内の児童 ※1：5年生は7月のみの募集。一般入試（p.83）で新1年生の募集あり ※2：特別考慮なし（国内生と同じ編入試験）
私立 奈良	**奈良育英グローバル小学校** 〒630-8558 奈良県奈良市法蓮町1000 TEL 0742-26-2847 FAX 0742-26-3004 https://www.ikuei.ed.jp/ikuei-e/	● **募集人員** 1～4年生 男女若干名 ● **出願期間** 学期中随時 ● **考査日** 相談のうえ決定 ● **合格発表** 郵送、e-mail および電話で通知 ● **選抜方法**※1 国語、算数、作文、本人・保護者面接	● **出願資格** ・該当学年相当の日本語力（読み書き）を有する児童 ※1：特別考慮なし（国内生と同じ編入試験）
	奈良学園小学校 〒631-8522 奈良県奈良市中登美ヶ丘3-15-1 TEL 0742-93-5111 FAX 0742-47-9922 http://www.naragakuen.jp/tomigaoka/t_ele/	● **募集人員**※1 1～4年生 男女若干名 ● **出願期間** 定期的に実施（年2回） ● **考査日** 7月／2月 ● **合格発表** 郵送で通知 ● **選抜方法**※2 国語、算数、作文、運動テスト、親子面接	● **出願資格** ・該当学年相当の日本語力（読み書き）を有する児童 ・帰国後1年以内の児童 ※1：編入希望者は要問い合わせ ※2：特別考慮なし（国内生と同じ編入試験）
私立 兵庫	**愛徳学園小学校** 〒655-0037 兵庫県神戸市垂水区歌敷山3-6-49 TEL 078-708-5353 FAX 078-708-5497 http://www.aitokugakuen.ed.jp/el/	● **募集人員** 全学年 女子若干名 ● **出願期間**※1 学期中随時 ● **考査日** 相談のうえ決定 ● **合格発表** 郵送で通知 ● **選抜方法** 国語、算数、親子面接	● **出願資格** ・該当学年に相当する学齢の児童 ※1：編入希望者は要事前相談

学校		募集・出願情報	出願資格

私立 兵庫

小林聖心女子学院小学校

〒665-0073
兵庫県宝塚市塔の町3-113
TEL 0797-71-7321　FAX 0797-72-5716
http://www.oby-sacred-heart.ed.jp

- ● 募集人員　　1～5年生　女子若干名
- ● 出願期間※1　定期的に実施（年3回）
- ● 考査日※2　　7月／12月／1月
- ● 合格発表　　電話で通知
- ● 選抜方法※3　国語、算数、親子面接

● 出願資格
・該当学年相当の日本語力（読み書き）を有する児童
・保護者の転勤に伴い海外に在住していた児童
・海外の小学校（現地校・インターナショナルスクール・日本人学校）に2年以上継続して在学し、帰国後1年以内の児童
・自宅より片道90分以内で通学可能な児童
※1：海外からのメールによる仮出願に対応
※2：帰国時期が編入試験の日程に合わない場合、保護者と相談のうえ、希望日等を決定
※3：特別考慮あり（国内生と同じ編入試験）

関西学院初等部

〒665-0844
兵庫県宝塚市武庫川町6-27
TEL 0797-81-5500　FAX 0797-81-5010
http://www.kwansei.ac.jp/elementary/

- ● 募集人員　　1～5年生　男女若干名
- ● 出願期間　　欠員時実施（年2回）
- ● 考査日　　　7月／2月
- ● 合格発表　　Web発表
- ● 選抜方法※1　国語、算数、親子面接

● 出願資格
・該当学年相当の日本語力（読み書き）を有する児童
※1：特別考慮なし（国内生と同じ編入試験）

甲子園学院小学校

〒663-8104
兵庫県西宮市天道町10-15
TEL 0798-67-2366　FAX 0798-67-6814
http://www.koshiengakuin-e.ed.jp

- ● 募集人員　　1～4年生　男女若干名
- ● 出願期間※1　学期中随時
- ● 考査日　　　相談のうえ決定
- ● 合格発表　　郵送、電話およびe-mailで通知
- ● 選抜方法※2　国語、算数、知能テスト、体育実技、親子面接

● 出願資格
・該当学年相当の日本語力（読み書き）を有する児童
・自宅より片道60分以内で通学可能な児童
※1：編入希望者は電話で問い合わせ
※2：特別考慮なし（国内生と同じ編入試験）

須磨浦小学校

〒654-0072
兵庫県神戸市須磨区千守町2-1-13
TEL 078-731-0349　FAX 078-731-5178
http://www.sumaura.ed.jp/

- ● 募集人員　　1～5年生　男女若干名
- ● 出願期間　　学期中随時
- ● 考査日　　　相談のうえ決定
- ● 合格発表　　郵送で通知
- ● 選抜方法　　国語、算数、体育、親子面接（英語または日本語）

● 出願資格
・該当学年相当の日本語力を有する児童

仁川学院小学校

〒662-0812
兵庫県西宮市甲東園2-13-9
TEL 0798-51-0621　FAX 0798-51-6066
http://www.nigawa.ac.jp/elementary/

- ● 募集人員　　2～4年生　男女若干名
- ● 出願期間　　欠員時実施（年3回）
- ● 考査日※1　　7月／12月／3月
- ● 合格発表　　郵送で通知
- ● 選抜方法※2　国語、算数、本人・保護者面接

● 出願資格
・該当学年相当の日本語力（読み書き）を有する児童
※1：帰国時期が編入試験の日程に合わない場合、保護者と相談のうえ、希望日等を決定
※2：特別考慮なし（国内生と同じ編入試験）

百合学院小学校

〒661-0974
兵庫県尼崎市若王寺2-18-2
TEL 06-6491-7033　FAX 06-6491-2229
http://elem.yuri-gakuin.ac.jp/

- ● 募集人員※1　1～3年生　女子若干名
- ● 出願期間　　定期的に実施（年1回）
- ● 考査日　　　2月
- ● 合格発表　　郵送で通知
- ● 選抜方法※2　国語、算数、作文、本人・保護者面接

● 出願資格
・該当学年相当の日本語力（日常会話、読み書き）を有する児童
※1：一般入試（p.115）で新1年生の募集あり
※2：特別考慮なし（国内生と同じ編入試験）

私立 三重

暁小学校

〒510-8022
三重県四日市市蒔田3-3-37
TEL 059-365-3664　FAX 059-365-7116
http://www.akatsuki.ed.jp/akatsuki-e

- ● 募集人員※1　全学年　男女若干名
- ● 出願期間　　欠員時実施（随時）
- ● 考査日　　　──
- ● 合格発表　　郵送で通知
- ● 選抜方法　　国語、算数、作文、本人・保護者面接

● 出願資格
・該当学年相当の日本語力を有する児童
※1：6年生は1学期までの募集

津田学園小学校

〒511-0904
三重県桑名市野田5-3-12
TEL 0594-31-9311　FAX 0594-31-2678
https://tsudagakuen.ac.jp/shougaku/

- ● 募集人員　　1～4年生　男女若干名
- ● 出願期間※1　欠員時実施（随時）
- ● 考査日　　　──
- ● 合格発表　　郵送で通知
- ● 選抜方法※2　国語、算数、本人・保護者面接

● 出願資格
・該当学年相当の日本語力（読み書き）を有する児童
※1：事前相談あり
※2：特別考慮なし（国内生と同じ編入試験）

大阪教育大学附属池田小学校　http://www.ikeda-e.oku.ed.jp

〒563-0026　大阪府池田市緑丘1-5-1
TEL 072-761-3591　FAX 072-761-3594

国立　大阪

- ● 募集人員　新3～5年生　男女若干名
  ※編入試験は欠員が生じた場合のみ実施
- ● 出願期間　3月上旬締切　書留で郵送
- ● 考査日　3月下旬　9～12時
- ● 合格発表　考査翌日　13時　e-mailで通知
- ● 選抜方法　算数、作文、日本語による面接、保護者面接

● 出願資格
- ・該当学年に相当する学齢の児童
- ・外国在住期間が連続して2年以上で、帰国後1年以内の児童
- ・本校の教育上の特色および帰国児童募集の趣旨を理解し、入学を希望する児童
- ・本校所定の通学区域内に保護者と居住している児童（現在外国に居住する児童は、通学区域内への転居予定も認める）
- ※合格決定後、応募資格等で事実と相違することが明らかになった場合、合格を取り消すことがある
- ※詳細はe-mail（ikeda-e@cc.osaka-kyoiku.ac.jp）で問い合わせ

京都教育大学附属桃山小学校　http://www.kyokyo-u.ac.jp/MOMOSYO/index.html

〒612-0072　京都府京都市伏見区桃山筒井伊賀東町46
TEL 075-611-0138～9　FAX 075-611-0157

国立　京都

- ● 募集人員　新2～6年生　男女若干名
  ※編入試験は欠員が生じた場合のみ実施
- ● 出願期間　2月中旬　窓口受付
- ● 考査日　2月下旬
- ● 合格発表　考査当日に書面交付
- ● 選抜方法　国語、算数、作文、日本語による面接、保護者面接

● 出願資格
- ・該当学年に相当する学齢の児童
- ・在外期間が3年以上で、海外現地校あるいは日本人学校に在籍し、帰国（来日）後1年以内の児童
- ・本校の通学区域内に居住している児童（3月末日までに通学区域内に居住が決まっており、その証明が可能な場合は相談に応じる）
- ・本校教育の特色および帰国児童募集の趣旨を理解する児童

私立　愛知

椙山女学園大学附属小学校

〒464-0832
愛知県名古屋市千種区山添町2-2
TEL 052-751-5451　FAX 052-751-5461
http://www.sugiyama-u.ac.jp/primary/

- ● 募集人員　全学年　女子若干名
- ● 出願期間　欠員時実施（随時）
- ● 考査日　───
- ● 合格発表　郵送で通知
- ● 選抜方法※1　国語、算数、親子面接

● 出願資格
- ・該当学年に相当する学齢の児童
- ・海外の小学校に2年以上在学した児童
- ※1：特別考慮あり（国内生と同じ編入試験）

南山大学附属小学校

〒466-0838
愛知県名古屋市昭和区五軒家町17-1
TEL 052-836-2900　FAX 052-836-7401
https://www.nanzan-p.ed.jp/

- ● 募集人員※1　新2・3年生　男女若干名
- ● 出願期間　欠員時実施（年1回）
- ● 考査日　1月
- ● 合格発表　郵送で通知
- ● 選抜方法　国語、算数、本人・保護者面接

● 出願資格
- ・該当学年に相当する学齢の児童
- ※1：カトリック系学校から編入の場合、対象学年以外でも応相談

名進研小学校

〒463-0009
愛知県名古屋市守山区緑ヶ丘853-1
TEL 052-758-5558　FAX 052-794-5055
http://www.meishinken.ed.jp/

- ● 募集人員　1～5年生　男女若干名
- ● 出願期間　欠員時実施（年1回）
- ● 考査日　1月
- ● 合格発表　郵送で通知
- ● 選抜方法※1　国語、算数、親子面接

● 出願資格
- ・該当学年相当の日本語力（日常会話、読み書き）を有する児童
- ※1：3～5年生は理科と社会もあり

私立　岐阜

岐阜聖徳学園大学附属小学校

〒501-6122
岐阜県岐阜市柳津町高桑西1-1
TEL 058-279-0805
http://www.shotoku.ac.jp/el/

- ● 募集人員　1～5年生　男女若干名
- ● 出願期間　欠員時実施（年1回）
- ● 考査日　1月
- ● 合格発表　郵送で通知
- ● 選抜方法※1　国語、算数、本人・保護者面接

● 出願資格
- ・該当学年相当の日本語力（読み書き）を有する児童
- ※1：特別考慮なし（国内生と同じ編入試験）

帝京大学可児小学校

〒509-0237
岐阜県可児市桂ケ丘1-2
TEL 0574-64-5101　FAX 0574-64-5103
https://www.teikyo-kani-s.ed.jp/

- ● 募集人員　全学年　男女若干名
- ● 出願期間※1　学期中随時
- ● 考査日　相談のうえ決定
- ● 合格発表　郵送で通知
- ● 選抜方法※2　国語、算数、英語、親子面接

● 出願資格
- ・該当学年相当の日本語力（読み書き）を有する児童
- ※1：本人の日本語レベルを保護者に確認のうえ、試験を実施
- ※2：国内生と同じ編入試験に加え、面接で本人の英語力をみる

	学校	項目	内容

私立 静岡

加藤学園暁秀初等学校

〒410-0022
静岡県沼津市大岡自由ヶ丘1979
TEL 055-922-0720　FAX 055-925-4316
http://www.katoh-net.ac.jp/Elementary/index.php

- ● 募集人員　2〜4年生　男女若干名
- ● 出願期間　欠員時実施（随時）
- ● 考査日　──────
- ● 合格発表　e-mail で通知
- ● 選抜方法※1　国語、算数、英語、親子面接（英語・日本語）

- ● 出願資格
- ・該当学年相当の日本語力を有する児童
- ・海外の小学校（現地校・インターナショナルスクール・日本人学校）に1年以上在学し、帰国後1年以内の児童
- ※1：判定の際、考慮あり

静岡サレジオ小学校

〒424-8624
静岡県静岡市清水区中之郷3-2-1
TEL 054-345-9321　FAX 054-357-1613
http://www.ssalesio.ac.jp/primary/

- ● 募集人員　全学年　男女若干名
- ● 出願期間　欠員時実施（随時）
- ● 考査日　相談のうえ決定
- ● 合格発表　郵送で通知
- ● 選抜方法※1　国語、算数、保護者面接

- ● 出願資格
- ・該当学年に相当する学齢の児童
- ※1：特別考慮あり（国内生と同じ編入試験）

常葉大学教育学部附属橘小学校

〒420-0911
静岡県静岡市葵区瀬名1-22-1
TEL 054-263-1080　FAX 054-263-1049
https://www.tokoha.ac.jp/fuzoku/

- ● 募集人員　全学年　男女若干名
- ● 出願期間　学期中随時
- ● 考査日　相談のうえ決定
- ● 合格発表　郵送で通知
- ● 選抜方法※1　国語、算数、作文、本人・保護者面接

- ● 出願資格
- ・該当学年に相当する学齢の児童
- ※1：特別考慮なし（国内生と同じ編入試験）

国立 愛知

愛知教育大学附属名古屋小学校・帰国児童学級　http://www.np.aichi-edu.ac.jp

〒461-0047　愛知県名古屋市東区大幸南1-126
TEL 052-722-4616　FAX 052-722-3690

- ● 募集人員　5年生　男女計15名
- 　6年生　男女若干名
- 　※各学年の定員は男女計15名
- ● 出願期間　欠員時実施（月1回）
- ● 考査日　──────
- ● 合格発表　電話で通知
- ● 選抜方法　筆答などによる現状の調査、保護者を含む面接

- ● 出願資格
- ・該当学年に相当する学齢の児童
- ・日本国籍を有する児童
- ・保護者の海外勤務に伴う在外生活経験年数が継続して2年以上の児童
- ・帰国直前の通学校が現地校および国際学校であり、継続して2年以上在学した児童
- ・帰国後1年以内に考査を受け、合格した際はただちに通学を始められる児童。もしくは一時帰国中に考査を受け、合格した際は帰国後ただちに通学を始められる児童。ただし、考査日から通学開始までの期間は半年以内とする
- ・徒歩および公共交通機関を用いて、60分程度で通学することが可能な場所に保護者と居住する児童
- ※出願書類の交付を受ける前に要相談

私立 広島

なぎさ公園小学校

〒731-5138
広島県広島市佐伯区海老山南2-2-30
TEL 082-943-0001　FAX 082-943-0004
http://www.nagisa.ed.jp/elementary/

- ● 募集人員　新3年生　男女若干名
- ● 出願期間※1　欠員時実施（随時）
- ● 考査日　──────
- ● 合格発表　郵送で通知
- ● 選抜方法　国語、算数、英語、親子面接

- ● 出願資格
- ・該当学年相当の日本語力（読み書き）を有する児童
- ・保護者の転勤に伴い海外に在住していた児童
- ・帰国後1年以内の児童
- ※1：編入希望者はHPより要事前登録

広島三育学院小学校

〒730-0048
広島県広島市中区竹屋町4-8
TEL 082-243-4526　FAX 082-245-4431
https://www.hiroshima-saniku.ed.jp

- ● 募集人員　1〜4年生　男女若干名
- ● 出願期間　欠員時実施（随時）
- ● 考査日　──────
- ● 合格発表　郵送で通知
- ● 選抜方法※1　国語、算数、作文、親子面接

- ● 出願資格
- ・該当学年相当の日本語力（読み書き）を有する児童
- ・海外の小学校に一定期間在学していた児童
- ※1：特別考慮なし（国内生と同じ編入試験）

広島三育学院　大和小学校

〒729-1493
広島県三原市大和町下徳良296-2
TEL 0847-33-0311　FAX 0847-33-1451
https://www.saniku.ac.jp/hiroshima/daiwa/

- ● 募集人員　1〜5年生　男女若干名
- ● 出願期間※1　学期中随時
- ● 考査日　相談のうえ決定
- ● 合格発表　郵送で通知
- ● 選抜方法　国語、算数、作文（英語または日本語）、本人・保護者面接

- ● 出願資格
- ・該当学年相当の日本語力（日常会話）を有する児童
- ・自宅より片道60分以内で通学可能な児童
- ※1：編入希望者は要事前相談

	学校情報	募集情報	出願資格
私立 広島	**安田小学校** 〒730-0001 広島県広島市中区白島北町1-41 TEL 082-221-5472　FAX 082-221-7699 https://www.yasuda-u.ac.jp/es/	● **募集人員**[※1]　1〜5年生　男女若干名 ● **出願期間**　欠員時実施（年1回） ● **考査日**　3月 ● **合格発表**　郵送で通知 ● **選抜方法**　国語、算数、英語、本人・保護者面接（英語・日本語）	● **出願資格** ・日本国籍を有し、該当学年相当の日本語力（日常会話）を有する児童 ・海外の小学校（現地校・インターナショナルスクール・日本人学校）に1年以上継続して在学し、帰国後1年以内の児童 ※1：一般入試（p.181）で新1年生の募集あり
私立 福岡	**敬愛小学校** 〒800-0057 福岡県北九州市門司区大里新町11-7 TEL 093-381-0611　FAX 093-381-0601 http://www.keiai.net/syo/	● **募集人員**[※1]　全学年　男女若干名 ● **出願期間**　学期中随時 ● **考査日**　相談のうえ決定 ● **合格発表**　郵送で通知 ● **選抜方法**[※2]　国語、算数、親子面接	● **出願資格** ・該当学年に相当する学齢の児童 ※1：対象学年は要問い合わせ。一般入試（p.191）で新1年生の募集あり ※2：特別考慮あり（国内生と同じ編入試験）。面接の言語は要相談
	福岡雙葉小学校 〒810-0027 福岡県福岡市中央区御所ヶ谷7-1 TEL 092-531-1215　FAX 092-531-1245 http://www.fukuokafutaba.ed.jp/	● **募集人員**　1〜5年生　女子若干名 ● **出願期間**　欠員時実施（随時） ● **考査日**　── ● **合格発表**　郵送および電話で通知 ● **選抜方法**[※1]　国語、算数、作文、本人・保護者面接（日本語）	● **出願資格** ・該当学年相当の日本語力を有する児童 ・海外から帰国後、公立校に在籍していない児童 ※1：特別考慮あり（国内生と同じ編入試験）。グローバルコミュニケーションコースは算数・口頭試問（英語）などにより総合的に英語力も判断
	明治学園小学校 〒804-8558 福岡県北九州市戸畑区仙水町5-1 TEL 093-881-2861　FAX 093-881-2863 https://meijigakuen.ed.jp/elementary/	● **募集人員**　全学年　男女若干名 ● **出願期間**[※1]　学期中随時 ● **考査日**　相談のうえ決定 ● **合格発表**　郵送で通知 ● **選抜方法**　国語、算数、本人・保護者面接	● **出願資格** ・日本国籍を有し、該当学年相当の日本語力（読み書き）を有する児童 ・帰国後1年以内の児童 ※1：編入希望者は要問い合わせ
私立 長崎	**精道三川台小学校** 〒852-8121 長崎県長崎市三川町1234-1 TEL&FAX 095-845-6846 https://www.seido.ed.jp	● **募集人員**　1〜5年生　男子若干名 ● **出願期間**　学期中随時 ● **考査日**　相談のうえ決定 ● **合格発表**　郵送で通知 ● **選抜方法**[※1]　国語、算数、本人・保護者面接	● **出願資格** ・該当学年に相当する学齢の児童 ※1：特別考慮あり（国内生と同じ編入試験）
	長崎精道小学校 〒852-8123 長崎県長崎市三原2-23-33 TEL 095-848-4766　FAX 095-848-4750 https://www.nagasaki-seido.ed.jp	● **募集人員**　1〜5年生　女子若干名 ● **出願期間**　学期中随時 ● **考査日**　相談のうえ決定 ● **合格発表**　郵送および電話で通知 ● **選抜方法**[※1]　国語、算数、作文、本人・保護者面接	● **出願資格** ・該当学年相当の日本語力（日常会話）を有する児童 ※1：特別考慮あり（国内生と同じ編入試験）
	長崎南山小学校 〒852-8044 長崎県長崎市音無町9-34 TEL 095-844-2978　FAX 095-847-1582 https://www.nagasakinanzan2.ed.jp/es/	● **募集人員**　全学年　男女若干名 ● **出願期間**　学期中随時 ● **考査日**　相談のうえ決定 ● **合格発表**　郵送で通知 ● **選抜方法**　国語、算数、親子面接	● **出願資格** ・該当学年相当の日本語力（日常会話）を有する児童

2024年度 直前情報！ 関西主要校の傾向と対策

子どもの個性に合わせた的確な指導とアドバイスで、保護者からの信頼も厚く、慶應義塾幼稚舎や早稲田実業、関関同立や洛南などの名門私立小において高い合格実績を誇る伸芽会の教育研究所所長、飯田道郎先生。関東だけでなく、関西の情報にも精通した飯田先生に、関西名門小の最新の入試傾向についてうかがいました。

著書『将来の伸びしろが決まる！9歳までの男の子の育て方』（世界文化社）も好評発売中

関西の小学校と、関東の小学校の決定的な違いは、やはり倍率です。関西では関東ほど倍率が高くないため、すべての課題がクリアできなくても合格できる、だからテストに合格するための準備だけをすればよい、と考える傾向があります。一部の幼児教室などでは「正しい物の見方・考え方」「発達段階を踏まえた指導法」「入学後につながる指導法」といったものを無視しがちな指導が目立つのも事実です。

特に気になるのが、子どもに体験させる手順を極力省略して、大人の持つ知識をそのまま覚えさせようとする指導法です。たとえば、洛南高等学校附属小学校のような難問を出す学校の対策として、当然のように行われているのが、小学校入学後の教科書に出てくるような知識を暗記させるやり方です。

これは一見効果的に見えて、実際には具体的な出題に対応しきれない子どもを育ててしまうことになりかねません。入試の際に、「自信がなくて何度も数え直す」「怖くて自分の答えが書けない」、入学後にも、「応用が利かない」「式を立てる考え方がひらめかない」「やみくもに計算だけをしたがる」といった子どもになりがちです。

関西の小学校の先生方は、そのような教え方をされた子どもたちに、本当に満足しているのでしょうか。いいえ、やはり求めているのは「正しい物の見方・考え方を身につけた子ども」「年齢相応の生活力、常識、協調性を備えたバランスのよい子ども」「入学後に伸びる可能性の高い、柔軟な発想力を持った理解度の高い子ども」です。これらを踏まえて、各学校の傾向と対策を考えてみましょう。

なお、関西の小学校では少子化に対応するため、新しい試みが目立ちます。傾向としては、学校名の変更や別学から共学への変更などが行われています。

①洛南高等学校附属小学校

ポイントは何といってもペーパーの問題量の多さです。合格者もすべての問題をクリアできているわけではありません。問われるのは挑戦する意欲、そして最後まであきらめずに取り組む心の強さと忍耐力です。小学生レベルの情報や知識も問われるので、日ごろから好奇心を刺激し、体験や関心の幅を広げていくことも重要です。運動テストの課題でもあきらめずに挑戦する姿勢が求められています。さらに、保護者対象の作文では、両親の教育観をしっかりと確認されるとともに、高いレベルを追求できる家庭かどうかも見られます。合格後に実施される学校指定の入学準備でも、かなり難度の高い課題がたくさん出されます。高い意識を持って受験すべき学校です。

②立命館小学校

面接も重視される学校です。2021〜2023年度入試の面接では、自宅で課題画を描いて持参するよう指示がありました。子どもが先に面接室に入り、課題画について質問を受けた後、保護者が合流するという流れでした。ペーパーは話の記憶、数量、常識、言語、推理・思考、観察力、構成など多岐にわたります。集団テストでは、巧緻性の課題や集団ゲームが行われています。しっかりとした準備をして、子どもに自信をつけさせることが大切です。また、日ごろのしつけとともに、指示に対する集中力も高めておきたいところです。

③同志社小学校

考査は1日で、考査日前の指定日時に親子面接があります。考査は例年、ペーパー、個別テスト、集団テスト、運動テストがあり、総合的な力が見られます。2023年度は個別テストがありませんでした。ペーパーは難問が多いわけではありませんが、幅広い分野から出題されます。集団テストは課題により男女別に実施され、制作の技量だけでなく、共同作業を通じてほかの子どもとのかかわり方も見られます。普段の園生活で集団活動をどのように経験してきたかも重要です。運動テストの課題は、ミニハードルや跳び箱などを使った連続運動です。指示をよく聞き、連続して行われる運動の順序を確実に理解しなければなりません。

④関西大学初等部

例年、考査は月齢で決められた男女別のグループに分かれて、ペーパー、集団テストが実施されています。考査日前の指定日時には親子面接があります。ペーパーは出題範囲が多岐にわたり、問題数も多いのが特徴です。考える力を試される問題がよく出されます。集団テストでは集団ゲームや行動観察、共同絵画などがありますが、要求される内容は高度なので、年齢相応の状況判断ができないと合格は勝ち取れません。自立心をできるだけ高め、課題に一生懸命取り組む姿勢を身につけておきましょう。

⑤関西学院初等部

兵庫県内一の人気校です。例年はペーパー、集団テスト、運動テスト、親子面接が行われますが、2021年度のみ個別テストと親子面接、2022年度のみペーパーと親子面接でした。ペーパーは話、数量、推理・思考、常識など、多くの領域から出されます。年齢相応の立ち居振る舞いと言語表現が求められるので、自立心を高めることが重要です。

⑥大阪教育大学附属天王寺小学校

関西の国立・私立名門小学校の中でも特に入試倍率が高い学校です。2019年度からは通学範囲が広がりました。一次・二次試験があり、一次試験ではペーパー、身体表現などの集団テストに加え、保護者にもテーマ作文とアンケートなど、学校に対する認識や理解を問われる課題があります。一次試験の合格者を対象とした二次試験は2日間で、運動テスト、リズム、行動観察の後、親子活動と親子面接が実施されます。2023年度は一次・二次試験ともに使用する課題曲が事前にYouTubeで限定配信され、あらかじめ視聴することができました。一次試験では制作物を持参する指示があったので、今後も日程、方式とも要項の確認は必須です。

⑦大阪教育大学附属池田小学校

試験は2日間行われ、1日目が親子面接、2日目がペーパー、個別テスト、行動観察です。ペーパーは話の記憶をはじめ基本的な項目が多数ですが、指示をしっかり聞けることが大切です。毎年、推理・思考と常識は難度の高い問題が出されます。行動観察ではグループの一員としての意識があるか、友達との相談の際に積極的に参加できるかなどを見られます。表現力の課題や面接では、初対面の先生の前でも堂々と自分の考えを伝えることが求められます。

⑧大阪教育大学附属平野小学校

2日間にわたるペーパーや集団テストなどを通して、子どもの総合力が見られる入試となっています。例年、実技では、はさみの扱いや色の塗り方、点図形など作業の正確さが必要な課題が出されます。また、日常生活での常識が身についているかどうかも見られています。行動観察では指示に対し、反応よく機敏に行動しているかが重要です。子どもへの面接は、的確な判断力と表現力が求められます。

I N D E X

2024年度入試用　西日本

私立・国立　小学校合格マニュアル

2023年5月11日　発行

監修	伸芽会教育研究所
発行	株式会社伸芽会
	〒171-0014
	東京都豊島区池袋2-2-1-7F
	販売　TEL（03）6914-1359
	編集　TEL（03）3981-9393
	URL　https://www.shingakai.co.jp
表紙・本文イラスト	コバヤシ・カズエ
DTP	株式会社トッパングラフィックコミュニケーションズ
企画・編集	伸芽会出版部編集室
	定価3520円（本体3200円＋税10％）

許可なしに転載・複製することを禁じます。
乱丁・落丁がありましたらお取り替えいたします。

印刷・製本	凸版印刷株式会社

本書に関するご意見をお寄せください。

■伸芽会　読者アンケートサイト
https://questant.jp/q/Y9K1MFOH